서울대
건축학 교실의
열린 수업

크리틱

서울대
건축학 교실의
열린 수업

크리틱

ⓒ 김지우, 2018

2018년 1월 25일 초판 1쇄 발행
2024년 4월 15일 초판 3쇄 발행

지 은 이   김지우
펴 낸 이   박해진
펴 낸 곳   도서출판 학고재
등   록   2013년 6월 18일 제2013-000186호
주   소   서울시 영등포구 경인로 775 에이스하이테크시티 2-804
전   화   02-745-1722(편집) 070-7404-2782(마케팅)
팩   스   02-3210-2775
전자우편   hakgojae@gmail.com

ISBN 978-89-5625-361-9 03610

서울대
건축학 교실의
열린 수업

크리틱

김지우 지음

학고재

차례

여는 말 건축학과와 졸업전, 그리고 끝없는 까임에 대하여   006

읽기 전에 등장인물   011
         이야기 구성   013

I 도시의 자연 문제

1-1 Stitching the Blank 연결의 전이 공간   019

1-2 Contouring Neighborhood 도시와 자연 통합   047

1-3 비껴가기+함께 살기 복개 지상 건축물과 복원 하천의 공존   061

II 도시의 공공 건축 문제

2-1 종로구청사 재건축 공공 건물의 새로운 역할   079

2-2 In-between City 거리로 걸어나온 공공 공간   097

2-3 Vertical Open Space 고밀도 속 오픈 스페이스   113

2-4 The Second Chance 낡은 것과 새로운 것의 균형   131

2-5 아이들의 건축 아이의 입장에서 본 도시   153

2-6 URBAN LOBBY 도시의 로비로서의 공공 주차장   169

2-7 Now Here 이동 장애인을 위한 공간   187

쉬어가는 페이지 건축학과의 5년   203

III 도시의 상업 건축 문제

3-1 낙원상가 리노베이션 주변과 공존하는 메가스트럭처 209

3-2 COMBination 새로운 시장의 가능성 227

3-3 도시 상업 건축 도시와 소통하는 상업 건축 241

3-4 잡거 빌딩-근린 생활 시설 블록 계획 사유 건물의 공공성 259

IV 도시의 주거 문제

4-1 도시 조각 연합 지속 가능한 B급 주거 279

4-2 Social Meeting Place 사회 계층의 소셜 믹스 301

4-3 Private City, Public Home 1인 가구의 도시적 공동체 321

더하는 말 나는 이 책에 나오는 K교수다 352

닫는 말 졸업, 졸업전 그리고 삶 357

여는 말

건축학과와 졸업전, 그리고 끝없는 까임에 대하여

건축학과. 이름만 들으면 아마 어떤 사람은 제도판에 설계도면을 그리는 모습을 상상할 것이고, 어떤 사람은 깔끔한 셔츠를 입고 프레젠테이션을 하는 인텔리 청년을 떠올릴 겁니다. 혹은 '공구리 치는 곳'이라고 생각하는 사람도 있겠지요.

현실적으로 건축과 무관한 일반인 대부분은 건축학을 알 만한 기회가 거의 없습니다. 학교에서 가르쳐주지도 않고, 실생활에서 교양을 쌓을 방법도 많지 않지요. 그나마 대중이 건축학을 접하는 기회라면 텔레비전이나 영화에서 건축가를 소재로 사용할 때 정도입니다. 앞에서 말한 '제도판―흰 셔츠―공구리' 등도 이런 매체로 자리 잡은 건축학에 대한 이미지지요.

건축학과를 다니는 학생들은 이런 이미지에 학을 뗍니다. 제도판은 신입생 때 한번 샀다가 다시 쓸 일이 없어 버려지고, 흰 셔츠는 경조사 때나 입는 의례복입니다. 대중문화 매체에서 묘사하는 건축학은 환상이라 하기에도 '틀린' 이미지로 가득합니다.

물론 건축학, 그리고 건축학과를 아주 잘 묘사한 작품도 있습니다. 대학 때 수업을 같이 들었던 첫사랑이 15년 만에 건축 사무소에서 일하는 주인공을 찾아와 집을 지어달라고 의뢰하는 영화 《건축학개론》은 실제 건축학과를 나온 감독이 생생하게 묘사해 현실감 넘칩니다. 설계 사무소에서 웅크리고 쪽잠을 자는 건축사, 주인공의 설계안을 끊임없이 퇴짜 놓는 건축주. 아, 건

축학과에는 어쩐지 수지 같은 여학생만 있을 것처럼 꾸몄다고
요? 천만에요. 감독은 치밀합니다. 영화에서 수지는 건축학과
가 아니라 음대생입니다. 쓸데없는 것까지 현실적이지요.

이야기가 잠깐 샜습니다만, 그래도 우리는 이 영화에서 건축학
과 학생이 배우는 것들을 아주 조금이나마 엿볼 수 있습니다.
건축학과 학생들은 입학하자마자 '설계 스튜디오'라는 수업에
묶이게 됩니다. 한 학기 동안 주택, 도서관 등 건물을 직접 설계
하면서 건축 설계를 배우는 과목이지요. 일주일에 두 차례 교수
를 만나 작업물을 보이고 부족한 점은 수정하고, 잘된 부분은
살려 제대로 된 건물을 만들어갑니다. 그리고 영화에서 주인공
의 설계안을 끊임없이 퇴짜 놓으면서 무엇이 틀렸는지는 얘기
해주지 않는 첫사랑과 마찬가지로, 수업에서 교수들은 학생의
설계안에 문제가 있다고 지적하지만 정작 답을 주지는 않습니
다. 이런 식이지요.

> "네가 생각해낸 콘셉트는 지나치게 평범하고 낡았다.
> 더 새로운 콘셉트를 가져와봐라."
> "새 콘셉트는 재미있고 혁신적이다. 그런데 정작 스케치한
> 건물 모양은 혁신적인 콘셉트가 잘 드러나지 않는다. 다시 해와라."

교수들이 이렇게 애매모호하게 말하는 이유는 학생들이 새로
운 것을 만들어내고, 스스로 답을 찾아내는 창조적인 인재로 커
나가길 바라기 때문입니다. 그러나 '당하는' 학생 입장을 생각

해봅시다. 대체 새로운 콘셉트라는 건 무엇일까요? 혁신적인 콘셉트와 어울리는 건물 모양은 무엇일까요? 정답이나 모범답안이 있을 리가 없습니다. 이것저것 머리를 쥐어짜고 거듭해서 만들어볼 수밖에 없습니다.

지금도 많은 건축학과 학생들은 '설계 스튜디오' 때문에 고민하고 방황합니다. 오죽하면 졸업 후 설계 사무소에 취직한 동기는 이렇게 말할 정도입니다.

> "일이 바빠 주말 중 하루는 꼭 출근해야 돼. 하지만 학생 때는
> 주말 이틀을 다 쉬어도 주말이 없는 거나 마찬가지였지."

그만큼 건축학과의 수업은 학생 입장에서는 정답도 없고, 하고 있는 게 맞는지 확신도 서지 않고, 이 수업에서 무엇을 배우는지도 모르는 것으로 악명이 높습니다.

'설계 스튜디오' 수업이 커피라면 '졸업전'은 T.O.P입니다. 그나마 '설계 스튜디오'는 설계 방법을 배우는 수업인 만큼 커리큘럼이 정해져 있습니다. "이태원의 용산구청 옆 부지에, 다문화현상에 주목하며 4층 규모의 도서관을 설계하라" 정도의 가이드라인이 주어지며, 관련된 자료도 알려주고, 무엇보다 같은 반 동기 모두가 같은 가이드라인 내에서 설계하기 때문에 서로 참고할 수도 있고 의견을 나눌 수도 있습니다. 아예 길이 없는 건 아니라는 거지요. 하지만 '졸업전'은 다릅니다. 어떤 가이드라인도 없습니다. 학생 스스로 지역을 고르고, 지역 문제와 현상을 분석해 프로젝트를 설정하고 건물을 설계해야 합니다.

가이드라인이 있긴 합니다. 서울대학교 건축학과 2011년 졸업전 주제는 '공공성'이었습니다. 하지만 공공성과 무관한 건축이 얼마나 될까요? 건축이 기본적으로 '같이 쓰는 것'인데, 이건 요리 대회의 주제가 '영양'인 것과 다를 바 없습니다. 영양에 신경 쓰지 않는 요리도 있긴 하지만 일류 요리를 만들려면 영양 고려는 필수입니다. 이처럼 공공성은 훌륭한 건축 작품을 만들기 위해 반드시 고려할 요소입니다. 게다가 졸업전에서 별 볼 일 없는 작품을 만들고 싶은 학생이 누가 있을까요. 기껏 받은 가이드라인이 별 도움이 되지 않는다는 거지요.

해결할 문제를 학생 스스로 찾아내고, 현실과 사회를 분석해 최종적으로 새로운 건축 프로젝트를 완성하는 것. 수업 형태를 띠긴 하지만 졸업전은 수업이라기보단 '학생에게 던지는 질문'입니다.

이 도시에서 당신이 새롭게 원하는 것이 무엇인가?
원하는 것을 찾았다면, 그것을 어떻게 이룰 것인가?

이 책은 반짝이는 젊은이 열일곱 명이 이 두 가지 질문을 붙잡고 반년간 고민하며 노력한 도전의 시작과 끝, 그리고 그 과정에 대한 기록입니다. 2011년 서울대학교 건축학과에서 크리틱critic 형식으로 한 학기 동안 진행된 '졸업전' 수업의 전 과정을 담았습니다. 크리틱이란 예술 분야에서 작가가 여러 사람 앞에 작품을 공개하고 비평과 조언을 듣는 것, 또는 작품을 평가하는 비평가나 평론가를 말합니다.

정처 없는 출항과도 같은 아이디어 도출, 신랄함을 넘어서 때
론 야박하기까지 한 비평, 강도 높은 압박 질문과 촌철살인, 밀
려오는 좌절과 갈등…. 이런 과정을 거치며 미운 오리 새끼에서
백조로 변신하는(물론, 다 그런 것은 아니지만!) 모습을 보시게 될
겁니다. 우리에게 아직 익숙하지 않은 크리틱 문화를 벗 삼아
여러분도 각자 소망하시는 '졸업전'을 설계해보시기 바랍니다.

등장인물

대학에서 학생의 운명은 담당 교수에 따라 크게 갈라집니다. 빛한 줌 들지 않는 막막한 어둠이냐, 이따금 희망의 빛이 설핏 지나는 어둠이냐의 차이일 테지만, 그 차이는 작지 않습니다. 스승과 제자가 한 학기 동안 머리를 맞대고 함께 설계 수업을 하는 건축학과는 더욱 그러하지요. 학생이 중심이 되는 졸업전도 마찬가지입니다. 교수에 따라 학생의 잠재력을 끌어내는 방법이 천차만별이거든요.

K교수 학생 놀리기가 취미. 건축 예산과 주민의 의견 등 현실적인 요소를 중시하며, 현실과 밀착한 건축가가 되도록 이끈다. 다만 현실을 잘 모르는 학생들은 경험에 밀려 K교수에게 끌려가는 일이 생기기도 한다. 가장 적극적으로 학생들을 챙긴다.

S교수 학생 개개인을 최대한 존중한다. 주변 도시 조직과의 관계를 중시하며, 넓게 보는 건축가가 되도록 독려한다. 학생들의 의견을 대부분 존중하지만 그만큼 학생들이 지는 책임도 크다.

P교수 외국인 교수로, 학생들에게 친구처럼 다가간다. 자유로운 상상력을 중시한다. 그러나 중시하는 것과 평가하는 것은 다른 얘기다.

졸업전 과제를 마친 학생들은 곧 건축 실무 세계로 들어갑니다. 아카데미즘과 현업의 경계선에 선 학생들의 일정을 고려해 학교에선 설계 사무소를 운영하는 소장들을 초청해 졸업 작품 비평을 해달라고 요청합니다. 학생들로서는 '실무자의 시각'을 접하는 기회이며, 사무소 소장들에게 자기를 어필할 수도 있는 좋은 기회입니다.

A소장 실무를 하지만 현실적인 것에만 매몰되지 않고 오히려 형이상학적인 부분에 관심이 많다. 비현실적인 콘셉트나 아이디어도 환영한다. 특히 학생 신분일 땐 기능보다 디자인을 마음껏 펼치는 것이 중요하다고 강조한다.

B소장 실무자 대부분이 그렇듯이 기능과 실체를 중시하는, 판에 박은 듯한 실무자의 전형. 그렇다고 꽉 막힌 사람은 아니다. '가장 창의적인 것은 가장 현실적인 것에서 나온다'고 믿을 뿐.

등장인물은 2011년 서울대학교 건축학과에서 졸업전 수업을 지도한 교수, 소장 들을 모델로 해 재구성한 캐릭터입니다.

이야기 구성

졸업전 수업이 진행되는 순서에 따라 열일곱 가지 이야기가 펼쳐집니다. 한 학생이 치밀하게 기록한 수업 내용을 뼈대로 삼고, 함께 졸업전을 거친 학생 열일곱 명을 인터뷰한 뒤 각색, 재구성했습니다.

SITE 어디에 지을까?

건물 입지를 정하는 단계입니다. 사막에 이글루를 짓지 않고 강남사거리에 초가집을 짓지 않듯이, 모든 건축은 어디에 짓는지에 따라 많은 것이 결정됩니다. 졸업전에서는 두 가지 경우가 있습니다. 첫째, 사이트를 정한 뒤 주제를 찾는 경우, 둘째, 주제를 정한 뒤 사이트를 찾는 경우입니다. 둘 중 어느 쪽이건 이 단계에서는 사이트와 함께 주제를 고르게 됩니다. 어디에, 무엇을 지을 것인가를 정하는 것이지요.

DEVELOPING 어떻게 지을까?

어디에 무엇을 지을지 정했으면 이제 '어떻게' 지을 것인가를 고민하면서 설계하면 됩니다. 말은 참 간단합니다만 당연히 가

장 오랜 시간이 걸리고, 노력도 가장 많이 들어가는 단계입니다. 신기한 것은 이 기간이 가장 즐겁다고 기억하는 사람이 많다는 겁니다. 적어도 아직 시간이 남아 있다는 점 때문에 마음은 편해서 그렇다고들 하네요.

MID-TERM CRITIC 첫선 보이기

건축은 설득의 예술입니다. 혼자 힘으로 작품을 만들 수 있는 그림이나 음악과 달리 돈을 낼 건축주가 없으면 만들 수 없기도 하고, 건축이 가진 공공적인 특성 때문이기도 합니다. 그렇기 때문에 다른 사람들이 던지는 질문과 비판, 여러 공격을 논리와 증거로 반박할 수 있어야 자기 건축을 완성할 수 있습니다. 제일 좋은 건 역시 공격받을 만한 약점을 만들지 않는 것이겠지요? 그런 의미에서 최종 발표를 대비해 중간 발표를 합니다. 교수들은 학생들이 가져온 초기 안에서 약점이 될 만한 부분을 지적하고 건질 만한 장점들을 찾아내지요.

FEEDBACK 설득하거나 설득당하거나

중간 마감에서 여러 교수가 의견을 제시합니다. 그대로 따라가면 될까요? 아닙니다. 학생이 제대로 발표하지 못해 잘못 이해하는 교수도 있고, 학생 입장에서 생각하기에 타당하지 않거나 받아들이기 어려운 의견도 있습니다. 졸업전 수업의 참여자는 교수와 학생 관계이긴 하지만, 졸업전은 학생이 교수를 떠나 홀로서기를 하는 일종의 성인식입니다. 교수의 의견을 받아들여 아이디어의 완성도를 높이는 것 못지않게 내 아이디어의 가치를 지키고 관철시키기 위해 교수와 맞서 논쟁하는 것도 중요하고, 결코 피할 수 없는 과정입니다. 학생의 갈등이 시작되고, 의심과 두려움이 커집니다. 과연 내 생각이 맞을까? 이대로 나아가도 될까?

PREPARE FOR THE LAST CRITIC 발표 자료 만들기

정규 학기가 끝나면서 설계 시간도 끝납니다. 이때부터는 모델을 만들고 도면을 다듬는 등 최고의 발표를 위해 자료를 준비하는 단계입니다. 하지만 노래방에도 추가 시간이 있는 법. 대부분 한 학기 동안 미처 마무리하지 못한 설계를 마저 진행하고, 일부는 고심 끝에 지금까지 해온 설계를 해체하기도 합니다. 남은 시간이 얼마 없는데 어떻게 하냐고요? 지옥이 펼쳐지는 겁니다. 끝없는 밤샘과 고난의 행군이 시작됩니다.

FINAL 나를 위한 무대

최종 발표입니다. 여기까지 왔으면 할 수 있는 건 하나뿐입니다. 후회가 남지 않도록, 내가 만들어낸 것을 100퍼센트 선보이는 것. 이제 막이 오릅니다.

THE LAST CRITIC 환호하거나 야유하거나

무대에서의 공연은 끝났습니다. 그럼 끝일까요? 아닙니다. 관객들의 평이 남았지요. 앞서 말한 대로 학생이 성공적으로 교수를 떠날 수 있도록 하는 것이 졸업전 수업의 목표인 만큼, 익숙한 교수들이 아니라 외부의 건축가들을 초청합니다. 활발하게 활동하는 현업 건축가들의 생생한 의견과, 학교에선 접할 기회가 적었던 현실적인 시각을 마주하게 됩니다. 그런데 때로는 현장에 있는 이들이 오히려 더 비현실적인 상상의 나래를 펼치기도 합니다. 관객들은 과연 박수를 칠까요? 아니면 야유를 보낼까요? 드디어 그들의 손이 올라갑니다.

이런 과정을 거쳐 진행된 건축학과 열일곱 명의 졸업전, 이제 시작합니다.

I 도시의 자연 문제

Stitching the Blank 연결의 전이 공간
Contouring Neighborhood 도시와 자연 통합
비껴가기+함께 살기 복개 지상 건축물과 복원 하천의 공존

1-1
Stitching the Blank

연결의 전이 공간

"도시 환경과 생활권은 주로

도로나 유틸리티 시설 같은

대형 기간 시설을 기준으로 구축된다.

도시 관점에서 익숙한

인프라스트럭처의 구조와

건축 관점에서 인간 스케일과

도시 근본 형태를 고려한 인프라는

어떻게 구성되어야 할까?"

졸업전 학기 설계 수업의 첫 시간. 지금까지 8학기 이상 해온 수업이지만 '졸업전'이라는 단어의 무게감은 이전과 다르다. 우선 교수는 수업 초반에 가져오던 준비 자료를 전혀 들고 오지 않았다. 아무것도 정해진 것이 없기 때문이다.

S교수   졸업전을 같이 하게 된 S입니다. 잘해봅시다.

학생들은 시간을 거슬러 1학년으로 돌아간 듯하다. 원하는 프로젝트를 성공시키고 싶지만 정작 원하는 것이 무엇인지 모르는 백지상태라는 점에서 신입생과 크게 다를 바가 없다. 학생들은 눈빛으로 빠르게 대화를 나눈다.
'졸업전 주제 정했어?'
'아직 모르겠어.'
'막막해!'
모호한 상황이라는 점에선 모두가 한마음이다. 저마다 첫 순서로 걸리지 않기만 바랄 뿐.

S교수   그럼 일단 병욱 씨부터 이야기해볼까요? 졸업전에서 다룰 사이트**1**를 정했나요?

첫 타자로 걸린 병욱이 낮은 신음을 삼킨다. '생존한' 친구들은 애도와 함께 응원의 눈빛을 보낸다. 힘내! 다만 그들의 눈빛 속

---

1   site. 건물 부지라는 의미로 사용된다. 건축은 홀로 존재하지 않기 때문에 건물이 놓이는 대지 경계에 한정되지 않고 주변 건물과 도로, 자연환경 등을 포함한다.

에 응원 메시지만 들어있는 것은 아니다.
'첫 순서에서 너무 잘해서 교수님의 기대치를 올리지 말라고!'

병욱   예. 제가 주목한 사이트는 서울 동대문구 휘경동의 빗물 펌프
             장입니다.

S교수   빗물 펌프장에 어떻게 주목하게 되었지요?

병욱   서울의 개발 과정을 공부하면서 이수[2]를 위한 인프라스트럭
             처[3] 구축 과정을 알게 되었는데, 첫 번째는 제방을 통한 홍수
             방재였고, 두 번째는 홍수 방재를 위해 쌓았던 둑을 따라 고속
             화도로를 건설하는 것이었다고 합니다. 그리고 이때 함께 지은
             것이 여름 장대비가 쏟아질 때 제방 안쪽 주거지에 내린 비를
             모아 제방 밖으로 강제 배수하는 빗물 펌프장이라는 것을 알게
             되었습니다.

말문이 열리면서 병욱의 목소리가 어느새 안정감을 찾는다. 반
면 다른 친구들의 얼굴이 굳어간다. '잠깐, 첫 수업이면 적당히
자기가 하고 싶은 느낌까지만 생각해오면 되는 거 아니었어?
쟤, 왜 저래?'

S교수   그렇지요. 장마가 있는 우리나라에서는 필수적인 시설이지요.

---

2   利水. 물을 이용하고 잘 통하게 함.

3   infrastructure. 좁은 의미로는 상하수도, 전기 등 도시 기반 시설을 의미하며, 넓은
      의미로는 학교나 병원, 치안 시설 같은 사회 전반의 기초를 구성하는 시설들을 아우
      른다.

부지 위치와 주변 환경.

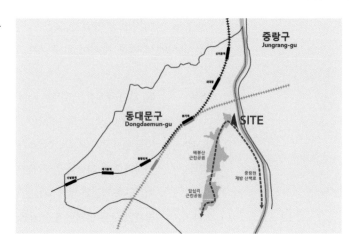

병욱   한강이 워낙 크고 길기 때문에 서울 도심에만 빗물 펌프장이 100개가 넘으니 의외로 우리랑 밀접한 시설이라는 점에 관심을 가졌습니다. 문제는 주변 주거지의 우수관으로부터 빗물을 모으는 넓은 유수지[4]가 필요하고, 이를 강제로 배출하는 수 미터 크기의 빗물 펌프들이 설치되기 때문에 차지하는 면적이 넓습니다. 그런데 빗물 펌프장은 1년에 10~20여 차례만 가동되고 나머지 기간에는 공간이 논다는 점에 주목했습니다.

S교수   맞아요. 옛날에는 크게 이슈가 되지 않았지만 요즘에는 빗물 펌프장이 거대한 면적을 차지하는 데다, 도시를 단절시키는 상황을 개선해야 한다는 운동이 조금씩 생기고 있어요. 의미 있는 주제가 될 것 같군요.

---

4   폭우로 인한 홍수량 일부를 잠시 담아 강이 덜 넘치도록 비워둔 땅.

한강 수계와 사이트의 관계.

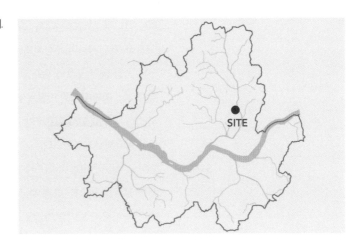

친구들은 그제야 떠올린다. 병욱은 원래 자료 조사와 분석이 특기였고, 심지어 성실하기까지 하다. 하지만 지금처럼 첫 수업부터 불태우는 적은 없었는데. 친구들은 평소와 전혀 다른 병욱을 보며 비로소 졸업전이 시작되었음을 새삼 깨닫는다. 동시에 교수의 기대치를 한참 끌어올린 병욱이 원망스러워진다.

병욱   도시의 공백과 단절을 해결하는 것도 목표지만, 궁극적으로는 서울 시내 빗물 펌프장 개선 모델이 되기를 희망하고 있습니다.

S교수   어떤 모델이지요?

병욱   지역 사회에서 한강뿐 아니라 4대 지천의 접근성을 높이고 복합적으로 활용할 수 있는 시설의 프로토타입[5] 한 가지를 제안

---

5   prototype. 본격적인 생산을 앞두고 성능을 검증하거나 디자인을 발전시키기 위해 만드는 기본 모델.

하는 겁니다. 산업화 시대의 도시 발전 과정에서 '제방' 기능과 '고속화도로' 기능이 우선시되면서 도시가 가진 자연 공간과 근본 지형 들이 도로와 펌프장 같은 인프라 중심으로 바뀌어 왔습니다. 이제 도시를 만드는 힘이 인프라에 치중되던 시대는 지났고, 앞으로 도시 인프라가 가져가야 할 가치와 형태, 기능 등을 탐구해보려고 합니다.

S교수 좋아요. 빗물 펌프장이라는 사이트를 분석하면서 시대적인 과제를 잘 도출했군요. 다음 시간부터 설계를 시작해보지요. 어떤 것을 지을지, 보여줄 것들을 준비해 오세요. 다음은 누가….

순간, 학생들이 교수의 눈을 피한다.

DEVELOPING

시작이 반이라고들 한다. 옛말에 그른 말이 없다는데, 졸업전 수업에서 좋은 주제를 재빨리 잡는 것만큼 중요한 것도 없다. 병욱의 앞길은 누가 봐도 탄탄할 것처럼 보였다. 하지만 새옹지마라는 말도 있다. 부러울 정도로 유려하던 첫날 수업에 비해 병욱은 학기 초반에 한 달이 넘도록 헤매고 있었다. 속된 말로 '꼬였다'고 할까.

S교수 설계 전에 잊지 말아야 할 것은 빗물 펌프장이 본래 기능을 충실히 이행해야 한다는 거예요. 다른 걸 아무리 잘 지어봐야 주변 지역에 홍수가 나게 해선 헛일이니 말이지요.

병욱 그것 때문에 어려움이 많습니다. 펌프 작동을 방해하지 않으면서 펌프가 작동되지 않는 유휴 기간 동안 이용할 수 있는 구조

평상시와 홍수시의
수위 차.

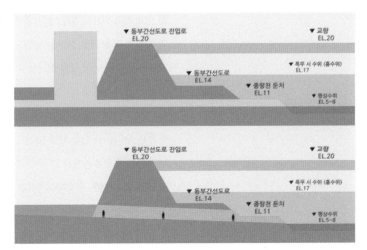

빗물 펌프장의
기본 구조.

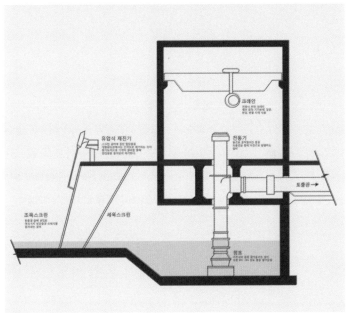

를 만들어야 하는데, 일단 알아낸 첫 번째 조건은 여러 레벨6들
이 일정하게 하천을 향하는 방향으로 구성되어야 하며, 두 번
째로는 일정량 이상 물을 머금을 수 있어야 한다는 것입니다.

S교수 그 조건들이 건물의 형태와 재료를 선정하는 기준이 되겠네요.

병욱 유수지뿐만 아니라 도시의 하천 체계도 문제입니다. 불특정 지
역에서 오염수가 유수지로 모여드는 '비점 오염' 현상이 일어
나기 때문에 우수관에서 본 유수지로 물이 유입되는 지점에 필
터와 정화 시설도 구축해야 합니다. 이런 기능들이 작동하는
디자인을 짰는데, 계단식 논 형태나 자연스러운 유수 정화를
위해 최대한 물길을 길게 만드는 형태가 가능할 것 같습니다.

교수의 얼굴에 의아한 빛이 스쳐 지나간나.

S교수 잠깐, 잠깐.

병욱 예?

S교수 빗물 펌프장의 기능은 분명히 필수적으로 해결해야 할 문제예
요. 그런데 병욱 씨가 만들려고 하는 게 최신 빗물 펌프장인가
요? 그렇다면 처음에 문제라고 본 '시설로 도시가 형성되는' 옛
시대의 건축을 다시 하는 거예요.

학생들이 흔히 빠지는 오류다. 문제를 발견한 뒤 해답을 찾는
과정에서 처음의 문제의식을 잃는 것. 병욱처럼 자료를 많이

---

6 level. 지면 또는 각 층 같은 여러 부분의 높이를 가리킴.

찾아 열심히 공부하는 학생이 너무 많은 것을 보다 보니 초심과 멀어지기 쉽다는 것을 교수는 경험으로 알고 있었다.

S교수　　기능도 중요하지만 핵심이 뭐라고 생각하나요?

병욱　　음, 생활?

S교수　　맞아요. 다른 말로 하면 '인간'이에요. 기능을 공부하다가도 디자인 영역으로 넘어오면 인간을 이야기해야 하지 않을까요?

병욱　　그러네요. 조사를 하다 보니 어느새 한쪽 면에만 주목하게 된 것 같습니다. 사실 기능에 대해 조사를 하기 전에 막연히 상상한 디자인 형태는 두 가지 레이어[7]였습니다.

S교수　　그 얘길 더 듣고 싶네요.

병욱　　유수지의 기능을 담당하는 하부 수변 공원이 있고, 상부에는 인공 녹지 지반[8] 레이어를 덮어 공동 공간[9]을 만들려 했습니다.

S교수　　흥미롭네요. 아직은 일차원적이지만, 두 가지 레이어가 어떻게 연결이 될지, 여러 상황과 다양한 방문자에 대응해 어떻게 작동할지 다각도로 고려하고 설계하면 재미있고 새로운 공간이 나올 것 같아요.

병욱　　그런데 이 아이디어는 펌프장의 기능과 상부 공간이 자칫 관계

7　layer. 여러 켜로 이뤄진 것의 한 층. 흔히 울타리나 건물의 각 층같은 물리적인 겹을 지칭하지만 때로는 사람의 심리적 장벽, 이야기 구조 같은 비물리적인 현상을 설명할 때도 쓰인다.

8　옥상을 녹화해 자연 지반과 같이 식물이 자라게 만든 인공 지반.

9　public space. 모든 사람에게 개방되는 공적인 공간. 대부분 공동체성을 내포하기 때문에 커뮤니티 공간으로도 불리며, 이런 특성 때문에 현대 도시 건축에서 잃어버린 공동체성을 회복하는 수단으로 주목받고 있다.

가 없을 것 같아서 굳이 빗물 펌프장에 이런 건물을 지을 필요가 있는지 의문이 생겨 보류했습니다.

S교수 관계가 없을 수가 없어요. 일단 빗물 펌프장은 20미터를 넘나드는 레벨과 기본적인 담수량 면적을 확보해야 하니 하부가 무시할 수 있는 규모가 아니거든요. 그렇다고 1970년대 방식처럼 콘크리트로 덮어버릴 수는 없겠지요.

병욱 그러면서도 수위가 낮을 때나 높을 때나 작동 가능한 형태가 되어야 하고…. 열심히 해볼 수밖에 없겠군요.

S교수가 생각하기에 졸업전 수업에서 교수의 역할은 여기까지였다. 학생이 스스로 무언가를 할 수 있도록 독려하는 것. 졸업전만큼은 학생들이 '100퍼센트 나의 프로젝트'라고 느꼈으면 했다. 따라서 조언과 생각의 실마리는 최소한만 주고 모든 것을 학생이 결정하도록 유도한다.

학생 대부분은 이 방식을 좋아하지만, 가끔은 끝내 갈피를 잡지 못하거나 문제를 해결하지 못하고 졸업전을 망치는 학생이 생긴다는 단점이 있다. 난이도 높은 문제에 야심 차게 도전한 병욱은 과연 어떻게 될까? 다음 수업 시간, 병욱은 지금까지와 달리 자료를 가장 적게 들고 왔다. 포기한 것일까?

병욱 정답을 찾지는 못했지만, 설계에서 중요한 결정은 내릴 수 있을 것 같습니다.

S교수 어떤 결정이지요?

병욱 첫 번째는 상부 레이어가 도시의 근원적 지형 체계와 적극적으로 융화되는 것입니다. 배봉산에서 중랑천으로 내려가는 흐름

배봉산의 흐름을 반영한
상부 지형 디자인.

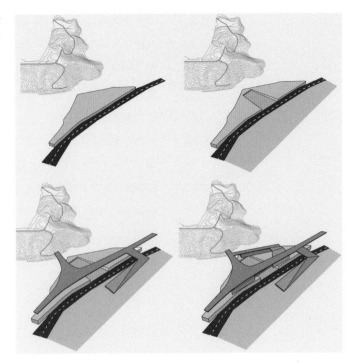

을 중요하게 살려내는 한편, 제방을 쌓아 생긴 새로운 지형의
위아래로 천변 공간과 자연스럽게 연결되는 구조를 지향하려
합니다.

S교수 단순히 덮어버리는 판을 만드는 게 아니라 '지형'을 만든다는
거군요? 좋아요. 두 번째는?

건축 프로젝트에는 자료와 정보 수집 시간도 필요하지만, 결국
모든 결정은 모아둔 것들 위에 쏟아부은 생각의 시간 동안 이뤄
진다. 병욱은 포기하지 않았다.

병욱	주변 여러 지역과 방향에서 접근하기 쉽고, 그 중심으로 기능하는 구심 공간을 구축하는 겁니다. 주위를 둘러싼 녹지, 주거지, 산책로, 수변 공간 등 다양한 마주침에 대응하는 동시에 다양한 면면이 어우러져 나타나는 곳이 수변 공원 그 자체가 되면 어떨까요?
S교수	새로운 공간을 처음부터 따로 만드는 것이 아니라, 주변 공간에 대응하는 것으로 디자인을 출발한다는 것이군요?
병욱	그렇습니다. 각 지역 연결점node에서 출발하는 점들이 사이트 내부에서 교차하고 다양한 선과 면으로 이뤄지는 큰 조직면 패치워크patchwork로 구성될 수 있지 않을까 합니다.
S교수	음…, 말만 들어서는 잘 모르겠네요. 디자인에 관한 건 모델이나 드로잉[10]을 봐야겠어요.

건축 설계는 모델과 드로잉 등으로 생각을 구체화시키는 창작 과정이다. 건축이 재미있으면서도 어려운 것은 이 과정들이 순차적인 것처럼 보이지만 실상은 동시에 이뤄지고, 긴밀하게 연관된 것 같지만 때론 완전히 독립적이기 때문이다. 여기에 위험이 도사리고 있다. 아무리 문제점들을 하나씩 해결해나간다고 하더라도 어느 순간에 다시 완전히 막혀버릴 수 있다는 것이다.

병욱	세 번째로 상설 프로그램 구축과 제방 레벨과의 연결을 위해 경사진 형태로 건물을 형성하고, 내부에는 지역 커뮤니티 중심

---

10 drawing. 건축에서는 낙서와 같은 스케치에서 상세한 도면까지 '종이에 그려진 이미지'를 통틀어 드로잉이라 부른다.

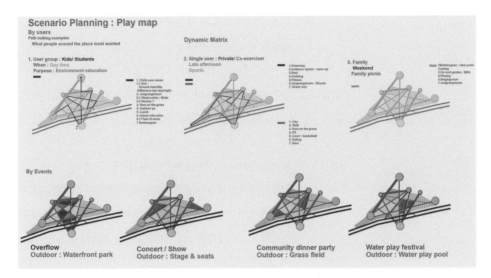

Scenario Planning : Play map

By users
Path making examples
  What people around the place most wanted

Dynamic Matrix

1. User group : **Kids/ Students**
When : Day time
Purpose : Environment education

2. Single user : **Private/ Co-exerciser**
Late afternoon
Sports

3. Family
Weekend
Family picnic

By Events

Overflow
Outdoor : Waterfront park

Concert / Show
Outdoor : Stage & seats

Community dinner party
Outdoor : Grass field

Water play festival
Outdoor : Water play pool

사용자의 요구와 행동에 따른
매트릭스 예시.

프로그램을 배치하는 구성입니다. 내부 공간은 외부 지형의 흐름이 읽히면서 외부와 열린 구조가 되고, 동시에 실내 공간은 홍수기에 사용하기 어려운 빗물 펌프장의 필연적인 한계를 극복할 수 있을 것 같습니다. 네 번째로 여러 연결점에서 출발하고 사이트 내부에서 교차된 조직면들은 사용자들의 다양한 요구를 위한 시나리오 맵11으로 기능하게 하는 것입니다. 자유로운 매트릭스12가 될 수도 있고 바둑판이 될 수도 있는 매트

---

11 건축에서는 이용자들의 건물 이용 패턴을 예상한 것을 시나리오라 하고, 시나리오 맵은 이런 패턴들을 지도상에 표시한 것이다. 패턴이 많이 중첩될수록 사람이 많이 지나다니는 경로임을 알 수 있다.

12 matrix. '행렬'을 뜻한다. 여러 요소를 행과 열에 배치해 복잡한 계산과 다양한 선택을 가능하게 해 수학이 아닌 디자인에서도 도구로 쓰인다.

릭스 안에서 사용자 특성에 따라 자유롭게 동선을 구성하고
활용할 수 있을 것 같습니다.

작업의 흐름이 나쁘지는 않다. 하지만 교수는 불안감을 감출 수
없다. 아무래도 말은 해줘야겠어.

S교수	형태에 관해서는 설계를 해보면 되겠지만, 지금 단계에서 시나
	리오 맵과 매트릭스 개념이 나왔는데, 이것들은 다양한 시나리
	오와 수용자의 동선을 구성하는 데 효과적인 도구가 맞아요.
	하지만 자칫 잘못하면 병욱 씨가 '도구'에 휘둘릴 수도 있어요.
병욱	예, 조심하겠습니다.

많이 헤매긴 했지만 병욱은 늦지 않게 생각을 정리할 수 있다는
사실에 안도한다. 어느새 중간 마감이 다가왔고, 적어도 이때쯤
에는 졸업전에서 무엇을 하겠다고 말할 수 있어야 하니까.

**MID-TERM
CRITIC**

병욱	제 사이트의 주제는 빗물 펌프장의 레크리에이션화입니다. 특
	히 휘경동 펌프장의 유휴 공간에 주목했습니다. 이곳은 365일
	중 7일만 가동하는 정도라서 활용 방안을 찾으려 한 것입니다.
	우선 펌프장은 여러 사람을 위한 공공재라는 인식에서 구상을
	시작했습니다. 목표는 기존 인프라가 건축이 되고 건축이 곧
	환경이 되는, 상통하는 디자인입니다. 또 물을 적극적으로 사
	용해 커뮤니티 레크리에이션 센터 역할을 하게 하려고 합니다.
	기존에도 한강 등 수변 공간과 도심을 잇는 아이디어가 나오긴

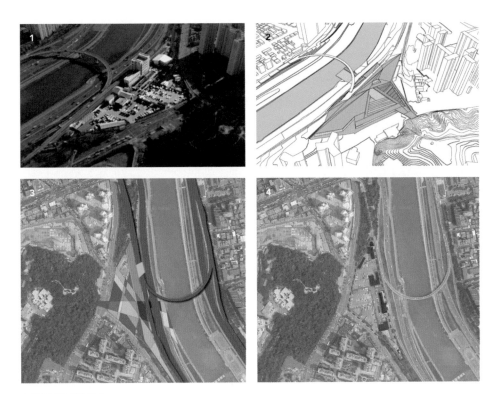

1 사이트의 실제 모습.
2 3D 설계안.
3·4 사이트 계획 전후 비교.

했지만, 성공 가능성이 좀 더 높은 형태로 서울시 빗물 펌프장 전체에 새로운 프로토타입을 제안하는 것이 저의 최종 목표입니다. 프로그램**13**으로는 한강과 연계된 지역 커뮤니티 거점이 되었으면 하고, 그중에서도 지역 기반 레크리에이션 프로그램

---

13 program. 건축에서 프로그램은 단순하게는 상업, 주거 등 기능을 뜻하고, 건축가에 따라서는 공간과 시간을 포괄해 건축의 의미에 이르는 복잡한 의미로 사용하기도 한다. 여기서는 기능.

들이 반영되기를 희망합니다.

병욱의 발표는 알기 쉽고 내용도 알찼다. 하지만 교수들의 표정은 그리 유쾌하지 않다. 졸업전을 많이 겪어본 베테랑 K교수가 비평을 시작한다.

K교수   발표는 훌륭한데 이미 많이 나온 주제고, 예측 가능한 결론이야. 그 이상으로 뭔가를 해야지. 지금 제안은 신세계 제품도 팔고 롯데 제품도 파는 정도 같아.

생각해보면 그렇다. 틀린 답은 아니지만 새로운 답도 아니다. 문제는 조건이 까다로운 나머지 이 이상 다른 답을 낼 수 없다는 것. 하지만 아직 프로젝트 초기이니 사이트 안에 다루지 않은 부분도 많이 남아 있다. 병욱은 그 부분의 가능성을 떠올렸다.

병욱   앞으로는 지금 덮여 있는 하부의 건축 공간도 적극적으로 다뤄볼 예정입니다.

P교수   어쨌든 끊어진 걸 잇는 건 당연한 거고, 새로운 프로그램이 들어와야 할 것 같아.

S교수   수업 시간에는 배봉산부터 중랑천까지 내려가는 흐름을 이야기했는데, 이 발표 내용에선 제대로 전달되지 않은 것 같아요.

S교수는 짧게 아쉬움을 표현했지만, 이미 병욱의 발표는 끝났다. 중간 마감에 학생들에게 주어지는 시간은 언제나 짧다.

S교수	중간 마감에서 병욱 씨 발표에는 수업 시간에 얘기한 것들이 많이 빠져 있어요. 그래서 다른 교수님들이 프로젝트에 특별한 게 없다고 보셨는데, 왜 그랬지요?
병욱	새로운 프로그램을 제안해야 한다는 점과 그 프로그램에 맞춘 공간을 구성하는 과정에서 막혔던 것 같습니다.
S교수	구체적으로 어떤 과정이지요?
병욱	커뮤니티 시설 또는 공동 공간이라는 의미는 어떻게 보면 다양한 프로그램을 수행할 수 있는 중립적 공간을 의미하기 때문에 정형화된 프로그램과 이를 반영하는 것이 쉽지 않습니다. 그리고 프로그램 선정도 최종적으로는 레크리에이션(생활체육)과 지역 교육이 반영된 프로그램을 제안하려고 하는데….
S교수	그런 건 굳이 빗물 펌프장 위에 놓지 않아도 되지 않나요? 다른 공터나 산지에 있어도 될 것 같은데.
병욱	예. 당위성이 크지 않은 것 같아서 더 생각해봐야겠습니다.

딜레마! 병욱은 답답하다. 빗물 펌프장이라는 특수 상황에 알맞은 용도를 찾아 디자인을 해보면 이미 다른 사례가 있거나 새로운 느낌이 없고, 새로운 제안을 하려 하면 뭔가 잘 맞지 않고 엉뚱해 보인다. 게다가 장마철 홍수라는 어려운 문제가 늘 걸림돌이다.

병욱	또 공간을 세부적으로 다루면서 각 면마다 다채로운 뷔페이자 풍성한 선택지의 매트릭스로 구현하고 싶은데, 홍수기에 잠긴다는 특성이나 도시에서 천변으로 내려갈수록 점점 레벨이 낮

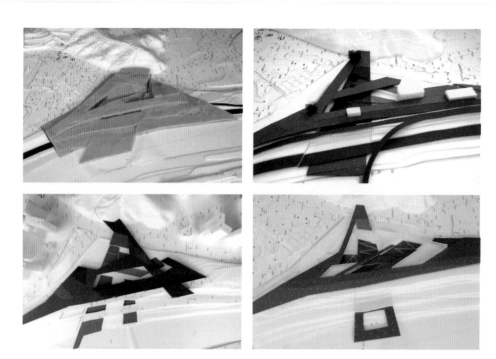

설계 발전 과정.

아져야 한다는 제약이 있어서 선택지가 줄어듭니다.

S교수   두 조건에 부합하는 프로그램들을 부여하고 개별 특성을 살리는 것이 쉽지는 않지요. 그런데 지금 매트릭스라는 툴을 이용해 공간을 설계하고 있는데, 그렇기 때문에 생기는 제약일 수도 있어요. 공간을 설계할 때는 가능한 한 제약을 갖지 말고, 다양한 툴을 사용해서 설계할 필요가 있어요.

병욱   하지만 지금 디자인의 콘셉트 자체가 매트릭스이기 때문에 툴을 벗어나는 것이 조심스럽습니다.

S교수   공간 구성의 도구를 넘나든다는 게 학생에게 쉬운 일은 아니지요. 그래도 시도는 해보세요.

학기말에 발표한 모델.

사실 학생만은 아니지. 건축의 거장이라는 사람들도 가끔은 어려워하는걸. 교수는 속으로 조용히 웃는다.

**PREPARE FOR
THE LAST CRITIC**

8월 하순이 되었다. 1학기의 남은 시간을 불태워 설계를 진행한 학생들은 7월 한 달 동안 일단 지친 몸을 회복하기에 바빴다. 아무리 졸업전이라 해도 방학은 방학이니까. 8월이 되자 최종 발표를 준비하려는 부지런한 학생들이 하나둘씩 학교에 나타나 작업을 시작했다. 병욱은 가장 먼저 학교에 온 학생 가운데 하나였다.

언뜻 보면 진도가 더딘 학생들이 다급한 마음에 방학 작업을 빨리 시작할 것 같지만 그렇지 않다. 일찍 나오는 축은 오히려 진도가 빠른 학생들이다. 학기 중에 성실한 사람이 방학 중에도 성실하다.

S교수	방학 동안 많이 준비했나요? 이제 졸업전 발표까지 며칠 안 남았네요. 궁금해서 와봤어요.
병욱	어, 사실은 마지막까지 설계를 진행했는데, 고민한 것은 과연 이 기다란 바둑판 형태가 즐거운 갈림길로 작용할까 하는 것이었습니다. 또 중간 마감 이후 결정된 레크리에이션과 교육 공간과 구조에 대한 스터디**14**가 부족했던 터라, 이를 충족시키는 하부 공간 구성에 어려움이 있었습니다. 지금은 어떻게든 마무리했고 발표 때 보여드릴 모델을 만들고 있어요.
S교수	지난번 중간 마감처럼 발표 시간 제약이나 실수로 빠뜨리는 부분 때문에 사이트가 가진 매력과 면면, 그리고 빗물 펌프장에 대한 심사위원들의 이해도가 떨어질 수도 있어요. 발표 자체에도 전략을 준비해야 할 것 같은데.
병욱	예. 중간 마감에서는 단순히 자연과 도시를 잇는 디자인으로 읽힌 것 같습니다. 그래서 지금 전략은 '빗물 펌프장인데 이런 기능과도 연결돼요! 하나씩 바꿔나가보지요!', 이런 방향으로 프레임을 바꿔보려고요.
S교수	빗물 펌프장이 바뀌는 데 좀 더 집중할 수 있겠네요. 나쁘지 않은 것 같아요.

내심 마무리를 걱정하던 교수는 비로소 마음이 놓인다. 하지만 병욱의 표정은 어두워진다.

---

14 설계 과정에서 스터디란 일반적인 공부나 정보 수집뿐만 아니라 스케치, 모형 제작 등 여러 형태와 구조를 만들어보며 대안을 찾는 것까지 포함한다.

최종 발표에 선보인 모델.

병욱	그런데… 이런 프레임의 세부 설계 구성에 예상보다 시간이 많이 걸리네요.
S교수	하하, 그것만 하면 끝나는데요, 뭘. 마감 시간만 지켜주세요. 모델 만드는 건 후배들이 도와주지 않았나요?
병욱	사실 도우미를 마지막까지 못 구할 뻔했습니다. 친한 후배들이 없어서.
S교수	어이쿠! 졸업전은 후배의 도움 없이는 시간 내에 마치기가 거의 불가능할 텐데, 어떻게 됐나요?
병욱	다행스럽게도 학기가 마감되기 직전에 후배 여춘이가 도와줬습니다. 다른 과 친구들도 단기 도우미로 총동원하고 있습니다.
S교수	다행이네요. 도우미한테 잘해주세요.

병욱	다들 정말 고마운 사람들이라, 졸업전 끝나면 많이 보답하려고 합니다. 특히 여춘이가 있다는 것 자체가 많이 의지가 되었는데, 마음이 흔들리고 확신이 없는 와중에 디자인 마감을 해내는 데 크게 도움이 됐습니다. 게다가 능력도 좋아서 지금은 세부 디자인은 물론, 디자인의 의도와 목적을 듣고는 이를 가장 효과적으로 보여줄 방법을 함께 고민하는 정도입니다.
S교수	'선배는 나를 취직시켜주고 후배는 나를 거장으로 만들어준다'는 말이 있지요? 그런 좋은 후배는 꼭 잡으세요.
병욱	그런 말은 처음 듣는데, 누가 한 말인가요?
S교수	접니다.
병욱	아. 예?
S교수	하하, 그럼 끝까지 힘내요.

마지막까지 알 수 없는 것이 인생이다. 졸업전 발표를 이틀 앞두고, 집에 가려고 5층에서 엘리베이터를 탄 여춘이가 돌아와 30도짜리 커터를 다시 잡을 줄은 병욱도 예상하지 못했다. 이미 며칠 동안 밤늦도록 일하느라 곤죽이 된 그가 아니던가. 그렇게 후배를 집에도 못 가게 붙잡아둘 생각은 아니었지만, 계속 생겨나는 일들 때문에 도우미 여춘은 졸업전 발표날까지 2박 3일간 집에 들어가지 못했다. 그런 상황을 예견했던 것일까. 병욱은 그날 엘리베이터에서 돌아온 여춘의 결연한 얼굴을 평생 잊을 수 없게 되었으며, 매년 한우를 사주기로 마음먹었다.
마침내 최종 발표일이 되었다. 지난 4년 6개월간의 학교생활은 어떤 평가를 받게 될까?

FINAL

병욱   산업화 과정을 거친 도시는 효율성만 추구한 인프라스트럭처로 파편화되었습니다. 고속도로와 유수지라는 구시대 단절을 대표하는 인프라를 극복하고 변화시켜 풍부한 연결 과정이 내재된 레크리에이션 전이 공간[15]을 제안합니다. 도시와 자연의 진정한 전이 공간이 되기 위해 역동적인 매트릭스를 제안하고요, 프로그램을 패치워크 형식으로 배치한 다음 매트릭스에서 형성되는 다양한 방식으로 이용하게 됩니다.

THE LAST CRITIC

빠뜨린 것 없이 성공적으로 발표를 마쳤다. 하지만 병욱은 긴장을 풀지 못한다. 익숙하지 않은 외부인들의 표정이 아리송하다. 과연 현장에서 일하는 고수들은 병욱의 프로젝트를 어떻게 받아들였을까?

A소장   필지 내에서 시설을 밀집시키고 오픈 스페이스를 크게 둔 이유는 뭔가요?

병욱   중앙을 비운 이유는 배봉산에서 천변까지 흐름을 연속시키기 위해서입니다.

A소장   삼각형 한쪽 변의 소통을 억제한 이유는 뭐지요?

병욱   그쪽 꼭짓점 부분은 통행이 거의 없기 때문입니다.

A소장   발표는 아주 좋아요. 그런데 공간은 그다지 소통하지 않는 것

---

15 공간의 성격을 자연스럽게 변화시키는 공간. 실내와 실외를 자연스럽게 연결하는 중간 공간인 한옥의 툇마루가 대표적이다. 여기서는 큰 틀에서 빗물 펌프장 전체를 전이 공간으로 설정했다.

최종 발표 패널.

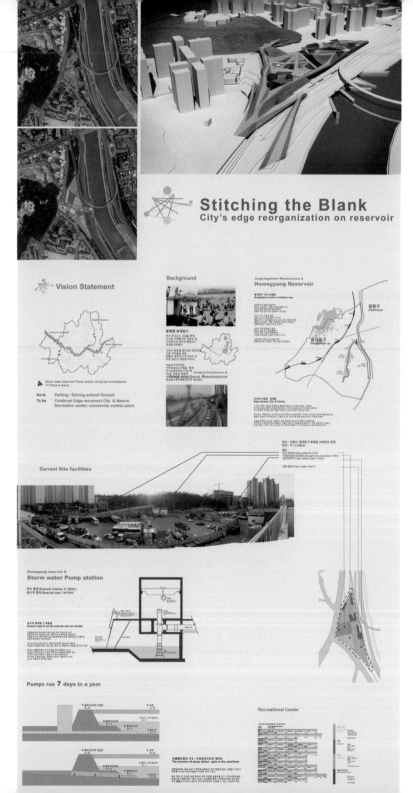

같아요. 전체적으로는 좋지만 도시의 길, 그리고 물과 연결하
는 부분이 효과적이지 못해요. 다시 말해 공간의 소통 위계16
가 잘못 설정된 것 같아요.

B소장   공간을 도형적으로 만드느라 실상은 설정한 개념대로 이용되
지 못할 것 같군요.

병욱이 최종 발표를 앞두고 며칠 전까지 계속 고민한 것이 바로
세부적인 공간 구성이었다. 그 구성이 공격받자 할 말이 없다.
이건 주제나 이론이 아니라 공간과 건축 영역이다. 말로 방어하
고 싶지도 않고, 방어할 수도 없다.

B소장   패치patch를 나누는 선들은 어디서 나오지요? 노드node를 연
결하는 선은 있지만 나머지는 임의로 만든 거지요? 그런데 모
든 논리가 이렇게 임의적인 것에서 시작해요. 설득력을 충분히
갖추지 못하는 거지요. 프로젝트의 수준은 굉장히 높아요. 발표
나 패널까지도. 그런데 그 논리의 시작에서 딱 걸리는 거예요.

병욱의 표정이 굳었다. 직선성은 이 프로젝트의 가장 중요한 콘
셉트이자 설계 논리이기도 했다. 그것이 맞느냐는 질문이다. 즉
프로젝트의 시작부터 잘못되었을 수 있다는 치명적인 지적을
받은 것이다.

---

16 주로 상하 관계를 의미한다. 건축에서는 주가 되는 공간과 거기에 뒤따르는 공간,
   중심 공간과 주변 공간, 진입하는 공간과 이어지는 공간 등 여러 의미로 사용된다.

병욱	임의라기보다는 입구 등 최대한 '기능'과 '장소'에 의거해서 결정했습니다.
B소장	그렇다면 다시 질문하지요. 직선이 아니어도 되잖아요?
병욱	예, 그건 제가 선택한 방법입니다.
B소장	지금 이 건물은 그림이 그대로 건물이 된 거예요. 건축 디자인 과정이 더해지지 않은 데가 있다는 거지요. 이 과정을 지나면 공간들이 변하거든요.
P교수	동물, 그리고 사실 인간도 직선으로 움직이지 않아요. 이용자들은 병욱 씨가 만든 대로 공간을 경험하지 않을 겁니다. 건축가에 의해 강요된 디자인이 되지 않기 위해서는 이보다 여유 있고 선택 가능한 공간을 만들 필요가 있는 거지요.
S교수	기능과 장소에 의기해 스폿spot을 설정했다고 했는데 '산'이란 건 사실 스폿이 아니잖아요? 논리를 좀 더 제대로 설정해야겠어요.

여러 공격이 들어왔지만, 병욱은 직선을 선택한 결정 자체가 틀렸다고 생각하지는 않는다. 다만 그 결정을 증명하는 최종 설계 결과물의 완성도가 부족했다는 지적은 뼈아프다. 실제로 큰 틀로 제시한 흐름을 세부적인 공간으로 다듬는 과정이 부족했고, 후반기에 적용된 레크리에이션 프로그램과 수변 공간 프로그램을 면밀하게 구성하고 새로운 공간으로 제안하지 못한 것이 못내 아쉽다.

| A소장 | 기초적인 스터디는 아주 잘됐어요. 생각하는 태도도 훌륭해요. 항상 주변을 함께 표현하고 그림자와 향도 잘 표현해서 좋아 |

주 모델. 우드락, 종이,
PVC로 만들었다.

요. 차 색깔도 좋고. 다만 기능적인 것과 공간에 대한 건축 디자
인 과정이 더 필요했던 것 같아요.

크리틱이 끝났다. 성공일까, 실패일까? 병욱이 원하던 대로 이
루어졌을까? 병욱은 졸업전 수업에서 규모가 큰 설계를 진행
하고 싶었다. 건축 스케일의 한계와 공공 영역에서 건축의 역
할, 그리고 사회적 함의라고 할 만한 공공 정책이나 인프라, 도
시 개발을 대하는 법규와 원칙 등에 대해 좀 더 뜻깊은 방향을
찾으려 했다. 이 프로젝트는 그동안 '건축'과 '공간'으로 다룰 수
있는 다양한 분야를 병욱이 개인적으로 확인하고자 한 마지막

실험 단계였다.

졸업 이후 병욱은 공간 자체가 상품이 되는 '스터디 카페' 사업으로 공간의 가능성을 확인하기도 하고, '디지털 공간'이라 할 수 있는 레벨 디자인(게임에서 3D 맵, 지형 구조와 체계)을 2년간 수행하기도 했다. 이후 병욱이 선택한 방향은 극도의 상업적 또는 목적 지향적 공간 경험이었다. 실무를 배운 첫 직장에서는 한 회사의 비전과 시스템이 오롯이 녹아드는 단독 사옥이나 해외 럭셔리 브랜드의 쇼룸을 디자인으로 실현하는 기회를 얻었고, 지금은 브랜드·디자인 컨설팅 그룹의 파트너로서 디자인 전략과 브랜드 전략 수립, 업무 공간 혁신과 상업 공간 브랜딩 실무를 하고 있다.

병욱이 현재 가장 관심을 두는 분야는 공간이 곧 상품이 되는 호텔 비즈니스다. 공간 경험을 극대화해 브랜드와 서비스 등이 다루고자 하는 말을 효과적으로 옮기는 방법을 찾고 있다. 공간을 제대로 다루지 못했다고 공격받은 졸업전이 불과 몇 년 전 일이기에, 실무에서 더 많이 배워 그 아쉬움을 해소하고 앞으로 나아가고자 분투 중이다.

1-2
Contouring
Neighborhood

도시와 자연 통합

"마을의 뒷면, 배경으로 남는
도시 속 작은 산의
새로운 이용 방식에 대한 프로젝트.
산을 향하는 건축,
마을에 새로운 중심을 찾는 건축으로
지역적인 무언가, 지형적인 무언가를
만들고자 했다."

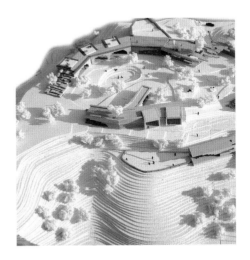

SITE

하림은 1년 전을 떠올렸다. P교수와의 첫 수업을. 외국인이어서 인지 P교수는 온갖 호기심이 넘쳐흘렀다. 그런 면이 교수라기 보다는 오히려 학생처럼 느껴졌고, 배운다는 느낌보다 새로운 것을 함께 알아간다는 느낌을 더 크게 받았다. 즐거운 1학기였고, 2학기에도 P교수의 수업을 이어서 들을 기회가 생겼다. 좋은 기억이 건강한 에너지를 불어 넣어줬다. 졸업전 수업의 주제를 정하는 중요한 순간, 교수가 앞에 있지만 크게 긴장되지는 않았다.

P교수   (영어로) 세 학기 연속이잖아! 반가워, 하림. 졸업전 수업에서 다루고 싶은 사이트는 어떤 곳이지?

하림   사이트는 아직 정하지 못했지만 다루고 싶은 주제는 있습니다.

P교수   그래? 보통은 사이트를 먼저 정하고 그 문제를 파고들면서 주제를 잡는데 반대네? 재미있겠어.

하림   친구와 "우리 마을의 경계가 어디라고 생각하는가?" 하는 주제로 이야기를 나눈 적이 있습니다. 저와 친구는 인식의 기준이 되는 사물도 달랐고, 인식하는 범위도 달랐습니다. 신기했어요. 도시인들이 사는 게 비슷하다고 생각했는데, 저와 제 친구만 보더라도 자기가 살고 있다고 인식하는 공간의 범위와 성격이 크게 달랐던 거지요. 그러고 나니, 다른 사람들의 생각이 궁금해졌습니다.

P교수   재미있네! 현대 도시는 끝없이 확장되어 경계가 없다시피하다는 것이 특징인데, 사람들의 '인식'에서 경계를 찾아낸 것도 흥미롭고, 또 그게 사람마다 크게 다르다는 것이 신기해. 혹시 다른 사람들에게도 물어봤나?

하림	그렇습니다. 주변 사람들에게 많이 묻기도 하고, 아예 설문조
	사를 진행했습니다.
P교수	허, 자체적으로 설문조사를 실시하는 학생이라니, 대기업 기획
	팀 수준인걸?

또 시작이군. P교수는 수업 시간이건 크리틱 자리건 수시로 농
담과 듣기 좋은 말을 던진다. 웬만큼 익숙해지긴 했지만 저렇게
학생을 마구 고평가해도 되는지는 여전히 모르겠다.

하림	그래서 어느 정도 결론을 냈는데, 인식상 마을의 경계에는 두
	가지가 있는 것 같습니다. 일터가 있는 다른 마을로 가는 수단
	의 경계, 즉 지하철역이나 버스 정류장 같은 것이 첫 번째 경계
	이고, 두 번째는 산이나 다리, 고가도로 같은 물리적인 경계입
	니다. 전자는 사람들이 모여드는 중심으로 발달하지만, 후자는
	마을의 뒷면처럼 남겨진 경계라는 생각에서 오히려 새로운 가
	능성이 있지 않을까 합니다.
P교수	흠, 그러면 후자를 중심으로 도시의 경계를 형성하는 방식을
	찾으려는 거야?
하림	예. 이제부터는 사이트를 찾아다니면서 생각을 다듬을 예정입
	니다.
P교수	뭐, 움직이는 기업 기획팀인데. 알아서 잘할 거야.

이럴 땐 과연 저 격려가 농담인지, 아니면 고차원 술수인지 헷
갈리기도 한다. 어쨌거나 첫 수업은 선방한 것 같다.

사이트 콘셉트 스케치.

DEVELOPING

P교수   내가 들었는데, 한국에는 '하림'이라는 기업이 있다더라고? 혹
시 그 기업의 기획팀과는 무슨 관련이….

하림   에이, 놀리지 좀 마세요! 며칠 동안 사이트를 정하느라 여기저
기 버스를 타고 무작정 돌아다녔습니다. 그러다가 신금호역 근
처에서 말 그대로 왠지 좋은 느낌이 들어 내렸고, 달동네가 빼
곡한 가장자리에 남은 능선과 동산에 뭔가 시도해보자는 생각
이 들었습니다.

P교수   '왠지 좋은 느낌'이라, 즉흥적이라고 비판받을 수도 있는 표현
이지만 지금 하림이 하는 프로젝트는 오히려 이런 게 필요할
거야. 철저히 개인적인 인식의 범위에서 얻는 '경계의 느낌'에
서 출발한 프로젝트니까.

농담할 때와 똑같은 톤과 표정으로 저런 진지한 이야기를 하면
어쩌자는 거야? 이건 여전히 익숙해지질 않았다. 가뜩이나 영
어로 대화하는 것이 쉽지 않아서 말투라도 바꿔주지 않으면 중
요한 지점을 놓쳐버릴 수도 있다고!

P교수 하지만 산이라는 건 보통 최고의 자연환경이지 않나? 이 산에 건축이라는 인공의 메스를 갖다대는 이유는 뭐지?

하림 물론 산은 가능하면 침범하지 않아야 하지요. 그런데 자세히 살펴보니 금호동 일대의 산은 서울의 다른 작은 산들처럼 개발에 내몰려 점점 좁아진 나머지, 더 이상 이전의 식생이 우거지거나 지역 신화의 정기가 서린 신령스러운 땅이 아니었습니다. 그렇다고 도시의 맥락에 원활하게 연결된 공간도 아닌 상황입니다. 줄고 또 줄다 남은 산은 공원화되어 여전히 도시의 중요한 녹지로 존재하지만, 등산 같은 프로그램과 연계되기에는 턱없이 부족하고 근린공원**1**으로 사용하기에도 접근성이 떨어집니다.

P교수 맞아. 내가 놀란 서울의 중요한 특징 중 하나는 도시와 산이 함께 있다는 거야. 잘 보존된 산도 있고, 야생의 모습은 잃어버렸지만 도시민의 생활과 함께하는 공원 같은 산도 있지. 이 산은 후자로 볼 수 있겠군. 아쉬운 점은 산을 다루는 태도가 '함께'가 아니라 점점 도시가 산을 집어삼키는 일방적인 관계가 되어간다는 거야.

하림 제가 이번에 관찰하고 공부한 느낌도 비슷합니다. 달동네 재개발 계획으로 아파트 단지가 들어서면서 산이 깎여나가고 콘크리트 옹벽이 생겼는데, 그야말로 '벽'이 서면서 산은 도시적 맥락에서 단절되어버렸고 기존 마을 조직에도 거대한 장벽이 생겼다는 점입니다.

---

1 인접한 거주지 주민들을 위한 옥외 시설과 휴양 공간이 확보된 공원. 이용자가 특정되지 않으므로 남녀노소, 장애인 등 누구나 접근하기 쉽도록 설계한다.

P교수	그야말로 하림이 첫날 말한 것처럼 '도시 뒷면에 남은 경계'의 대표 사례가 되겠네. 그렇지만 경계라는 게 단절을 의미하는 건 아니지. 경계는….
하림	세포막을 통해 물질이 교환되고, 국경으로 사람들이 넘나드는 것처럼 경계는 서로 다른 것들이 만나는 접점이 되어야 한다고 생각합니다. 그것이 살아 있는 경계지요.
P교수	내가 하려던 말인데.

'서당 개 3년이면 풍월을 읊는다'는 한국 속담이 있다고 받아치고 싶었지만 영어로 재빨리 옮겨지지 않아 하림은 포기했다. 학교에서 이런 영어도 좀 가르쳐줄 일이지.

하림	죄송합니다. 어쨌건 산의 새로운 경계성을 제안해보려 하고, 그러기 위해서는 두 가지 문제를 고려해야 할 것 같습니다. 새로운 경계성을 위한 적절한 프로그램 제안이 첫 번째이고, 물리적인 단절을 극복하는 제안이 두 번째입니다.
P교수	어쩐지 내가 별로 필요 없을 것 같아.
하림	그렇지 않아요. 아직 할 게 엄청나게 많은걸요.

그렇긴 하다. 어느새 중간 마감 발표가 다가왔지만 사실상 눈에 보이는 무언가는 거의 만든 것이 없다시피하니 말이지. 지금까지 한 생각을 과연 다른 교수들도 이해해줄까?

MID–TERM
CRITIC

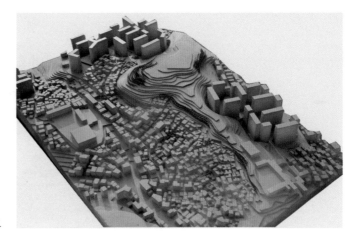

사이트 모델 스터디.

하림   이 프로젝트는 한 가지 질문에서 출발했습니다. '도시와 이웃에 대한 자각'이란 과연 무엇일까? 제가 선택한 사이트는 종로와 강남의 중간 지점인데, 지형적으로나 프로그램상으로나 각종 경계가 형성된 곳입니다. 불량 주거뿐만 아니라 마치 벽과 같은 단절 문제들을 이용해 진행하려 합니다. 제안하려는 것은 이런 에지edge들을 열어 공간을 연결하는 것입니다. 단순한 개방이 아니라 프로그램을 넣으려 하며, 노인 센터나 도서관 등이 그런 예가 되지 않을까 합니다.

K교수   용도가 결국 뭐가 될까요? 아직은 땅만 있는 것 같은데.

S교수   공간을 연결시키겠다는 건 참 좋은데, 지금은 경사 위쪽에서만 턱하니 연결한 느낌이에요. 경사 하부도 충분히 고려할 필요가 있겠어요.

역시, 정말 호락호락하지 않단 말이야. 어디까지 되었는지, 어디자인 콘셉트 스터디.

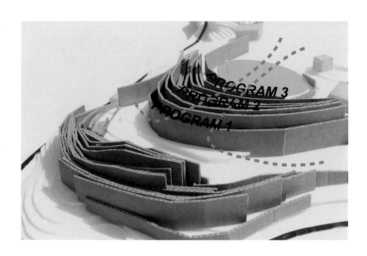

디가 부족한지 교수들은 한눈에 알아챈다. 산에만 집중하다 보니 산 아래는 충분히 고민하지 못했다는 것을 하림은 새삼 깨닫는다.

FEEDBACK

P교수   아직은 땅만 있고 경사 아래쪽을 고려해야 한다고 하셨는데, 이 말은 '아직 디자인이 구체적이지 않다'는 뜻인 거야.

하림   예. 처음부터 사이트에서 구상을 시작한 것이 아니라 추상적인 주제를 먼저 잡고, 거기 해당되는 사이트를 찾은 이후에 주제를 물리적으로 구체화하느라 시간이 많이 들었습니다. 그래서 디자인 시간이 부족했던 것 같습니다.

P교수   그렇지만 깜짝 놀랄 만큼 디자인은 빠르게 구체화되었어.

하림   그게 너무 갑작스러워서 이 디자인이 반드시 이렇게 나왔어야 했나 하는 당위성이 부족하다고 느껴집니다.

P교수가 멈칫한다. 하림을 1년을 넘게 보면서 느낀 것이다. 이 학생은 스스로에게 무척 엄격하다. 이번에도 사람에 따라 쉽게 넘어갈 수도 있었을 부분인데 말이야. 한마디 해줘야겠는걸.

P교수   하림, 디자인이라는 예술 행위에는 당위성이 필요하지 않다는 의견도 많아. 물론 개인적인 디자인이 아니라 사회적으로 드러나는 건축에는 당위성이 필수라는 시각도 있지. 하지만 그 당위성이란 게 꼭 '글로 설명할 수 있는' 건 아니야. 건축은 글이나 그림으로만 이뤄지는 게 아니거든. 그래서 건축에서 당위성은 건축으로 찾고, 건축으로 보여줘야 하는 거지. 디자인을 더 진행하면서 찾아보자고.

하림   알겠습니다. 그리고 디자인뿐만 아니라 프로그램도 딱 '이거다' 싶은 걸 찾고 싶은데 아직은 일반적인 근린 시설 외에는 새로운 것을 찾지 못하고 있습니다.

P교수   그렇지. 프로그램도 디자인만큼 중요하니까 더 찾아보자고.

P교수는 생각과 스케치로 만드는 설계도 중요하지만, 그것을 남들에게 최종적으로 보여주는 모델과 도면 등 전시 또한 그만큼 중요하다고 믿는다. 아무리 좋은 생각이어도 알아주지 못하면 버려질 뿐이며, 어쨌든 건축은 물리적 실체로 결론지어지기 때문이다. 그래서 학기를 마치면서 학생들이 발표 자료 준비에 전념할 수 있도록 다른 부담은 최대한 덜어주려 했다. 이제 방학도 끝나가는데, 과연 어떻게 되었을까? 교수의 발걸음이 빨라진다.

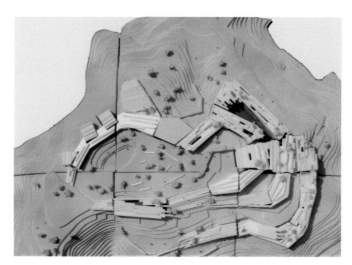

모델 스터디,
단면 연구를 위해
분할해 작업했다.

PREPARE FOR
THE LAST CRITIC

P교수   하림, 이제 곧 최종 발표인데 준비는 다 됐어?

하림   학기만 끝나면 여름방학 동안 많은 걸 할 수 있을 줄 알았는데, 눈 깜짝할 사이에 지나갔어요. 학기 중에는 모델을 만들면서 디자인을 진행했고, 방학에는 모델을 도면으로 정리하면서 '종이 위에서 할 수 있는' 세부적이고 정밀한 디자인을 하려고 했거든요. 근데 그저 도면으로 옮기는 것에 그치고, 도우미들에게 모형 작업을 시킬 수 있도록 디지털화한 게 제가 할 수 있는 전부였습니다.

P교수   하하, 그걸 해내면 학생이 아니라 건축가겠지. 그런 목표를 세운 것만으로도 대단한 거야. 그런데 말야, 하림, 거짓말을 하고 있는 것 같아.

하림   예?

P교수   지금 만드는 모형을 보니… 학기 중에 만든 것과는 차원이 다

1 주 모델. 목재와 우드락.
2 최종 평면.

른데? 이건 방학 동안 엄청나게 디자인을 한 걸로 볼 수밖에 없잖아?

하림   그게… 제가 모형을 정말 못 만들거든요. 학기 중에는 도무지 표현이 안 되던 게 도우미들의 도움을 받아 잘 표현되어 그렇습니다. 심지어 도우미들이 다들 손재주가 좋다는 걸 알아차리고 이를 이용해 악덕업주라도 된 듯이 쪽대본처럼 쪽도면을 줘 가면서 진행했는데, 빈약한 도면보다 더 훌륭한 모델을 만들어 준 것 같습니다.

P교수   하하! 대기업 다 됐어. 그럼 마지막까지 수고해.

자기에게 엄격한 만큼 도우미들에게도 엄격했을 거야. P교수는 자기가 하림의 도우미가 아닌 것에 안도하며 미소 지었다.

FINAL

하림   산과 도시의 경계에서 쓰이지 않는 공간을 활성화하는 프로젝트입니다. 단순히 프로그램을 갖다 넣는 것이 아니고, 기존 프

로그램을 분석해 만든 커뮤니티 센터[2]와 문화 센터의 기능을
하는 복합 공간을 제안합니다. 빌딩이 지형이 되는 것[3]이 디자
인 전략이고, 마을의 뒷면과도 같은 산을 도시 속으로 끌어들
여 사라지지 않게 하는 새로운 센터를 제안합니다.

THE LAST CRITIC

B소장   프로그램을 보니 기능이 다양한 시설들이 있는데, 그것들의 규
모는 어떻게 산정했나요?

하림   지형에 따라 자연스럽게 제한되는 면적만큼으로 산정했습니다.

B소장   금호동을 선정했네요. 산이라는 것에 각종 센터, 즉 도시를 넣
은 것 같아요. 그런데 산을 건축하는 데서 도시적 맥락은 어떻
게 반영했나요?

S교수   또 한 가지, 우리가 보기엔 저런 산이 쓸모가 없는 게 아니라 오
히려 큰 가치를 지닌 채로 비어 있는 '어번 보이드urban void'
에 가까운데 말이에요. 그런 좋은 빈 땅에 거대한 공간을 넣는
게 도시 문제 해결에 도움이 되는지, 아니면 도시의 크고 작은
공간에 동네 복지 시설 건물들을 조금씩 나눠 넣는 게 나은지
확신이 가지 않네요. 혹시 처음부터 산에다 건물을 넣으려는
의지를 가지고 땅을 골라 이런 프로젝트를 만든 건 아닌가요?

---

2 지역 주민들에게 사회문화 활동 프로그램을 만들어주고 소통의 장이 됨으로써 공
동체 형성을 유도하는 시설. 주민 센터 같은 공공시설을 기반으로 여러 기능을 더한
경우가 많다.

3 '랜드스케이프 건축'이라고 불린다. 1990년대 후반에 건축물과 주변 환경을 대등하
게 바라보자는 움직임에서 촉발되었다.

주 모델의 부분.

발표는 성공적이군. 날카로운 질문이 이어졌지만 P교수는 흐름이 좋다고 느꼈다. 일단 크리틱만 보더라도 산에 대한 생각을 환기시켰기 때문이다. '산'을 보호해야 할 '자연'으로 묶어버리는 선입관을 벗겨내고 다른 공간과 같은 '도시 공간'으로 인식하게 만든 것이다. 하림, 중요한 관문을 잘 통과했어.

하림   그런 건 아닙니다. 스케일은 작은 것부터 큰 것까지 모두 고려해봤지만 옹벽, 고립성 등 장애 요소 때문에 어느 정도 규모가 되어야만 제대로 기능할 수 있겠다는 결론이 나온 것입니다.

S교수   건물이 편안한 느낌은 드는데, 더 명확한 건축적 의지가 있으면 좋겠어요.

K교수   지금은 건물을 느슨하게 펼쳐놨단 말이지. 좀 더 집중시켜야

하지 않을까? 이 지역은 지금은 작고 낮은 집으로 가득한 달동네지만 나중에는 큰 건물이 들어서 고밀화될 거야. 그렇게 된 다음에도 계속 잘 작동했으면 해서 그래.

A소장의 입가에 문득 미소가 스친다. 다른 학교에서 강의를 하던 그는 학교마다 다르게 나타나는 학생들의 특징을 알고 있었다.

A소장 여기 학생들 특징은 공부를 잘하기 때문에 사이트 선정과 분석까지는 아주 잘해요. 그런데 건축은 결국 조형으로 완성되는 거잖아요? 그런 면에서 본인의 조형을 어떻게 생각하나요?

하림 산 아래와 구축의 느낌이 다르고, 마치 성벽의 잔재 같은 인상을 주는 효과를 얻었고, 저는 굉장히 만족합니다!

A소장 허허, 만족한다니 그러면 다 된 거지요. 수고했어요.

1년 반을 함께 수업했지만 자기 작품에 만족한다는 말은 처음 듣는군. P교수는 하림의 엄격함을 아는 터라 그 말의 의미를 알 수 있었다. 정말 열심히 한 거지. 아쉬움이 남지 않을 정도로.

1-3
비껴가기+함께 살기

복개 지상 건축물과 복원 하천의 공존

"청계천 복원 이후로 늘어난 하천 복원 사업,

그에 따라 하천 복개지에 들어선 서울의

대형 건축물은 차례로 철거되고 있다.

재개발이라는 미명 아래

수십 층짜리 주상 복합 건물 계획이 넘쳐난다.

이들 복개 지상 건축들은 과연

21세기와 어울리지 않는 괴물일까?

늙어버린 건물과 시대적 요구의 공생을 꿈꾼다."

명석이 지도를 펼쳤다. 지도에는 고가도로를 비롯해 크고 작은 건물이 복잡하게 얽혀 있고, 흐르던 하천이 특이하게 뚝 끊겨 있었다.

S교수   어떤 사이트를 고른 거지요?

명석   서대문구 홍은동에 있는 '유진상가 아파트'입니다. 1970년에 지은 하천 복개[1] 지상 건축물로, 동서로 200미터가 넘는 거대한 철근콘크리트 구조이고 지하에는 자연하천인 홍제천이 흐르고 있습니다.

S교수   아, 기억났어요. 하천 위에 지어진 아파트라는 특이한 곳이지요.

명석   그 점에도 주목했지만 다른 특징도 있습니다. 이 건물 위로는 1998년에 세운 내부순환로가 지나갑니다. 건물 자체는 주거, 상업, 사무 등 복합 용도로 활용 중이고, 남쪽에는 재래시장인 인왕시장이 있기도 합니다.

S교수   예. 저도 가보긴 했지요. 지하엔 하천, 지상엔 건물에다 시장, 공중엔 고속도로까지 있는 굉장히 흥미로운 곳이지요.

명석   그렇지만 유진상가의 육중한 매스[2]는 홍제천의 연속성을 가로막고 도시에 거대한 벽을 세운 것 같습니다. 주변 환경도 낙후되면서 재개발할 필요가 있습니다. 그런데 2010년부터 진행 중인 재개발 청사진은 다른 재개발 계획처럼 유진상가를 지도

---

1   하천 위를 콘크리트로 덮는 것. 서울은 도시화 과정에서 수많은 하천이 복개되었으나 최근 환경 문제가 불거지면서 복개를 철거하고 하천을 복원하는 경우가 늘고 있다. 하천 복개로 생긴 도로나 건물은 하천 모양을 따라 구불구불한 형태를 보인다.

2   mass. 덩어리. 건축에서도 건물의 '형태, 부피, 중량감'같이 어려운 말보다 '덩어리'라는 단순한 표현을 선호한다.

사이트의 실제 모습.

에서 없애면서 기존 주민을 몰아내고 화려한 주상 복합으로 채
운다는 겁니다.

S교수 최근 재개발은 늘 그런 식이지요.

명석 물론 하천을 주민의 품으로 돌려준다는 건 긍정적이지만 그러
기 위해서 꼭 유진상가가 역사 속으로 사라져야 하는가? 그런
의문이 생겼고, 공존 방향을 찾아보려고 합니다.

S교수 좋아요. 서울에는 복개된 하천이 여러 군데 있어서 하천 복원
과 도시의 관계를 다시 생각해보는 프로젝트가 되겠어요.

건축학과의 여러 교수들은 저마다 특성이 다르고 담당하는 학
년도 정해져 있다. 하지만 졸업전 수업만큼은 예외적으로 학생

이 원하는 교수를 골라 들어갈 수 있다. 명석은 주저 없이 S교수의 수업을 택했다. 선배에게 얻은 정보에 따르면 가장 간섭이 적다는 평이었기 때문이다. 첫 수업을 마치고 명석은 과연 선배의 말이 맞다고 생각했다.

DEVELOPING

명석   하천을 복원하고 산책이나 생태 체험 같은 하천 본연의 기능을 수행하기 위해서는 지하로 들어간 하천을 지상으로 끌어올리는 것이 필수일 것 같은데, 지금은 정면으로 건물이 가로막고 있습니다. 이 건물과 하천이 공존하게 하는 게 난관인데…. 혹시 하천의 흐름을 바꾸어도 될까요?

S교수   물론이지요. 하천의 흐름은 당연히 바뀌어야 하는 상황이고, 고민할 문제는 '어떻게' 바꿀지인 것 같아요. 명석 씨는 자연 복원을 최우선에 두려는 게 아니라 도시와의 공존을 중요시하는 만큼 자연을 불변의 대상으로 볼 필요도 없고, 기존 건물도 마찬가지예요. 이건 리노베이션3 프로젝트이기 때문에 기존 건물을 얼마나 활용할 것인가도 아주 중요한 문제가 되지요. 어떤 것을 남기고 어떤 것을 없애려 하지요?

명석   우선 기존 건물의 구조와 형태를 최대한 활용하고, 지나치게 거대한 현재의 매스는 조정 대상으로 보고 있습니다.

S교수   예. 다만 조정 과정에서 건물 일부를 해체할 경우 기존 프로그램이 가진 면적은 프로젝트 안에서 수용할 수 있어야 해요. 그

---

3   기존 건축물을 헐지 않고 고치거나 변형해 사용하는 방법. 리모델링과 리폼 등과 같이 사용되지만 리노베이션은 이를 모두 아우르는 가장 넓은 의미다.

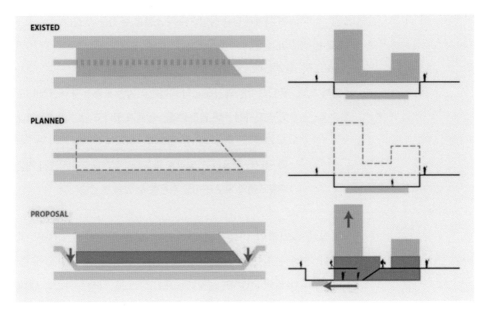

매스 콘셉트 다이어그램.

러지 않고 면적을 줄여버린다면 기존 상인이나 세입자를 쫓아
내겠다는 말이 되니까요. 그런 면에서 하천을 복원하는 만큼
공간을 창출해낼 수 있어야 하는데, 어떤 계획이 있지요?

명석   대지 남측 넓은 도로 부분을 이용하려 합니다. 도로를 일부 들
어내고 하천의 흐름을 조정해 건물 옆으로 흐르게 함으로써 공
존하게 할 수 있지 않을까요?

S교수   도로를 건드리는 건 교통 문제를 야기할 수도 있을 텐데요?

명석   도로라기보다는 시장에서 주차를 하거나 주차된 차에 접근하
는 공터와 비슷한 공간으로 새로운 접근 방식을 마련할 수 있
을 것 같습니다. 이렇게 조정된 하천은 건물의 지하 레벨과 만
나 새로운 풍경을 만들어내고, 하천 공간을 중심으로 북측 주

거 지역과 남측 상업 지구가 소통할 수 있을 것 같습니다.

S교수 아, 건물의 기존 구조체를 그대로 활용한다고 했지요. 1970년
대에 지은 건물인데 안전 문제가 있지 않을까요?

명석 유진상가는 과거 군사적 목적으로 일반 하중의 몇 배를 버티도
록 견고하게 지어 안전성에는 문제가 없다고 판단됩니다. 그래
서 전체적으로는 매스를 덜어내는 동시에 하천이 지나가던 지
하 공간을 활용하고, 일부를 증축하면 하천을 복원하면서 기존
프로그램의 요구 면적을 수용할 수 있을 것 같습니다.

명석은 끊임없이 의문을 제기하고 문제를 지적하긴 하지만 학
생이 가려는 방향은 건드리지 않는 S교수의 수업이 마음에 들
었다. 이대로만 간다면 졸업전 프로젝트를 원하는 대로 해낼
수 있을 것 같다. 1차 관문은 일주일 뒤에 있을 중간 마감이다.

**MID–TERM
CRITIC**

명석 하천 복원 방법에 문제를 제기합니다. 기존 하천 복원은 복개
지상 건물이 가진 독특한 장소성을 없애고 도로로 둘러싸인
'단절된' 하천으로 만들어버립니다. 그러면 하천의 도시적 가능
성은 제한되고 하천과 주변 환경도 단절됩니다. 이와 다르게,
하천과 건물이 적극적으로 관계를 맺는 새로운 복원을 제안합
니다. 홍제동 유진상가는 홍제천 복개지에 세운 건물로, 유사
시 군사적 역할을 하도록 견고하게 지었다는 장점과 건물 위로
도로가 지나가는 등 특수한 조건을 모두 지닌 사이트입니다.
하천을 우회시키고 기존 건물을 리노베이션해 하천과 건물의
공존 방향을 제시합니다.

설계 중인 모델.
기본 콘셉트는 정했으나
아직 디자인이 투박하다.

명석은 여러 교수 앞에서 프로젝트 초안 발표를 자신 있게 마무
리했다. 하지만 자료를 지켜보는 K교수의 눈빛이 매섭다.

K교수   건물이 하천과 관계 맺는 건 흥미롭고 바람직한 시선인데, 굳
이 하천을 바꿔가면서 할 일은 아닌 것 같아. 분명 더 합리적인
방법이 있을 텐데.

명석   하천 복원 방법 자체를 다루고 싶어서….

K교수   그런데 기존 유진상가의 입장을 받아주자는 건 하천 복원과는
상관없는 논점인 것 같아. 자네 프로젝트를 보면 하천은 부차
적인 요소지. 상가와 주변 인프라를 세밀한 부분까지 분석하고
연구하는 게 먼저 뒷받침되어야 인정받을 수 있는 프로젝트 같
은데, 하천을 다루는 건 오히려 더 넓은 지역 주민들을 위한 논

점인 것 같고. 발상은 참 좋은데 '손을 대니 지역이 새로워지고 좋아지더라'가 되려면 아직 모자란 데가 많아.

K교수의 말 하나하나가 날카롭게 날아와 박힌다. 처음부터 잘 못된 것인가? 수업과는 전혀 다른 반응에 명석은 저도 모르게 S교수를 바라봤다. 하지만 교수는 아무 반응도 보이지 않았다. 그렇지. 대답할 사람은 나지. 명석은 이것이 졸업전이라는 걸 실감했다. 이건 내 프로젝트니까.

명석   더 생각해보겠습니다.

그리고 무엇이 맞는지는 아직 모르니까.

FEEDBACK   **S교수**   K교수께서 주변 도시와의 관계를 우선적으로 연구할 필요가 있다고 하셨는데, 당연한 말씀이에요. 하지만 우리가 실제로 그 지역을 개발하는 것도 아니고, 짧은 시간 동안 학생 혼자 하는 졸업전에선 학생이, 명석 씨가 원하는 주제에 집중하는 것이 합당하다고 생각해요. 그렇지 않나요?

그 자리에서 말씀해주셨으면 더 좋았을 텐데. 명석은 차마 입밖으로는 내지 못하고 속으로만 답하며 고개를 끄덕였다.

S교수   그러니 하천과 도시의 관계에 집중하되 주변과의 관계도 빠뜨리지 않도록 합시다. 일단 프로젝트에서 상업·사무 구역은 비

교적 일찍 정리된 것 같은데 주거가….

명석 예, 주거가 고민입니다. 기존 거주자를 위한 공간 형성과 프로그램 구성이 어려운데, 기존 주거는 복도식 구조로 거대한 벽을 형성해 주변 맥락을 단절시켰기 때문에 이 덩어리를 해체해 탑상형[4]으로 구성해야 할 것 같습니다.

S교수 그렇게 해야 할 것 같네요. 그럼 이제부터 주거 구성원의 성격과 생활 수준을 고려해 세대 수와 평형을 구상하고, 주민 커뮤니티 공간의 위치와 형태도 설계해야 하고….

교수는 주거를 설계하면서 정리해야 할 항목을 끊임없이 나열했다. 명석 또한 앞으로 할 작업량이 방대하다는 것을 잘 알고 있었다. 2학년 때 집합 주거 프로젝트를 설계하면서 얼마나 많이 날밤을 깠는가. 이번 과제는 그때보다도 규모가 훨씬 크고 복잡하다.

명석 주거만 해도 할 게 너무 많네요. 다 할 수 있을까요….

S교수 어쩔 수 없지요. 다 해야지요. 다음 시간에는 주거 공간을 사이트에 배치한 디자인을 가져와보세요. 솔직히 중간 발표 때 보여준 4개동 매스 구성은 너무 단조롭게 이어졌어요. 덩어리 하나하나가 커서 주변을 압도하기도 했고.

명석 하천의 흐름이 매스를 타고 지붕까지 이어져 보이도록 디자인해 건물의 성격을 드러내려고 한 건데….

---

4 복도식처럼 건물이 옆으로 길지 않은 대신 좁고 높은 아파트 구조. 시야와 보행을 덜 가로막는다.

S교수　　결정적으로 예쁘지 않아요.

저렇게 단정적인 표현은 흔치 않은 일. 명석은 바로 느꼈다. 정말 안 예뻤구나. 중간 마감 때 K교수가 프로젝트의 근본을 뒤흔드는 지적을 했을 때도 침착하게 대응했던 명석은 그야말로 앞이 캄캄해졌다. 그리고 결심했다. 두고 보자. 예쁘게 만들어 보일 테다.

**PREPARE FOR
THE LAST CRITIC**

S교수　　졸업전 발표일이 이제 며칠 안 남았네요. 그런데 이건… 제가 처음 보는 모델인데? 무슨 일이 있었던 거예요?

명석　　주거 공간을 고민하다가 결국 한 주 선에 처음으로 돌아가 일부를 다시 디자인하게 되었습니다.

S교수　　어이쿠!

집합 주거는 디자인하기 가장 어려운 과제에 속한다. 주거라는 것은 모든 면에서 부족함이 없어야 하며, 이런 조건들을 빠짐없이 고려하면서 모양까지 내기란 기울어진 바둑판에서 묘수를 찾는 격이다. 오죽하면 한국 아파트들이 전부 똑같이 생겼겠는가? 게다가 명석의 프로젝트는 하천과 리노베이션까지 얽혀 있으니… 아마 만족스럽지 못한 디자인으로 설계를 진행하다가 뒤늦게 알맞은 아이디어가 떠오른 모양이다.
내가 디자인에 너무 철벽을 쳤나? S교수는 짧게 반성했다. 아주 짧게. 반성할 시간도 아까우므로.

주 모델 만드는 중.
모델을 만드는 것은
규모 작은 시공과 마찬가지다.

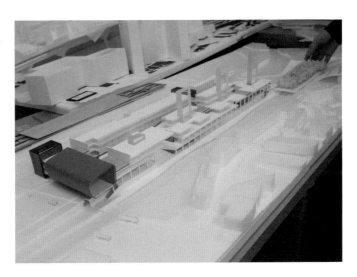

S교수 이미 엎질러진 물이라 어쩔 수는 없네요. 완성도를 높이려고
      지금까지 작업한 것을 버린 건 큰 용기가 분명해요. 하지만, 이
      것만큼은 기억하세요. '완성도'보다 중요한 것은 바로 '완성'이
      에요.

명석   예…. 적당한 선에서 타협해야 할 것 같습니다. 선배들의 이야
      기인 줄만 알았던 '졸전 직전 설계 뒤엎기'를 제가 할 줄은 몰랐
      습니다.

S교수 역사는 반복되는 거니까. 그런 사람은 언제나 있게 마련이죠.
      하하하.

가장 큰 문제는 시간이 절대적으로 부족하다는 것. 엎친 데 덮
친 격으로 1:200 모델 제작 중에 아크릴로 곡면을 만드는 과정
에서 시행착오가 반복됐다. 열을 가해 아크릴을 구부리고 아이

소핑크**5**로 만든 틀에 끼워 굳히는 방식으로 작업했으나 생각만큼 형태가 정확하게 나오지 않았다. 명석은 왜 건물 대부분이 직선으로 이뤄졌는지를 새삼 깨달았다. 마지막에도 결국 어림짐작으로 해결했다. 명석은 다음 학기 설계에선 아예 곡선을 쓸 생각조차 하지 않기로 결심했다.

명석은 의사결정이 늦어져 고통스러웠으나 그런 내색을 할 수도 없었다. 애꿎은 도우미들을 극단적인 환경으로 내몬 원죄 때문이다. 모델을 만들 도우미들이 와줬으나, 명석이 뒤늦게 설계를 바꾸는 동안 이들은 하릴없이 주변에 심을 나무 모형이나 만드는 수밖에 없었다. 그러다가 설계가 나온 뒤부터 최종 발표날까지 폭풍같이 급박한, 모델 공장을 방불케 하는 지경을 선사한 것이다. 결국 모델과 패널 모두 처음 계획에 비해 부족한 면이 있었지만 다행히 제시간에 맞추는 데는 성공했다.

FINAL

명석   최근 하천 복원 사업이 활발하게 벌어지는데, 그렇게 해서 나타나는 하천의 모습은 태생적으로 천편일률적인 데다 주변과 적극적으로 소통하기 어려운 한계를 보입니다. 이와 달리 저는 기존의 하천 복개 지상 건축물과 복원되는 하천이 공존하는 방법을 모색해 단절되었던 소통과 흐름을 회복시키는 방향을 제안합니다.

---

5 단열재의 일종. 스티로폼과 비슷하지만 입자가 훨씬 곱다. 칼로 쉽게 잘리지만 비교적 단단해 대형 모형을 만들 때 많이 사용한다.

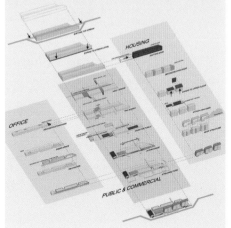

최종 발표.
최종 패널의 이미지와
다이어그램.

여러 달 동안 이 발표를 위해 설계하고 모델을 만들었지만 정작 발표 연습을 할 시간은 거의 없었다. S교수의 눈에는 빠뜨린 것도 보였고, 설명도 흐름이 원활하지 못한 데가 있었다. 걱정이 되긴 했지만 S교수는 잠자코 있었다. 지금은 교수의 시간이 아니니까.

B소장   왜 강의 흐름을 바꿨지요?

명석   하천이 건물을 관통하지 않고 비껴감으로써 하천 프로그램의 연속성이라든지 건축물과의 접점을 통해 관계 회복을 동시에 이룰 수 있다고 생각했습니다.

B소장   기존 프로그램은요?

명석   기존 건물의 프로그램을 유지하고, 거기에 지역 사회가 요구하는 새로운 프로그램을 더하는 것을 원칙으로 했습니다.

B소장   도로가 붙어 있는데, 거기서 나오는 소음 등에 대한 대비가 부족해 보여요.

K교수   1층부에서 주변 콘텍스트[6]를 받아주려는 태도도 부족한 것 같아. 리노베이션을 하는 데 단순한 기존 직선 시스템을 그대로 써서 그런 것 같네.

명석   주변 콘텍스트를 끌어들이기 위해 인왕시장과 북측 주거 지역을 관통하는 보행로를 단지 안에 만들고 그 중심에 수변 공간을 조성했습니다.

---

6   context. 맥락. 주변 환경과 도시적 기능과 형태 등을 뜻한다. 예를 들어 명동과 강남은 상업적인 기능이 비슷하지만 형태와 환경은 매우 달라, 건물의 형태나 크기도 상당히 달라진다.

명석은 평가자들의 질문에 하나하나 답하며 마스터로서 이 프로젝트의 모든 부분을 알고 있다는 것을 증명한다. 그리고 그런 만큼 프로젝트의 단점도 가장 잘 알고 있었다. 조용히 지켜보던 P교수가 영어로 한마디한다.

P교수   패널과 평면의 디테일[7]까지 나온 건 아주 좋아. 그런데 지금 만든 지붕이 가능성을 제한하는 것 같아. 예를 들면 도로 쪽을 감싸는 형태라면 소음을 막을 수 있겠지.

A소장   맞아요. 좋은 프로젝트와 분석, 설정인데 디자인이 좀…. 게다가 장마철에는 어떻게 하나요?

명석   장마철을 여러모로 신경 썼는데 이번 폭우 피해를 보고 '대처가 약했구나' 하는 생각을 했습니다. 그리고 디자인은….

마지막의 마지막까지 고민한 것이 바로 지붕 디자인이건만. 숱한 조건들을 고려하면서 막판에 설계를 뒤집기까지 했지만 여전히 모자라는구나. 명석은 힘이 쭉 빠졌다.

A소장   하천 복원이 프로젝트에서 차지하는 비중이 얼마나 되지요? 유진상가만 냅다 파고 하천은 거의 다루지 않아 아쉬워요.

K교수   대신 방어해주자면 '하천' 자체보다 '하천 복개 건물'에 집중한 프로젝트라고 보면 되지 않을까?

---

7   detail. 세부 사항을 의미하며, 건축에서는 모든 부분의 최종 마감과 상세 설계를 뜻한다. 이용자가 손으로 만지고 피부로 접하는 가장 섬세한 부분이기 때문에 근대 건축가 미스 반데어로에는 "신은 디테일에 깃들어 있다"고 하기도 했다.

K교수가 살짝 거들었다. 아주 조금이지만 급격히 좌절하던 와중에 꽤 큰 지원을 받은 듯했다. 여전히 S교수는 가만히 있지만.

P교수 리노베이션은 일단 한 컷이라도 기존과 비교를 해야 해. 그리고 유진상가에는 이미 활성화된 시장이 존재하는데, 이들에 대해서는 어떤 걸 고려했지?

명석 그 시장을 버리지 않고 유지해 단지 전체를 활성화시키는 요소로 두려 합니다.

S교수 다른 선생님들도 아쉬워하는 점인데, 리노베이션인데도 기존에 대한 분석과 비교가 적고, 입면 등 시간이 만들어낸 흔적을 어떻게 유지하려는지, 이런 조형이 나오지 않았다는 걸 말하고 싶어요.

크리틱이 끝날 때쯤 S교수가 덧붙였다. 그뿐이었다. 역시! 명석은 졸업전 수업을 하면서 확실히 알게 됐다. S교수는 자유를 주는 만큼 모든 책임도 같이 안겨줬고, 수업이 끝난 뒤에는 도움을 주지 않았다. 자유롭게 하고 싶은 프로젝트를 하긴 했지만, 명석은 졸업전을 하면서 뭔가를 배우기보다는 부족한 디자인 감각과 함께 깨알 같은 도면 작성에 집착하는 자기의 단점을 한층 확실히 알게 됐다.

그렇다면 나의 능력과 성격에 맞는 일은 과연 뭔가? 고민 끝에 늦게 군에 입대하면서 명석은 생각했다. 교수님이 길을 좀 더 명확하게 제시해주고 도움을 줬다면 방황을 덜 하지 않았을까? 뭐, 알 수 없지. 이제 졸업전은 끝났으니까.

II 도시의 공공 건축 문제

종로구청사 재건축   공공 건물의 새로운 역할

In–between City   거리로 걸어나온 공공 공간

Vertical Open Space   고밀도 속 오픈 스페이스

The Second Chance   낡은 것과 새로운 것의 균형

아이들의 건축   아이의 입장에서 본 도시

URBAN LOBBY   도시의 로비로서의 공공 주차장

Now Here   이동장애인을 위한 공간

2-1
종로구청사 재건축

공공 건물의 새로운 역할

"다양한 공간이 복합적으로 존재하는

구청(종로구청) 재건축을

공간 사이의 경계를

만들어내는 방법으로 제안한다."

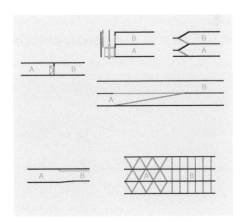

K교수는 자타가 공인하는 베테랑 교수다. 수많은 학생을 가르치고 졸업전 수업을 함께하면서 이젠 학생의 첫 발표만 들어도 많은 것을 알아차릴 정도였다. 그래, 그 지역을 고른 걸 보면 가난한 사람들에게 양질의 주거를 공급하겠다는 거로군. 반면에 이 학생은 표정을 보아하니 아직 자기가 뭘 원하는지도 모르는군. 균형의 첫 발표 역시 그러했다.

균형   저는 한남동의 고급 주택가를 골랐습니다. 길가에 사람이 없어서 마치 죽은 도시처럼 느껴졌고, 주민들의 커뮤니티 공간을 설계해 이곳에 활발한 커뮤니티를 만들어보려 합니다.

K교수   주제는 좋은데 사이트를 잘못 골랐어. 고급 주택가는 '밖에 나갈 필요가 없는' 주택들의 집합소야. 이곳은 커뮤니티가 각자의 집 안에서 형성돼. 학생이 생각하는 '거리에서 소통'하는 건 소시민들이 사는 동네에서 흔히 보는 광경인데, 이런 곳에서 외부 커뮤니티가 형성되는 것은 집이 좁고 불편하다는, 즉 결핍이 계기로 작용한 결과지.

한마디로, 주제와는 성격이 정반대인 지역을 고른 것이다. 이렇게 시작할 경우 프로젝트를 진행할수록 주제와는 점점 멀어지고 만다. 여기서 끊어줄 필요가 있겠어.

K교수   다른 사이트를 골라야겠어.
균형   알겠습니다.

그래도 졸업전에서 다루고픈 주제가 명확하니 다행이라고 K교

수는 생각했다. 하지만 다음 수업에서는 생각을 수정할 수밖에
없었다.

균형   땅을 바꿨습니다. 평소 강남역 6번 출구를 이용하면서 공간이
좁아 불편했는데, 이런 보행 환경을 개선해보고자 합니다. 개
략적으로는 인도에 있는 건물의 1층부를 뒤로 밀어서 인도를
넓히고, 뒤로 밀어낸 공간을 건축적으로 심도 있게 다뤄보려
합니다.

K교수   주제도 바뀌었네? 일단 이 주제를 보자면, 다른 말로는 앞뒤로
툭툭 쳐서 더욱 못살게 굴겠다는 거네. 건물주를 설득할 수 있
을까? 학생은 현실을 너무 쉽게 보고 있어. 앞면만 보지 말고
뒷면까지 생각하면서 다른 곳을 골라와.

균형은 이후 장소가 아니라 주제만 가져오기 시작했다. 다음 수
업에 가져온 건 집합적 공간[1] 개념이었고, 그다음에는 도시 속
개인 공간이었다. 이런 날이 이어지면서 K교수는 균형이라는
학생을 좀 더 이해하게 되었다. 이 녀석은 아직 다루고 싶은 주
제를 잡지 못했어. 그런데 생각이 없는 게 아니라 생각이 너무
많아서 고르지 못하는 거지.
까다로운 경우다. 생각이 없는 녀석들은 생각할 거리를 몇 가지
던져주면 의외로 빠르게 주제를 잡는다. 그런데 생각이 너무 많

---

1   collective space. 기존 공공 공간을 대체하는 개념으로, 공적 공간과 사적 공간이
라는 이분법보다는 이 두 성격이 양립한다는 전제하에 이를 융합시키는 것에서 출
발한다. 아직 연구가 명확히 이뤄지지 않은 개념.

아 거기서 헤어나지 못하는 학생에게는 해줄 수 있는 것이 별로 없다. 정보를 더해주면 더 복잡해질 뿐이다. 균형이 주제를 또 바꿔 '개인주의가 인정된 복합 공간'을 들고온 날, 교수는 특단의 조치를 내리기로 결심했다.

K교수 균형아. 다음 시간부터는 주제를 가져오지 마. 일단 생각을 멈춰라.

균형 예?

K교수 너는 지금 실체가 없는 생각에 사로잡혀 있어. 물론 그런 생각들이 구체화되면 멋진 이론이 나올 수도 있지만 지금 상황으로 보면 10년은 걸릴 것 같아. 허허. 이럴 땐 현실 속 한 '지점'을 잡아야 해. 실체가 없는 생각들을 구체적인 현실로 끌어오는 닻 같은 거지. 도시를 돌아다니고, 일단 지역을 선정해. 그게 우선일 것 같다.

과연 효과가 있을까? 기다려보는 수밖에. 그리고 다음 수업 시간, K교수는 균형의 눈을 똑바로 쳐다본다. 오늘은 무슨 말을 꺼낼 테냐.

균형 종로구청을 사이트로 정했습니다. 사무용 건물로 둘러싸인 광화문 한복판에 각종 민원과 관련된 구청 프로그램을 비롯해 파출소, 소방서, 어린이집 등 여러 시설이 함께 있는 것이 흥미로웠는데, 건물을 여러 번 증축해 가운데 주차장을 두고 대지 외곽선을 따라 청사 여러 동이 배치되면서 외부와 단절된 상황이 아쉬웠습니다.

사이트의 실제 모습.
잘 보지 않으면
종로구청을 찾기 힘들다.

K교수	좋아. 한결 '도시적'인 생각을 가져왔네. 큰 발전이야. 종로구청 쪽을 답사한 건가?
균형	인터넷 위성사진으로 하늘에서 서울 전역을 줌인, 줌아웃해 '위에서' 찾아봤습니다.
K교수	허허. 요즘 세대는 역시 다르네. 기술적이야.
균형	다양한 프로그램이 복합적으로 섞여 있지만, 각각의 용도와 성격에 맞춰 배치되지 않은 것이 가장 큰 문제점이라고 생각했고, 다른 정부 청사 사례를 봐도 호화 청사 논란은 있어도 복합적인 기능의 불협화음은 해결되지 않은 것 같습니다. 그래서 복합 청사의 새로운 배치 방식을 연구해보려 합니다.

지난한 과정 속에서 학생의 특성을 파악하는 시간이었다. K교수는 이 시간이 전혀 아깝지 않았다. 다만 다른 학생들보다 진도가 많이 늦어진 것은 문제다. 이제부터는 낭비할 시간이 없다.

주제를 잡은 지 몇 주가 지났다. 균형은 자기 차례가 되자 가져온 종이를 꺼냈다.

균형	중앙 마당을 차지하는 주차장을 2~3층으로 옮겨 입면을 따라 주차장 건물이 돌아 올라가는 아이디어를 스케치했습니다.
K교수	균형아. 지난번 수업에선 주변 길가에서 시각적으로 어떻게 인식되는지를 이야기를 하고, 그 전에는 주변 사무실들과 관계를 맺을 수 있는 광고판을 입면에 적용하는 것에 대해 이야기했는데, 전반적인 종로구청 재건축의 초점이 무엇인지를 결정하지 않고 국부적인 문제만 보는 것 같다.
균형	···.

사실 균형은 답답했다. 교수나 친구 들과 의견을 나눌 때마다 번번이 아무도 설득하지 못했다. 문제는 명확했다. 스스로 무엇이 중요한지 결정하고 나아가면 되지만 그걸 정하지 못하고 있다는 것을 잘 알고 있었다.

K교수	나무가 아니라 숲을 보라고 하듯이, 네 프로젝트의 큰 그림을 먼저 잡아보자. 이 프로젝트를 해서 얻으려는 게 뭘까?
균형	종로구청 재건축으로 가장 좋아지는 점은··· 기존 프로그램들이 적절한 위치에 재배치된다는 것입니다.
K교수	내 생각도 그래. 새로운 걸 만들어내는 것도 중요하지만 기존 것들을 새롭게 배치하는 것도 의미 있는 발전이지.
균형	거기에다 여러 프로그램이 구청이라는 건물 하나를 구성할 때, 각 프로그램의 성격에 맞는 공간적 경계를 만들어주는 방법을

찾고 싶은데….

K교수   좋아. 다만 그 방법은 중간 마감 이후에 찾자.

균형   벌써 중간 마감이에요?

정말 집중력이 대단한 녀석이군. 마감 날짜마저 잊어버리다니. K교수는 칭찬을 해야 할지 혼을 내야 할지 난감했다.

MID-TERM CRITIC

균형   호화 청사 논란이 불거진 건물들의 사례들을 살펴보면 구청의 프로그램 구성을 고민했는지 확인하기가 어렵습니다. 특히 조감도로 나타나는 신청사들은 랜드마크**2**로만 인식됩니다. 종로구청 재건축 프로젝트로 다양한 프로그램이 모이는 청사 건물을 제안하려 합니다. 종로구청은 사무용 건물에 둘러싸인 도심 청사라는 것이 특징인데, 따라서 땅을 자유롭게 차지하면서 건물 외면을 이용해 '사무실과 길'에서 인식할 수 있는 빈 공간을 만들려고 합니다. 디자인 전략은 '시선'을 이용한 디자인입니다.

S교수   구청 자체에 대한 연구에서도 디자인 주제가 나와야 균형이 맞을 겁니다. 그러면 구청이라는 것이 공공성을 위한 좋은 도구가 될 거예요.

P교수   주변의 도시적 맥락과 시선 등 외부 요소로 형태를 만드는 것도 좋지만 역시 현재 스터디에선 내부적인 논리가 부족한 것 같아.

---

2   한 지역을 대표하는 사물. 주로 거대한 건물 등 두드러지게 눈에 띄는 것을 의미한다. 여기서는 주변 맥락을 무시하고 독자적으로 존재한다는 부정적인 의미를 띤다.

주변 거리와 건물에서 본
시선 다이어그램.

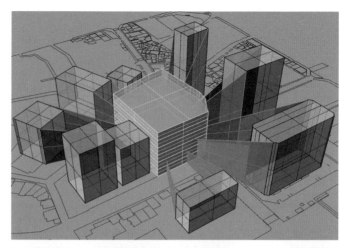

여러 시점을 적용한
모델 스터디.

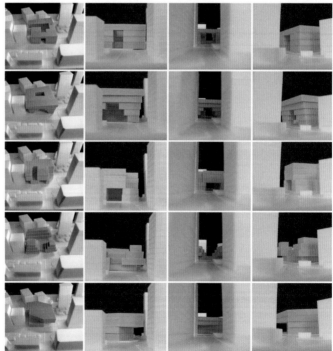

K교수	이 학생도 모르는 말은 아닐 거야. 그런데 아직 못 하는 거겠지. 허허.

발표는 나쁘지 않았다. 다만 균형의 앞뒤로 다른 학생들의 발표를 듣고 있자니 진도가 늦다는 것이 확연해졌을 뿐. 교수와 학생 모두 입이 마른다.

FEEDBACK

K교수	중간 마감을 하고 나니 뭘 해야 할지 알겠지? 중요한 건 내부 공간과 프로그램 구성에서 논리를 만드는 방법이야. 지금 네 프로젝트가 지향하는 건 '다양한 프로그램이 제대로 구분되지 않고 떡처럼 뭉친 것을 해결하는 것'이니 건물 내부에서 프로그램들을 구분할 방법을 찾아야지.
균형	그런데 구청의 내부 프로그램들, 그러니까 시민 활용 공간, 사무실, 보건소, 구의회, 소방서, 경찰서 등을 구분할 만한 방법을 찾아내고 적용하는 것이 가장 어렵습니다. 구분을 위해서 단순히 각각을 독립된 건물로 분리하는 것이 답은 아니라고 생각했기 때문에, 한 건물 안에 함께 존재하는 프로그램들 사이의 경계를 사용자들에게 인식시키는 건축적 언어[3]로 만들고 싶은데….

---

3 말이나 그림과 구분되는, 건축으로 표현하는 것을 뜻한다. 건축의 모든 것이 건축 언어가 된다. 가령 계단, 기둥, 벽 등 건축물의 부분이나 벽돌, 유리 같은 재료는 건축의 어휘라고 볼 수 있으며, 벽돌로 쌓은 벽은 유리로 막은 벽과는 느낌과 의미가 '다른 언어'로 읽힌다.

디자인 중인 모델들.

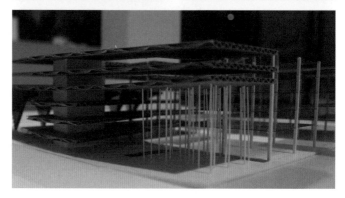

K교수 말은 쉽지만 '건축화'한다는 건 정말 어려울 거야. 하지만 방법은 없지. 도면을 그리고 모델을 만들어보는 방법밖에 없어.

생각으로 발전시키는 단계는 여기까지다. 이제는 K교수의 말대로 직접 손발을 써야 할 때. 유명 브랜드의 슬로건과 같다. 'Just Do It.'

그러나 모델을 만들고 도면을 그리면서 균형은 새로운 벽에 부딪힌다. 문장으로는 떠올릴 수 있는 아이디어가 그림으로는 그려지지 않는 것이다. '두 공간이 서로 다르다는 것을 인식할 수 있도록 조작하는 연결부 형태'를 만들고 싶은데, 손끝에서 맴도는 그림은 평범한 복도일 뿐이다. 하지만 달리 할 수 있는 게 없었다. 다시 그리고 또 그리는 수밖에. 균형은 연습장을 넘긴다.

**PREPARE FOR
THE LAST CRITIC**

K교수 자, 오늘로 나와 함께하는 수업은 끝이다. 이제 한 달 동안 마무리하고 8월부터 남은 한 달은 본격적으로 졸업전 발표와 전시를 준비해야지? 그런데 균형이는 지금까지 모델이랑 도면을 많이 그려오긴 했는데….

균형 …예. 확정된 설계안은 아직 없는 상황입니다.

'우물쭈물하다 내 이럴 줄 알았지.' 버나드 쇼의 묘비명이 머릿속에 스쳐 지나간다. K교수 또한 마찬가지. 물론 K교수는 이 말이 오역임을 알고 있지만 어쨌거나 지금 중요한 건 그게 아니다.

K교수 허허, 큰일 났어. 대책을 마련하자. 어떻게 할 생각이냐?

균형 구청에 있는 프로그램들 사이에 경계를 만드는 논리를 나름대로 정리하고 도면과 3D 모델링⁴ 작업으로 완전히 새로운 계획안을 만들기 시작했는데….

K교수 시작했는데?

균형 기존에 만들던 스터디 모델과는 전혀 관련이 없어 보이는 결과물이 나왔습니다.

K교수 허허. 그렇게 보여도 그동안 네가 만든 모델과 도면에 너의 생

---

4 3D 프로그램으로 건축물의 가상 모형을 만드는 일. 최근에는 설계 때 실물 모형보다 3D 모형을 더 많이 사용한다.

각들은 다 들어 있을 거다. 쌓인 노력은 배신하지 않지. 학기는 끝났지만 방학 중에라도 내 도움이 필요하면 언제든 찾아와라.

결론부터 말하자면 균형은 방학 동안 교수를 찾아가지 않았다. 혼자 작업하는 것이 생각을 정리해 설계에 반영하는 과정을 빠르게 하는 이점이 있었고, 교수가 학기 중에 해준 얘기들을 곱씹어보는 데도 시간이 모자랐기 때문이다. 그러나 학교 바닥이란 워낙 좁은 법. 최종 발표를 앞둔 어느 날 균형은 K교수와 같은 엘리베이터를 타게 되었다.

K교수	균형아, 졸업전 준비는 잘돼가?
균형	다행히 다섯이나 되는 후배와 형 들의 도움을 받게 돼 2주 정도 매일 오전부터 저녁 시간까지 작업하고 있습니다.
K교수	허허, 인덕이 많았나보구나. 그런데 그렇게 도우미가 많으면 작업 관리가 어려울 텐데?
균형	예. 누가 어떤 작업을 얼마나 빠르게, 얼마나 깔끔하게 하는지 감이 별로 없었고, 예측한다 하더라도 항상 변수가 생겨서 스케줄이 예상을 벗어나고 있습니다. 오히려 설계하는 것보다 도우미들이 작업을 문제없이 진행하도록 준비하는 게 더 어렵지만, 한편으로는 재미있기도 하네요.
K교수	그게 건축의 또 다른 묘미지.
균형	다만 아쉽게도 남자들밖에 없어서…
K교수	아…

교수는 설계가 어떻게 완성되었는지 궁금했지만 굳이 묻지 않

왔다. 마지막까지 혼자서 해보겠다는 거군.

FINAL

균형

최근에 지은 공공 청사의 경우 주로 랜드마크 건물과 그 주변에 공공 공간을 형성하는 방식을 보여줍니다. 종로구청은 사무용 건물로 둘러싸이고 다양한 시설이 모여 있습니다. 재건축을 한다면 다른 공공 청사의 재건축과는 다른 방법으로 접근할 필요가 있다고 생각했습니다.

종로구청에 존재하는 다양한 프로그램을 필요에 맞게 재배치하고, 각 프로그램의 성격에 맞춰 건축적 요소를 적용해 경계를 만들어보고자 했습니다.

주 모델.

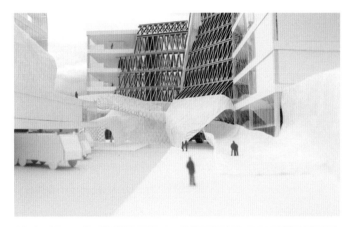

다이어그램.

구청의 공공 공간은 접근하기 쉽고, 자유롭게 이용하며, 자연 친화적인 분위기입니다. 이런 가치를 재해석하는 동시에 무의식적인 선호에 따라 만들어지는 공간에 주변과의 관계를 고려하는 방법을 제안합니다. 그리고….

땡땡. 균형에게 발표 시간이 끝났다고 진행자가 종을 쳤다.

THE LAST CRITIC

B소장은 자리에서 일어나 균형의 발표 패널 앞으로 다가갔다. 균형은 유심히 살펴보는 그 뒷모습을 지켜보며 마른침을 꿀꺽 삼킨다.

B소장 건축의 대부분을 글로 설명하는 것, 새로운 발표 시도일 수도 있지요. 좋아요. 그런데 이 많은 생각과 텍스트가 모델의 어디에 표현된 거지요?

균형 이런 사고를 바탕으로 '연결' 방법들을 표현하려고 했습니다.

B소장 운동을 열심히 하면 몸이 좋아진다, 그런 식으로 당연한 이야기를 하고 있는 것 같아요. 입구와 로비와 복도는 공공 공간이고 연결해주는 것이다, 다 아는 얘기거든요. 그리고 사무실들을 연결한 선 다이어그램은 가상 형체인데 그걸 건물화하는 방법도 의문이네요.

아쉽지만 K교수도 공감한다. 텍스트적인 생각을 다듬는 건 도울 수 있었지만 건축 세계, 물질 세계에서는 성과가 그만큼 나오지 않은 것이다.

건물을 세워
회로를 표현한
모델.

최종 발표 패널.
텍스트가
대부분이다.

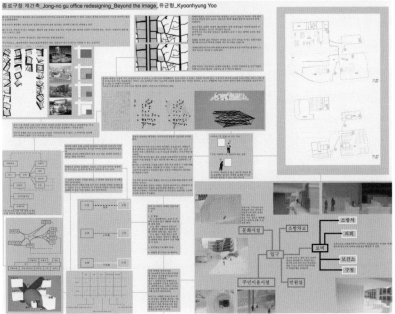

P교수	연결이 키 포인트였던 것 같은데, 건축은 표현이고 남의 동조를 얻는 거야. 그게 안 됐는데 이 모델에서 건물들을 띄운 이유는 뭐지?
균형	사고를 나타낸 다이어그램처럼 '회로'를 표현하기 위해서였습니다.
P교수	그런데 띄워놓은 것마저도 어떤 건 발이 하나고 어떤 건 두 개야. 그런 건 사고를 흐려버려.
S교수	민간 사무실이 치열하게 밀려오는 틈에서 공공 청사라는 것을 좀 더 도시적으로 분석했으면 좋았겠네요. 그러면 공공 청사가 도시의 공공성을 회복하는 역할을 할 수 있을 거예요.

균형의 발표는 여러 의문을 남긴 채 끝났다. 어째서 저렇게 많은 텍스트를 썼을까. 생각과 설계 사이에 드는 괴리감은 뭘까. 졸업전을 마치고 몇 년이 지난 후에야 균형으로부터 그 답을 들을 수 있었다.

더하는 말

"그때는 한 학기 한 학기 지나면서 결국 모형이 예쁘고, 렌더링[5] 이미지가 예쁘고, 이미지로만 건축이 판단되는 것에 거부감이 쌓여 있었다. 조금 더 건축적으로 심도 있는 논의를 전달하기 위해서는 글과 다이어그램으로 접근해야 한다고 생각했던 것 같은데, 결과적으로는 그 심도 있는 논의를 정리하지 못했고 전

---

5 rendering. 3D 프로그램으로 만들어낸 이미지.

달도 하지 못했다. 지금 다시 하라고 해도 못할 것 같다.

이제는 꼭 글과 다이어그램이 아니어도 상관없다고 생각한다. 다른 사람에게 생각을 온전히 전달하는 건 정말 어려운 일이고 글, 다이어그램, 도면, 모형, 컴퓨터 그래픽 등 온갖 수단과 방법을 동원해서라도 제대로 전달만 된다면 다행이라고 생각한다. 언젠가 공간에 대한 생각 전달이 수월해진다면 건축이 더 재미있을 것 같다."

2-2
In-between City

거리로 걸어나온 공공 공간

"문화 공간을 비롯해 우리나라의 공공 공간은
입구에서부터 한참을 걸어야
마침내 핵심 공간에 도달할 수 있다.
이런 공공 공간들이 상업 공간만큼
보행자들과 연결성, 접근성을 지닌다면
한층 걷기 좋은 도시가 될 것이다."

SITE

P교수   희영, 졸업전에서 어떤 이야기를 하고 싶어?

희영   음…, 저는 처음에는 상업 공간을 하고 싶었어요. 늘 우리 가까이 있고 매력적인 데다, 그 자체로 휴식 공간이자 광장도 제공하니까요. 사실 공공 공간이라는 건 늘 가까이 있고 시민들에게 휴식을 제공하는 것이 맞잖아요?

P교수   그렇지. 그게 원래 공공 공간의 역할이지.

희영   그런데 저는 살면서 공공 공간을 자주 이용하지 않았어요. 왜냐하면 가깝지 않았거든요. 절대적인 거리가 아니라 심리적인 거리가요.

조용하고 수수해 크게 눈에 띄지 않던 친구다. 하지만 지난 학기, 4학년 수업을 함께한 P교수가 보기에 희영은 겉보기보다 훨씬 엉뚱한 점이 많다. 남들이 눈여겨보지 않는 것을 보고, 스쳐 지나가는 말인가 싶어 들어보면 꽤 흥미로운 아이디어로 연결되기도 했다. 이번에도 재미있는 것이 나올 것 같다.

P교수   심리적인 거리가 멀다는 건 구체적으로 어떤 거지?

희영   예를 들면 서점은 우리가 지나다니는 거리에서 바로 보이는 곳에 있고, 내부의 책과 손님 들도 유리창으로 확인할 수 있습니다. 하지만 도서관은 정문을 거쳐, 주차장과 잔디밭을 지나고 높은 단을 올라가야 로비가 나오고, 다시 몇 차례 관문을 지나야 비로소 서가에 다가갈 수 있습니다. 집부터 서점이나 도서관까지의 실제 거리는 비슷한데, 오히려 서점이 더 멀 수도 있는데, 일상적인 보행 공간부터 내부까지의 거리와 관문 수에 차이가 있습니다.

P교수	공공 공간에 진입하기 위해서는 정형화된 시퀀스[1]를 거쳐야 하는데, 그게 사람들의 접근을 방해한다는 거로군?
희영	예, 건물 바깥에서 프로그램의 핵심 공간이 자리한 안으로 갈수록 긴 시퀀스 때문에 공공 공간들은 필연적으로 보행자들과 소통할 수 없는 겁니다.
P교수	그러면 희영은 공공 공간의 이런 시퀀스를 줄여보려는 거야?
희영	일단은… 그렇습니다.

희영은 확신이 없으면 의견을 고집하지 않는 조심스러운 사람이지만, 그렇다고 확신을 갖기 전까지 아무것도 시도하지 않는 우유부단한 성격은 아니다. 이번에도 여느 때와 마찬가지로 희영은 신중했다. 앞뒤가 안 맞는 표현 같지만 교수는 그렇게 생각했다.

P교수	음, 너무 일차원적인 접근인 것 같아. 지금 희영은 충분히 구조적인 부분까지 파악을 했으니, 좀 더 고차원적으로도 충분히 접근할 수 있을 거라고 생각해.
희영	그렇다면… 아예 시퀀스를 반대로 뒤집는 건 어떨까요? 핵심 프로그램이 가장 바깥에 있도록 말이에요!
P교수	잠깐, 그건 너무 고차원적인데?
희영	어…, 너무 막 나갔나요?
P교수	아냐, 그렇지 않아. 과감해서 좋아. 단순함이 갖는 힘이 있어.

---

1 sequence. 영화 용어로, 특정 상황의 시작부터 끝까지 이어지는 부분을 뜻한다. 건축에서도 여러 공간을 시간 흐름과 함께 경험하는 것을 의미한다.

관건은 설계를 하면서 이 힘을 잃지 않는 것과, 알맞은 사이트를 찾는 것이 되겠네.

내가 잘못 생각했나? 희영은 의외로 저돌적일지도 모른다.
그러고 보니 교수가 희영을 알게 된 것은 작년 4학년 수업이었다. 그때는 3인 1조 팀 작업이었다. 이제 눈치 볼 필요가 없어진 것이려나? 교수는 다음 수업을 기대한다.

DEVELOPING

P교수	사이트는 찾았어?
희영	아직….
P교수	다른 학생들도 마찬가지야. 자기들이 가진 이론적 이야기를 풀어나갈 사이트를 찾는 것이 어려운 모양이더라고.
희영	예. 하고 싶은 건 있는데 흥미롭고도 도전적인 프로젝트가 되려면 사이트의 상황과 조건이 중요하기 때문에 쉽사리 고르지 못하고 있습니다. 하루 종일 지도를 보고, 또 다음 날은 하루 종일 돌아다니고, 그러고 있어요.
P교수	서두를 필요 없어. 서울을 공부를 한다고 생각해. 다만 최대한 보행자가 많은 곳을 다녀보는 게 좋을 것 같아. 희영의 프로젝트는 걸어다니는 사람에서부터 출발하니까.

외국인인 P교수는 건축가로서 서울의 이곳저곳을 열심히 연구하고 있지만 사이트 선정에 어려움을 겪는 학생에게 지역을 추천할 정도까지는 자신이 없다. 해줄 수 있는 건 학생 스스로 답을 찾아내도록 실마리를 주는 것뿐이다. 그러고 보니 이런 점은

나나 희영이나 비슷한 것 같군. 다음 시간, 희영은 길에서 확신을 주운 듯했다.

희영   찾았습니다. 보행이 주가 되는 공간을 찾다가 명동에 주목했고, 그 근처를 돌다가 남산과 명동 사이 지역에서 우연히 명동 특유의 상업과 보행의 흐름이 거짓말처럼 단절되는 느낌을 받았습니다.

P교수   역시 나랑 비슷… 큼, 어쨌건 흥미로운 데다 개선이 필요한 곳을 잘 골랐어. 그런데 이 지역의 특성과 희영의 콘셉트는 어떻게 연관이 될까?

희영   '산'을 또 다른 공공 공간으로 읽었고, 시퀀스를 뒤집어 산의 핵심적인 요소를 보행자 가득한 명동의 에너지 넘치는 공간과 접하게 해보려고 합니다. 그런데 그저 공원 하나를 만든다고 해결될 일은 아닌 것 같아서 좀 막막하긴 합니다.

옆에서 보던 하림이 은근슬쩍 견제한다.

하림   산은 내 거야.

희영   언니는 산 안에서 하는 거잖아요. 전 산을 끌어내리고 싶은 거…. 맞아요, 얘기를 하다 보니 명확해졌는데, 전 산을 명동으로 끌어내리고 싶어요.

P교수   하림이 어시스트를 해줬네(P교수는 축구팬이다). 일단 이 지역의 기존 공공 공간, 혹은 숲 일부를 떼어내 보행자와 만나는 부분에 두면 자연스럽게 보행자와 접점이 생겨나고, 보행 속도가 느려지고, 따라서 지역 자체가 살아나 명동의 연장으로 작용할

광범위한 사이트.
상당히 넓은 면적을 선택했다.

수는 있을 것 같아. 반대로 명동이 산으로 끌려가기도 하는 거지. 새로운 형태의 '숲'에 대한 고민도 필요할 것 같네.

희영   예. 거기다가 이 지역을 단순히 활성화시키는 것을 넘어 정체성을 유지하면서도 도시의 일부로 기능하게 하는 가능성도 있는 것 같아요.

P교수   다만 어차피 산을 통째로 끌어올 수 없으니 일부분을 끌어오게 될 텐데, 그렇게 되면 공공 공간의 파편화[2]가 제일 큰 화두가

---

2   작은 조각으로 나뉘어 분산되는 것. 의도적인 분산 배치와 달리 조각 각각의 힘이 매우 약해져 결국 무의미한 것이 되기 쉽다. 예를 들어 중고물품을 파는 노점상들이 한데 모이면 벼룩시장이나 도깨비시장으로 유명해지지만, 이들이 뿔뿔이 흩어지면 호소력을 잃는다.

되겠어. 일반적으로 파편화는 좋지 않은 의미로 쓰이지만 여기서는 오히려 강점이 될 것 같아. 물론 여전히 파편화의 위험성도 있고.

희영   음…, 여러 조각으로 나뉘면서 접근성이 좋아지는 장점은 있지만 조각 각각의 힘을 잃을 수 있다는 말인가요?

P교수   바로 그거야. 그래서 여러 조각으로 나눌 때는 완전히 흩어지지 않게 묶어주는 요소가 있어야지.

희영   예, 안 그래도 이 프로젝트가 보행자와 가까운 공공 공간에서 시작했듯이, 이 지역 산과 도시의 네트워크를 구축하는 방법으로 '보행'을 제안하려 합니다. 단순히 보행로를 만들어 물리적으로 연결하는 것이 아니라, 우리의 보행이 아까 말한 숲 혹은 공공 공간의 파편들을 활성화시킴으로써 각 파편이 힘을 잃지 않게 하고, 전체적으로 도시의 보이지 않는 네트워크를 구축할 수 있을 것 같습니다.

하림   너무 앞서나가지 마. 중간 마감은 살살 하자고.

희영   그럴까요, 언니?

녀석들, 교수 앞에서 겁도 없지, 하하. 하지만 말만 저렇게 할 뿐 보나마나 무지막지하게 열심히 할 게 뻔하다. 지난 학기에도 둘 다 하나도 못 했다고 엄살이다가 실제로는 산더미처럼 작업을 해오곤 했다. 그런 적이 한두 번이 아니다. 참 무시무시한 학생들이란 말이야….

MID–TERM
CRITIC

희영 상업 공간은 우리에게 무척 가까운 반면 공공 공간은 대개 분리되어 있습니다. 공공 공간 본래의 프로그램 조각이 '빠져나와' 그 벽을 뚫고 대중과 연결될 수도 있지 않을까요? 제 프로젝트에서 매크로macro한 목표는 명동과 남산을 섞는 것이고, 마이크로micro하게는 도시의 여러 벽을 해체해 보행자들이 다양하게 경험하는 도시 환경을 만드는 것입니다. 여기에 지하 공간도 고려하고 있습니다.

현재 사이트에 있는 프로그램들이 센터가 되어, 기존 것들과 새것이 얽혀 소통하는 프로그램을 제시합니다. 예를 들어 노인 센터와 영화 학교 사이에는 도서관 같은 프로그램과 공간을 끼워넣으려 합니다.

역시, 살살 준비한 게 절대 아니다. 하림도 다를 리 없다. 둘 다 준비한 것이 엄청나니까. 희영은 발표 또한 깔끔하게 마무리했다. 하지만 건축학과에는 몇 가지 아이러니가 있는데, 그 가운데 이런 게 있다. '해온 것이 많을수록 까일 것도 많다'는.

K교수 너무 막 바꾼 느낌이야. 이미 있는 1층의 복잡한 소유 관계를 생각하지 않았고 기존 기능들이 죽을 수도 있어. 오히려 원래 집들을 살리면서 1층을 다뤄야 하지 않을까?

희영 이미 1층도 임대가 없는 등 전반적으로 죽은 상태입니다.

K교수 어쨌든 현실적 문제를 빼놓고 생각하니 표현은 자유롭다만, 과연 이게 진짜 어번 스페이스urban space일까? 오히려 전제가 강하게 들어가야 논리가 맞을 것 같아. 스폿spot 각각의 정체성도 아직은 획일적인 느낌이야. 지나치게 자유로워.

마이크로 스케일의 '오픈된 벽'.

S교수   주변 요소들을 연결하는 게이트라는 목적이 참 좋아요. 그런데 만든 것을 보니 똑같은 논리로 다시 가로막아버리는 결과를 낳았어요. 그게 아쉽네요.

FEEDBACK

P교수   중간 마감에서는 주로 현실적인 문제를 지적했는데, 물론 소유 관계와 법규 등도 중요한 문제지만 여기 휘둘리면 처음 말한 '단순한 콘셉트의 힘'이 흐려질 것 같아. 오히려 지금 우리가 다루는 요소 몇 가지에 집중하라고 권하고 싶어.

그리고 그게 더 재미있을 것 같기도 하고. P교수는 생각했다.

| 희영 | 저도 그렇게 생각해요. 꽤 넓은 범위를 구체적인 방안으로 발전시키다 보니 공간 하나하나를 디자인하는 동시에 동네 계획의 큰 그림까지 그려야 해서 모든 걸 다 고려할 수는 없을 것 같아요. |

중간 마감을 하면서도 굉장히 힘들었거든요. 희영은 생각했다.

| 희영 | 최종 발표에서 집중하고 싶은 건 '지역 전체의 계획과 사람들의 움직임과 행위 들을 어떻게 균형 있게 보여줄 것인가' 입니다. |
| P교수 | 그렇다면 앞으로 할 일은 두 가지야. 첫 번째는 전체적인 그림을 볼 수 있는 1:200 모형을 만들면서 지역을 스터디를 하는 것. 이건 끊임없이 계속 만들어야 할 거야. 그리고 3D 모델링과 스케치로 모델에서 표현할 수 없는 보행자들의 움직임과 경험을 그려내야 하고. |

재미있는 것에 집중해보자고. 교수와 학생 모두 같은 생각을 했다.

**PREPARE FOR
THE LAST CRITIC**

희영의 프로젝트는 명동과 남산을 잇는 광범위한 지역의 변화 양상을 디자인하는 것이 특성이다. 발표에서 전달하고자 한 것은 건물 자체를 설계하기보다는 그 안에서 변화하는 사람들의 이야기를 보여주는 것이었다. 그래서 희영이 생각한 두 가지 방법은 한층 자세한 단면으로 동선과 공간의 연결 방식을 보여주는 것, 그리고 짧은 영상을 만들어 공간 속으로 들어가 걷는 경

힘을 간접적으로나마 전달하는 것이었다.

P교수   음, 분명 처음에는 나름대로 작업 범위를 좁혔다고 생각했는
데, 평범한 도면이나 다이어그램 같은 일반적인 졸업전 발표
자료보다 훨씬 수고스러운 결과물 두 가지를 한꺼번에 생산하
게 되었네.

희영   게다가 영상 만드는 시간보다 영상 제작 프로그램을 배우는 시
간이 더 드네요….

이렇게 피로에 찌든 희영은 처음 보았다. 교수는 도와야겠다는
생각 이전에 호기심이 앞섰다.

P교수   지금 제일 어려운 게 그거야?

희영   음…, 아뇨.

P교수   그럼?

희영   이렇게 힘들 줄은 몰랐어요. 후배 도우미들이 모델 작업을 도
와주는데, 작업 첫날 제 프로젝트를 도우미들한테 설명해야 했
거든요. 보기만 하는 게 아니라 같이 작업할 사람들에게 내용
을 전달하는 프레젠테이션이 훨씬 힘든 것 같아요.

그게 학생과 건축가의 가장 큰 차이 중 하나지. 아무것도 모르
는 사람들에게 프로젝트를 설명해가며 같이해야 하는 것. 그리
고 그 일이 끝없이 이어진다는 것. 교수는 이 말을 하려다 그만
뒀다. 졸업전이 끝나면 말하는 게 낫겠다.

FINAL

희영

늘 우리 가까이 있는 상업 공간에 반해, 공공 공간 대부분은 보행자와 소통하기 힘든 정형화된 시퀀스를 보입니다. 이를 뒤집는 건축 개념을 남산과 명동 사이 지역에 적용해 공공 공간들의 파편을 바깥으로 끌어내고, 또 한편으로는 남산에서 끌어내린 숲과 만나는 방법을 제안합니다.

1 디자인 발전 과정.
2 주 모델. 여러 발표 가운데
규모가 가장 큰 모델이었다.

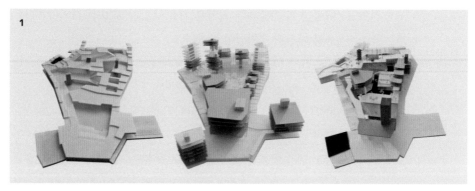

THE LAST CRITIC

희영의 발표는 눈길을 끌기 충분했다. 공들여 만든 3D 영상도 흥미로웠지만, 올려놓을 자리가 없어 책상을 더 끌어올 만큼 커다란 명동 모델이 특히 압도적이었다. 하지만 앞서 말했듯 건축학과에는 몇 가지 아이러니가 있다. 이번 아이러니는 이거다. '크게 만들면 안 보일 것도 눈에 띈다.'

A소장   1:100이지요? 이 스케일로 만들면서 자기 건물은 왜 이렇게 디테일이 없나요? 아쉽게.

S교수   모델 규모를 보니 후원자가 많은가보네요. 동영상은 거의 혼자 했다니 대단하고, 전체적으로 표현하는 힘이 좋아요.

B소장   크리틱을 하러 오면 늘 노랫소리, 움직임, 새소리 등을 듣고 보고 싶었는데 그걸 봐서 즐거웠어요. 그런데 왜 A소장님 말씀처럼 모델은 디테일도 없이 이렇게 크게 만들었어요?

건물을 손톱 크기로 축소해 만들 경우 그저 육면체를 모아두기만 해도 사람들은 건물이라고 인식한다. 하지만 그렇게 만들면 위성사진처럼 실제 시야를 체감할 수 없다. 희영은 로드뷰처럼 보행자의 시야를 느끼게 하고 싶었다. 그래서 모델을 크게 축소하지 않았고, 건물 하나하나를 주먹만 하게 만들었다. 이렇게 되니 문제가 생길 수밖에. 똑같은 육면체여도 손톱만 할 때보다 매무새가 성의 없어 보인다는 것.

물론 모델이 충분히 크고 3D로 영상을 찍어 보여주니 희영이 원한 대로 '공간 안에서 거니는 듯한 느낌'을 주는 데는 성공했다. 그리고 과연, 공간을 거닐 기회를 선물받은 사람들은 날카로운 크리틱으로 보답했다.

A소장	머릿속에 남는 인상은 공간에 일관성이 있다는 건데, 그건 다시 말하면 특성화된 공간이 없다는 거예요. 공간들에 특징을 줬어야 해요.
S교수	명동의 상업적인 힘이 남산까지 침범하는 느낌이에요. 게다가 훌륭한 영상은 자칫하면 민간 개발업자의 프레젠테이션처럼 상업적으로 느껴질 수 있어요. 이런 의문이나 공격이 들어올 수 있는데 방어해보세요.
희영	명동에 부족한 게 문화 공간과 휴식 공간입니다. 굉장히 가깝지만 단절된 남산을 연결해 명동에 새로운 가치를 더하려는 의도가 좀 더 강했고, 남산 지역은 거의 죽은 듯한 상태이기 때문에 활력을 불어넣으면서 동시에 명동화가 아니라 동네의 특징을 살려 재생시켰습니다. 즉 명동의 활력만 끌어온 거지요.
K교수	칭찬하고 싶은 건 기존 건물들을 버리지 않고 고쳐 쓰고 공간에 집중해 디자인했다는 거야. 그런데 발표 전략이 나빴어. 영상은 너무 빨라서 열심히 만든 공간을 보지 못했고, 확대된 모델은 공간보다 디테일을 보고 싶게 만드는데 그런 디테일이 표현되지 않았거든. 아쉬워.
B소장	명동의 진짜 매력은 문화 공간, 휴식 공간 없이 상점들이 고밀도로 우글거린다는 거예요. 그래서 학생의 분석에 의문이 생기기도 해요. 말한 대로 서로 연결되었다면 남산의 요소가 명동에도 왔을 텐데 뭐가 있을까요? 그런 것을 더 정제된 건축으로 보여줬다면 좋았을 거예요.

졸업전은 성공적이었다. 무엇보다 희영은 건축을 대할 때 스스로 가장 중요하게 여기는 것이 무엇인지 알게 되었다. 그건 건

영화와 건축은 똑같이
공간과 시간의 예술이다.

축 속에서 이뤄지는 사람들의 움직임, 그 안에서 생겨나는 일,
그리고 이야기였다.

이후 아무도 예상치 못한 일이 벌어졌다. 희영은 영화 공부를
하러 런던으로 떠났다. 건축을 공부하면서 학교 혹은 사무실에
서 늘 껍데기만 만들고 있다는 느낌을 받곤 했다는 것이다. 그
런 면에서 영화 공부에 바칠 2년은 직접 공간에 들어가고, 공간
과 장소에서 벌어지는 사람들의 움직임, 촉감, 냄새, 나아가 사
람 그 자체를 치열하게 생각하는 기회가 될 것이라고.

졸업전은 마무리가 아니라 '내 건축 인생의 시작'이라는 말이
가장 와닿는다던 희영은 지금도 끊임없이 생각과 고민을 거듭
하고 있다.

더하는 말

"졸업전은 도우미들과 함께 써낸 이야기였다. 그들의 이름을 여

기 기록하는 것으로 고마운 마음을 전하고 싶다. 황보성, 미가, 우재윤, 이민홍, 조소영, 이들 모두에게. 황보성 씨는 내가 졸업하기 조금 전, 무척 젊은 나이에 세상을 떠났다. 그래서 졸업 작품은 나에게 또 다른 큰 의미가 되었다. 한 번도 제대로 고맙다는 말을 못 했더라. 고마워."

2-3
Vertical Open Space

고밀도 속 오픈 스페이스

"극도로 복잡하고 상업화된

현대 도시에 적합한

새로운 형태의 공공 공간으로

수직적인 오픈스페이스를 제시한다."

건축학과에서 자주 듣는 말 중에 '학생답다'는 표현이 있다. "굉장한 프로젝트이긴 한데 학생답지 않아." 또는 "대단한데? 근데 좀 더 학생다웠으면 좋겠어."

'학생답다'는 말은 '실무적이다', '현실적이다'와 반대 의미로 사용되곤 한다. 실무의 틀에 갇히지 않은 자유로움을 뜻하기도 하고, 비현실적인 몽상이라는 비판일 때도 있다.

창빈은 '학생다움'에 주목하고 있었다. 자유와 몽상, 혹은 다른 측면, 이 가운데 어느 쪽일까? 창빈이 주목한 건 그런 게 아니었다. '학생일 때만' 할 수 있다는 점이었다.

P교수　　창빈, 졸업전에서 뭘 하고 싶어?

창빈　　　일단 문제로 인식한 것은, 오늘날의 도시는 극도로 복잡하고 상업화되었지만 기존 도시의 광장과 공원은 접근성이 떨어지고 이벤트성 역할만 하면서 도시에 적합한 기능과 장소성을 발휘하지 못한다는 겁니다.

P교수　　그렇지. 아닌 게 아니라 아주 오래전에 형성된 광장과 공원은 좀 낫지만 최근에 만든 공간들은 위치도, 형태도, 용도도 부적합한 경우가 많아.

창빈　　　그래서 카페 같은 상업 공간들이 공공 공간의 역할을 대체하는 실정인데요. 현재 도시에는 새로운 형태의 공공 공간이 필요하다고 읽었습니다.

P교수　　아직 모호하긴 하지만 시작 단계의 콘셉트론 나쁘지 않아. 그러면 어느 사이트로 할 거지?

1학년 2학기의 설계 스튜디오 과제는 강남역 주변에 놓일 구조

과밀화된 강남 모습.

물 설계였다. 창빈은 그때 답사한 강남을 기억한다. 북적이긴
했지만 활기 넘쳤고, 깨끗한 듯하면서도 구석구석에 숨어 있는
구질구질함이 매력으로 보이기도 했다. 그 후 몇 년 지나지 않
았는데 어느새 강남은 즐겁기보다 숨이 턱 막히는 곳이 되어버
렸다. 지나친 개발과 상업 논리로 쾌적한 도시 환경을 잃어버린
것이다.

창빈   강남역과 신논현역 사이입니다. 극도로 상업화되고 고밀화되
어 서울에서 사람들이 가장 많이 찾는 혼잡 지역이지만 공공
공간이 충분하지 않습니다. 이 지역이 도시 환경의 쾌적성을 심
각하게 잃고 있는 걸 최근 몇 년 동안 직접 체감했어요.

P교수   좋아. 강남역 부근은 새로운 공공 공간을 제안하기에 가장 적
합한 지역이라고 할 수 있지. 숨 좀 트이게 해보자고.

DEVELOPING

P교수   프로젝트 초기에 가장 먼저 고려하는 건 뭐지?

창빈   강남역을 대표하는 특성, 고도의 상업화와 밀집입니다. 서울뿐
만 아니라 전 세계적으로 대도시의 중심부는 초고밀화와 상업

화로 몸살을 앓는데, 이런 환경에 적합한 새로운 공공 공간 형성과 그 방법론에 대한 논의를 촉발시킬 수 있을 것 같습니다.

해외 여러 도시를 잘 아는 P교수는 적극 동의했다. 과거에는 아니었겠지만 현재 강남은 서울의 중심이라 해도 과언이 아니다. 지금은 이의를 제기하는 사람이 많을지 몰라도 이대로 간다면 머지않아 아무도 부정하지 못하게 될 것이다. 그리고 그때는 이미 과밀 문제에 손도 댈 수 없는 상황이 될 것이다.

P교수   포부가 커서 좋아. 그런데 당장 여기에 어떤 공간이 놓일지 정하는 게 급하지 않을까? 건물 형태나 진입 방향 같은 건축적인 콘셉트 말이야.

창빈   저는 반대로 프로젝트의 목표와 특성에 부합하는 건축 프로그램을 선정해서 프로그램에 알맞은 건축적 장치를 마련해보려고 하는데….

P교수   흠, 그렇게 되면 기존의 건축적 형태와 공간에서 벗어나지 못할 가능성이 높아. 예를 들면 쇼핑몰을 만들겠다고 먼저 정하면 다른 쇼핑몰을 참고하고 거기에서 영향을 많이 받겠지. 목적이 확실한 프로젝트라면 프로그램을 먼저 선정하는 것이 나을 수도 있지만 이렇게 자유로운 경우에는 역효과가 날 수 있어.

P교수는 서울대학교 학생들을 보면서 안타까운 경우가 종종 있었다. 공부 잘하고 성실하긴 하지만 그 특성대로 수많은 사례를 참고하다가 독창성을 잃고 만다는 것. 물론 건축에서 사례를 참고하는 건 기본 중 기본이다. 하지만 아직 디자인 주관이 뚜렷

하지 않은 학생 때는 그에 앞서 닥치는 대로 생각하며 말도 안 되는 짓을 충분히 해보는 과정이 필요하다고 교수는 믿는다. 다음 수업에 창빈이 가져온 것은 조금 조심스러운 아이디어였다.

창빈   프로젝트 대상인 강남역 지역은 고밀집 지역이기 때문에, 공원이나 광장처럼 수평적이고 넓고 독립적인 기존 공공 공간의 형태는 적합하지 않다고 생각합니다. 그래서 새로운 공간을 고민해야만 했고, 수직적이고 복합적인 공공 공간Vertical Open Space을 구상함으로써 대상 지역에 쾌적한 도시 환경을 제시하려고 합니다.

P교수   수직적인 오픈 스페이스¹까지는 이해하기 쉬운데 복합적이라는 건 어떤 의미지?

창빈   여러 프로그램이 결합하고 교차하는 겁니다. 강남역의 특성에 잘 스며들 수 있는 다양한 프로그램을 조사해 크게는 도서관, 문화 시설, 그리고 공적인 오픈 스페이스라는 세 가지 프로그램이 필요하다고 보았고, 이 프로그램들이 따로 존재하는 것이 아니라 서로 결합된 복합체를 설정했습니다.

P교수   전에도 말했지만, 창빈은 굉장히 포부가 커. 좋아. 그렇다면 세부적인 걸 챙기기보다는 좀 더 큰 스케일²에서 프로젝트를 진

---

1   open space. 도시 계획상 단순히 빈 땅이 아니라 공원같이 도시적으로 이용 가능한 녹지 공간 개념. 같은 녹지여도 도시와 분리된 깊은 산과는 다르다. 최근에는 녹지가 아니더라도 공공에게 개방된 옥외 레크리에이션 공간도 여기 포함되고 있다.
2   scale. 첫 번째 의미는 축척이지만 건축에서는 규모와 범위를 정하는 기준을 뜻한다. '휴먼 스케일'은 인간에게 알맞은 크기와 높이이며, '도시적 스케일'로 얘기하자는 말은 주변 건물, 도로, 단지 등을 포괄해 논의하자는 의미다.

세 가지 프로그램의 관계를
설정한 다이어그램.

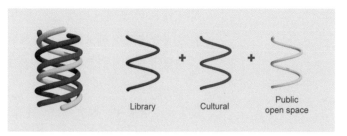

도서관과 연관된
프로그램 스터디.

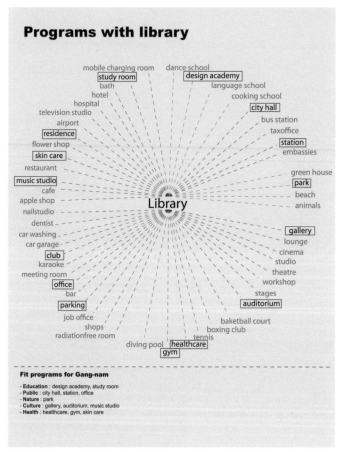

행하는 게 낫겠네. 섣불리 건축화에 들어가지 말고 콘셉트를 더 다듬어보자.

좀 더 질러보자고. 교수는 지금 유도하고 있다. 프로젝트를 현실적이고 실무적인 방향으로 이끄는 건 가능하다. 하지만 이렇게 과감하고 심지어 극단적인 방향으로 이끄는 것은 교수의 힘만으로는 불가능하다. 결정은 창빈 몫이다.

MID-TERM
CRITIC

창빈 서울의 공공 공간은 접근성이 낮고 이벤트성이 과합니다. 이런 문제 인식에서 출발해 자유롭고 접근하기 쉬운 공공 공간을 만드는 것이 제 졸업전 프로젝트의 목표입니다. 사이트는 서울에서 가장 복잡한 강남역이며, 제안하는 것은 도서관과 각종 다른 프로그램이 복합된 건물인데, 이 프로그램들은 도서관과 관계있는 수많은 프로그램을 탐색해 선정했습니다. 수직적으로 공공 공간을 형성하면서 3차원적으로 구성하는 중입니다.

K교수 도서관이 어디에 들어가지?

창빈 아직 중간 단계이기 때문에 도서관 자리를 구체적으로 설정하지는 않았고, 대상지에 적합한 프로그램 선정과 3차원 수직 공간이라는 건축적 해결 방안을 모색하는 단계입니다. 건축적 형태가 좀 더 구체적으로 결정되면 다양한 프로그램과 결합될 도서관의 형태도 구체화될 것입니다.

K교수 상황이 복잡하기보다는 아직 계획이 없어서 말을 못 하는 것 같군. 허허. 내 말은 '도서관과 관계있는 수많은 프로그램 탐색'이라는 다이어그램이 허구 같다는 거야. 실체를 잡지 못하는

사이트 분석 다이어그램.

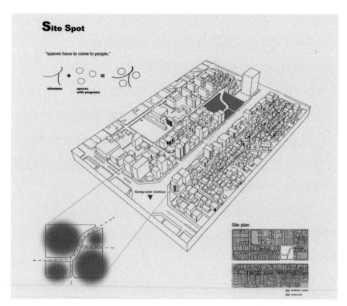

디자인 콘셉트를 나타낸
3D 이미지.

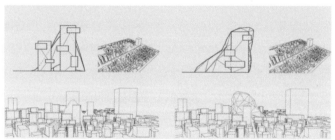

도식에 그칠 수 있다는 거지. 결국 도서관은 형태를 잡는 구실
이 되고 주변 프로그램들이 중요해질 것 같은데 아직 없는 거
지. 맞나?

창빈   예. 아직은 사이트를 선정하고 건축적 해결 방안을 모색하는
단계이기 때문에 도서관의 형태와 프로그램들과의 결합 방법

은 구체적으로 완성되지 않았습니다. 좀 더 발전시켜 새로운 공공 공간을 제시하는 것이 최종적인 목표입니다.

━━━━━━━━━━━━

FEEDBACK

P교수 K교수님이 우리가 콘셉트에만 몰두하고 있다는 걸 바로 지적하셨네. 콘셉트는 충분히 구성된 것 같고, 이제 건물을 생각해 보자고.

주제는 잡혔고, 현실과 비현실의 갈림길에서 중간 마감이 이뤄

프로그램 배치와
연결 다이어그램.

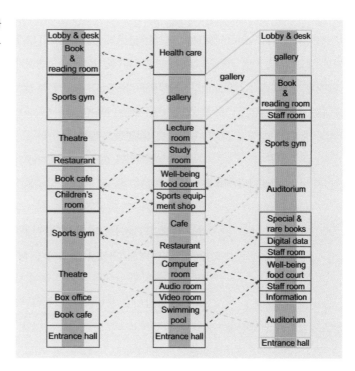

졌다. 이제는 선택하고 구현할 때다. 교수는 창빈의 선택을 기다린다.

창빈   예. 구체적인 프로그램을 분류해 선정하고 있는데 제가 초반에 설정한 도서관, 문화 시설, 그리고 공적인 오픈 스페이스라는 체계에 적합하고 강남역이라는 공간에 필요하고 조화될 수 있는 구체적인 프로그램 목록을 만들고 있습니다.

또다시 선택을 미뤘군. 교수는 생각했다. 이쯤에서 조금 이끌어 줘야 할 것 같다.

P교수   먼저 프로그램을 결정하고 그 뒤에 프로그램들을 콘셉트에 따라 수직적인 공간으로 결합시키는 건축 방법을 구체적으로 설계하려는 거지? 그런 진행 방법도 있지만 동시에 프로그램에 구애받지 말고 '공간이 연결되는' 다양한 방법을 스케치해봐. 그러면 앞서 말한 대로 새로운 것이 나올 수도 있어. 머리로도 생각하고, 손으로도 생각하는 거지.

창빈은 생각하고 만들었다. 때로는 생각하지 않고 만들기도 했다. 건물을 만들어보기도 했고, 건물이 아닌 것을 만들기도 했다. 손과 머리는 순서를 바꿔가며 생각의 흐름을 이끌었고, 창빈이 이전에 만들어둔 프로그램과 다이어그램을 서서히 물질화시켰다. 그리고 창빈은 선택했다. 머리와 손으로.

창빈   전체적으로는 스파이럴 루프spiral loop라는 콘셉트로 도서관,

콘셉트 모델.

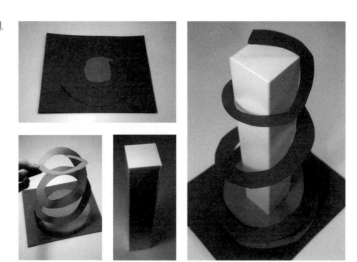

문화 시설, 공적인 오픈 스페이스라는 세 가지 프로그램의 효율적인 결합 방법을 제시하려고 합니다. 세 가지 프로그램은 기본적으로 분리되어 있지만 한 건축물로 기능하는 거지요.

창빈은 현실의 벽을 넘어보기로 했다. 손은 머리로 넘어설 수 없는 곳까지 이끌어줬다. 설계 프로젝트를 해오면서 이런 경계에 도달할 때마다 넘어가는 것이 옳은가, 옳지 않은가 고민하곤 했다. 하지만 이번 결정에는 다른 의미가 우선했다. 이런 짓을 할 수 있는 것도 이번이 마지막이다.

P교수   좋아. 콘셉트가 강한 졸업전 프로젝트가 되겠어. 이제부터는 이걸 건물로 만들자고.

P교수	도우미랑 하는 마무리 작업은 잘돼가?
창빈	졸업전이 경쟁이 아니라 많은 걸 배우고 다 같이 즐기는 과정으로 느껴지게 하고 싶었어요. 그래서 후배들에게도 그냥 일을 시키는 게 아니라 모델 제작부터 여러 과정을 최대한 함께하려고 노력했는데…. 좋은 경험이 되었으면 하는 바람입니다.
P교수	하하, 역시 거물이야.
창빈	예?
P교수	네 졸업전 발표를 걱정할 마당에 후배 교육이라니.
창빈	사실 걱정은 엄청 많지만… 이미 손대기에 늦은 것이 너무 많아서 그렇습니다.
P교수	뭐, 어쨌건 즐겁게 마무리하도록 해.

교수는 만족했다. 콘셉트가 마음에 들어서? 아니다. 하림이나 희영처럼 내버려둬도 거침없이 걸어가는 학생이 있는가 하면 그것에 익숙하지 않은 학생도 있다. 창빈은 후자에 가까웠다. 그런 창빈이 길을 결정하고 걷기 시작한다. 프로젝트가 성공적으로 마무리되지 못하더라도 충분히 가치 있는 일이다.

아니지, 아무리 그래도 마무리가 좋으면 더 좋겠지. 교수는 생각을 고쳤다.

FINAL

창빈	과밀화되고 상업화된 현대 도시에서 기존 광장과 공원 등은 공적인 오픈 스페이스 역할을 충분히 수행하지 못하고 있습니다. 따라서 현대 도시에 적합한 수직적인 오픈 스페이스를 새롭게 제안합니다. 스파이럴 루프로 공간을 형성하며 코어에서는 프

최종 단면.

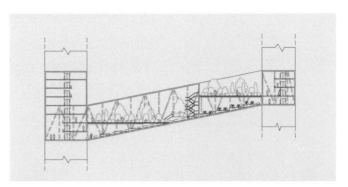

3D 이미지.

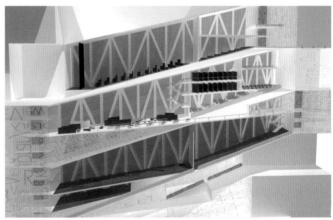

1 최종 평면.
2 프로그램 다이어그램.

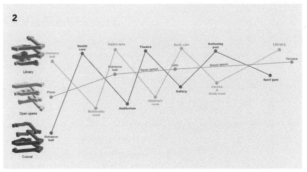

로그램들이 섞이는 구조입니다. 수직적인 동선을 따라 프로그램이 서로 다른 세 코어, 그러니까 스파이럴 루프 세 개가 결합 상승하면서, 코어와 프로그램을 통한 두 가지 수직 동선을 만들어냅니다. 또 프로그램들이 서로 연결되는 지점이 있습니다. 이 연결 지점에서 사람들은 다른 프로그램이 결합된 공간을 누리며 한 프로그램에서 다른 프로그램의 루프로 이동할 수 있습니다.

THE LAST CRITIC

발표는 실수 없이 마무리되었다. 하지만 창빈은 긴장을 풀지 못했다. 한 달 동안 발표 자료와 모델을 만들면서 친구들의 프로젝트를 알게 되었는데, 대부분 현실적이고 실무적인 방향으로 진행하고 있었다. 거의 페이퍼 아키텍처3에 가까운 제 프로젝트가 상대적으로 비현실적으로 보이지는 않을까. 하지만 불안하지는 않았다. 스스로 선택한 길이기에.

A소장   모형은 그럴듯한데 논리가 한 가지뿐이어서 문제가 생기는 것 같아요. 복잡해 보이지만 사실은 아주 단순한 거지. 지금 공간이 도서관이 들어갈 만한지 의문이에요.

창빈   실험적이고 과감한 시도를 하고 싶었기에 도서관이 가져야 하는 정형화된 형태를 배제했습니다. 또 목표 자체가 기존에 존재하지 않지만 고밀화된 도시에 적합한 새로운 형태이기에 이

---

3   paper architecture. 실현될 것을 염두에 두지 않고 구상으로만 존재하는 건축. 현실적인 제약에서 벗어나 자유롭게 상상할 수 있어 개념 실험에 쓰인다.

주 모델.
단면을 드러내
전경과 공간을 보여준다.

런 공간을 제안하게 되었습니다.

A소장 어쨌건 도서관을 만든다고 했잖아? 그렇다면 만들어야지. 경
사를 썼는데 그것 때문에 공간적 한계가 생기는 것 같아요.

창빈 고밀화된 도시에 적합한 수직 요소를 강조하기 위해 경사를 이
용해 공간을 구성했습니다. 경사진 공간의 한계를 극복하기 위
해 다양한 동선을 창안하고 공간을 입체적으로 쓰려고 노력했
습니다.

S교수	과감하려 했다는데 콘셉트 다이어그램부터 의문이 가요. 문화 공간은 사실 공용 공간에 스며드는 것일 수 있는데 그걸 분리했고, 공용 공간은 복도 등 전체에 분산되어 굉장히 여러 곳에 많이 있어야 하는데 그것도 따로 나눠서 불편해질 수 있고. 선형 공간만 다뤘는데 가장 강력한 공공 공간인 가운데 공간은 다루지 않았어요. 오히려 다이어그램 세 가닥이 아니라 두 가닥과 그 접점을 공공 공간으로 하는 다이어그램이 낫지 않았을까요?
창빈	수직적인 공간의 특성상 성격에 따라 프로그램을 분리했지만, 각 프로그램의 결합 지점에 상호 효율적으로 결합된 공간을 창출함으로써 한계를 극복하려 했습니다. 그럼에도 가운데 공간을 충분히 고려하지 못한 건 보완해야 한다고 생각합니다.
B소장	스케일도 뭔가… 한 변이 120미터쯤 되어 보이는데, 정말 과감하네요. 하하.
창빈	강남이라는 초고밀도 혼잡 지역에서는 오히려 파격적인 제안이 적합할 수 있다고 생각했습니다. 또 학생 수준의 프로젝트에서 지나치게 현실적인 제약을 설정한 프로젝트는 자유로운 상상과 시도를 제한할 수 있다고 생각해 파격적으로 큰 건축물을 제안했습니다.
B소장	합리적인 제안 속에서 과감함을 보여주는 게 아니라 처음부터 과감해버려 빛이 바래는 것 같아요.

공격을 많이 받았고, 또 완성도를 말하기에는 부족함이 많은 결과였다. 과감한 것이 문제였을까? 창빈은 그건 아니라고 생각한다. 과감함을 뒷받침할 수 있는 건축가의 능력이 부족한 것이

지, 실험적인 시도 자체는 후회하지 않는다.

창빈은 이후 건축 설계 회사에서 일하면서 학생 때 생각하던 건축 설계의 이상과 다른 것들을 많이 알게 되었다. 하지만 자기만의 기준과 신념을 잃지 않는다면 언젠가는 좋은 건축가가 될 것이라 믿는다. 아니, '꿈꾸기를 멈추지 않는 건축가'가.

2-4
The Second Chance

낡은 것과 새로운 것의 균형

"오래된 것을 허물고 새로 짓는 방식은
도시와 사람들의 연결고리를 잘라낸 뒤
새로운 관계를 강요하는 것과 다름없다.
도시가 사람과 더불어
무리 없이 변화하기 위해서는
적절한 리노베이션 방법이 필요하다.
그 방법을 구 전북도청사 사례로 찾아보려 한다."

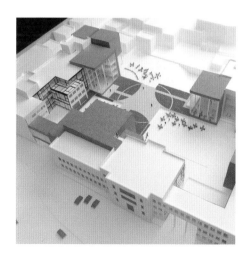

SITE

졸업전 수업에서 사이트는 원칙적으로 자유롭게 선택할 수 있다. 하지만 학생 입장에서는 학기 중에 막히는 부분이나 둘러볼 일이 있을 때마다 직접 찾아가 봐야 하고, 교수와 크리틱을 할 소장들도 속속들이 알아서 직접적으로 도움을 받을 수 있는 서울에서 고르는 게 보통이다. 이번 졸업전 수업에서도 학생들은 서울에서 목표물을 정했다. 한 명만 빼고.

S교수   전라북도 전주라고요?

수연   예. 저는 전주가 고향이지만 서울로 올라오면서 건축 공부를 시작했고, 커리큘럼에서 다루는 사이트는 늘 서울로 한정되었습니다. 저는 제가 나고 자란 곳을 건축적 시각으로 바라본 적도, 그럴 필요도 없었는데요. 이 프로젝트로 제 고향을 새롭게 바라보고 서울에 한정된 시야를 넓히고 싶습니다. 무엇보다 서울은 건축을 공부하면서 살게 된 도시인 만큼 먼저 정답을 염두에 두고 접근하게 되더라고요.

교수는 학생이 최대한 자유롭게 수업에 임하기를 바란다. 동시에 학생이 최고를 성취하기를 바란다. 언뜻 비슷하면서도 전혀 다른 두 가지 바람이 충돌하는 경우가 종종 있다. S교수는 대체로 전자를 택하지만 후자의 바람이 없는 건 아니었다.

S교수   알겠어요. 하지만 다른 사람들에게 사이트를 설명할 시간이 더 필요하다든지, 약간 불이익이 있을 수 있다는 건 알아두세요.

수연   예. 제가 정한 곳은 구 전북도청사인데요. 조선시대의 전라감영을 복원할지, 현존하는 도청사 건물을 보존할지 두 가지 입장이 충돌하는 사이트입니다.

S교수   전라감영을 허물고 구 전북도청사를 지은 모양이지요?

수연   예. 처음 도청사 건물을 지은 건 1930년대입니다. 1951년에 불이 나면서 선화당[1]과 1930년도에 지은 건물 일부가 소실되었고, 그래서 의회동만 남았습니다. 화재 이후 1950년대에 본관동이 새로 서고 이어 1980년대에 서편동이 신축되어 전북도청으로 사용됐습니다. 2005년에 전북도청이 이전하면서 구 도청사 건물은 여러 기관이 임시로 사용하면서 활용 방안을 모색하게 되었고, 전라감영의 핵심이던 선화당 등의 복원과 관광 시설 계획이 추진되고 있습니다.

S교수   음…, 그렇다면 구 전북도청사는 1930년대 건물과 1950년대, 1980년대 건물이 섞여 있다는 건데, 1930년대 건물 외에는 보존 가치가 크지 않을 수도 있어요. 조선시대 전라감영을 복원하는 게 더 가치 있는 일이 아닐까요?

크리티컬하다. 복원과 보존은 건축에서 가장 첨예한 문제 가운데 하나다. 과거를 복원할 것인가, 현재를 보존할 것인가? 과거의 흔적이 중요한가, 현재의 기억이 중요한가? 또는 과거의 기억이 중요한가, 현재의 흔적이 중요한가? 이론적인 논쟁으로도 답이 나오지 않는데, 상황과 조건에 따라 고려할 점은 기하급수적으로 불어난다. 하지만 수연은 구 전북도청사의 경우 명확하게 정리할 수 있다고 보았다.

---

1   각 도의 관찰사가 사무를 보던 정당(正堂).

수연	그런데 전라감영 복원의 가장 큰 문제는 전라감영 복원 근거가 부족하다는 겁니다. 전라감영의 중심 건물인 선화당 주춧돌조차 남지 않아 위치를 추측해야 할 정도라서, 멀쩡히 존재하는 근현대사의 흔적들을 모두 허물고 근거도 명확하지 않은 복원을 하는 것이 과연 이 사이트가 갖는 역사적 가치의 올바른 보전 방법인가 논란[2]이 있습니다.
S교수	그렇다면 수연 씨의 입장은….
수연	복원이나 리노베이션에서 단순히 오래된 것을 허물고 새로 짓는 건 도시와 사람의 연결을 잘라내는 방식이라고 생각하고, 무조건 초기 모습으로 되돌려놓는 것보다는 도시가 사람들과 함께 변화하는 새로운 리노베이션 방식을 찾고 싶습니다.
S교수	그렇다면 현재의 도시적인 관계가 중요하겠군요. 이 사이트는 주변과 어떤 관계를 맺고 있지요?
수연	조선시대부터 꾸준히 도심 역할을 하고 있습니다. 전주에서 유동 인구가 가장 많은 곳 중 하나입니다. 북쪽으로는 전주 객사와 영화의 거리가, 남쪽으로는 풍남문이, 동쪽으로는 전동성당과 한옥마을이 있어요. 역사와 관광의 축 위에 있는 거지요. 또 사이트 주변에는 전북예술회관 같은 중규모 공연 시설과 소극장 여러 개가 흩어져 있는데 영화의 거리와 더불어 공연 문화의 축으로 거듭날 가능성을 갖고 있습니다. 이를 활용해 공연과 교육 시설을 포함한 복합 공연 센터로 프로그램을 선정하고 주변 문화와 관광의 축을 연결하는 것을 제안합니다.

---

2 당시에는 계획안에 이런 논란이 있었으나 지금은 착실히 계획안이 실현되는 중이다. 2015년 가을, 구 전북도청사 건물은 모두 헐렸다.

전라감영의 변천 과정.

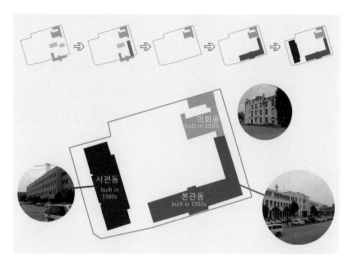

사이트와 주변 프로그램 분석.

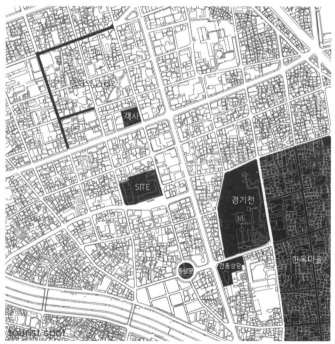

S교수	가능성이 많은 사이트군요. 재미있겠어요.

이런 사이트라면 찾아가서라도 할 만한 가치가 있다. 교수는 망설이지 않고 오케이 사인을 보냈다. 하지만 프로젝트를 진행하면서 교수는 몇 번이고 다시 생각하게 된다. 과연 옳은 결정이었는가?

DEVELOPING

S교수	진도가 잘 나가지 않는데, 뭐가 어려운가요?
수연	교수님께서 말씀하신 대로 서울이 아니라서 준비할 게 많습니다. 제 경험에서 나온 결론을 발전시킬 때 주로 문제가 생겼는데, 예를 들면 프로그램 신징도 진주의 콘텍스트를 아는 사람에게는 굳이 부연하지 않아도 될 것을 교수님이나 동기 들에게 설명하려면 그 당위성을 입증할 자료를 따로 만들어야 했습니다.
S교수	개인의 막연한 경험에 건축적 시각을 덧씌우는 과정은 필요해요. 서울에서 사이트를 고른 다른 사람들은 그 노력과 수고가 한결 줄어들긴 하지만요. 뭐, 이건 자업자득이니까. 하하하.

여기까지는 수연도 예상한 터였다. 문제는 다음이었다.

수연	두 번째 문제는 장기간에 걸쳐 증축과 보수가 이뤄진 사이트의 특성상 제대로 된 도면이나 문헌 자료를 찾기가 힘듭니다. 한때 공공 기관이었으니 어딘가의 누군가는 제대로 된 도면을 갖고 있을 거라 생각했지만, 시간의 켜가 여러 겹 쌓인 사이트답

	게 깔끔하게 정리된 도면을 구할 수 없고, 내부 구조조차 짐작하기 어렵습니다.
S교수	그래도 어느 정도는 구성할 수 있지 않나요?
수연	음…, 예를 들면 의회동 2층과 3층은 '입면에 문이 달려' 있는데….
S교수	비상구 개념으로 만든 걸 수도 있는데…. 제가 봐도 잘 모르겠네요. 일단은 최대한 더 찾아보고, 지금 중요한 건 기본적인 입장을 명확히 하는 거예요. 지금 수연 씨는 무조건 초기 모습으로 복원하기보다는 시간의 흐름까지 받아들여야 한다는 입장이잖아요? 하지만 건축적으로 실현하기 위해서는 어떤 자세를 취하는가를 잘 생각해야 해요. 다시 말하면 무엇을 남기고 무엇을 없앨 것인가, 기준을 잡아야 하지요.
수연	예, 다음 시간까지 더 준비하겠습니다.

그러나 다음 시간, 수연은 수업에 나타나지 않았다. 교수는 일주일이 더 지나서야 수연을 만났다.

S교수	오랜만이네요. 생각이 잘 안 풀렸나요?
수연	아…. 일이 여러 가지 있었는데요, 먼저 아무래도 외지인이 알기 쉬운 '관광'을 중심으로 사이트에 접근하고 설명하는 전략을 취해야 할 것 같습니다. 특히 관광지로 각광받는 한옥마을과 가깝기 때문에 랜드마크 요소를 적극 활용하면 서울 사람들에게도 충분히 설명이 될 것 같습니다
S교수	괜찮은 전략이군요. 기본 도면은 용케 구했나봐요?
수연	아닙니다. 전북발전연구원에서 참고할 도면을 구하긴 했지만

디지털 파일이 아니라 종이 도면을 복사한 거라서 복사 과정에서 형태가 왜곡된 데가 꽤 있고, 그 와중에 지시선이 없거나 실제 답사에서 본 것과 다른 부분도 많았습니다.

S교수   그럼 이 도면은 뭐지요?

교수는 자세히 도면을 살펴본다. 기관이나 사무소에서 만들었다고 볼 수 없는 간단한 치수뿐인 도면들. 설마…?

수연   예. 결국 기본 뼈대만 참고한다는 마음으로 도면을 들고 전주에 가서 제가 측정했습니다. 다행히 모듈 건물이어서 각 모듈을 실측[3]해 수치를 추정하고 캐드로 옮겨 평입단면도 세트를 확보했습니다.

S교수   …그래서 저번 수업에 못 온 거군요.

누가 그랬던가, 길이 없으면 만들면 된다고. 도면이 없으니 만들어오는 수연을 보며 교수는 좀체 생각지 않던 말을 떠올렸다. 젊음이란 역시 대단하구나! 그리고 곧바로 머릿속 구석으로 밀어넣었다. 이런 말을 입 밖에 내기 시작하면 마음이 늙는다.

수연   간 김에 전라감영에 대한 문헌 연구도 함께 하려 했지만 기록이 너무 없었어요. 그래서 감영의 흔적을 반영하려던 계획은 선화당 복원 정도로 하고 남은 건물들에 집중하려고 합니다.

---

3   실제로 줄자를 들고 건물 크기를 측정하는 일.

S교수	알겠어요. 그러면 이제 남은 건물 리노베이션을 착수할 수 있겠군요. 간단히 짚고 가자면, 신축이 기존 색을 지우고 새로운 색을 칠하는 것이라면 리노베이션은 기존 색 위에 새로운 색을 덧씌워 또 다른 색을 만들어내는 거라고 할 수 있지요. 여기에 더해 수연 씨만의 리노베이션은 어떻게 정의할 수 있을까요?
수연	리노베이션은 과거를 부정하는 것이 아니라 과거를 포용하고, 기존 것과 새로운 것의 시너지를 만들어내야 합니다. 기본적으로 메인main과 서브sub 개념을 콘셉트로 하려고 합니다.
S교수	어떤 것이 메인이고 어떤 것이 서브가 되나요?
수연	인식상의 메인과 서브, 그리고 기능상의 메인과 서브로 나눌 수 있습니다. 인식상의 메인은 사람들의 무의식에 자리 잡은 건물의 대표 이미지를 말하고, 기능상의 메인은 실제로 사용되는 주된 부분을 말합니다. 일반적으로 인식상의 메인과 기능상의 메인은 일치하는데, 동시에 잘 인지되지 않으면서 잘 사용되지도 않는 이중 서브가 생겨납니다.

건축을 말로 설명하는 건 참 어렵다. 하지만 그것만 성공한다면 건축이 갖는 의미는 훨씬 깊어질 수 있다. 수연의 설명을 들으면서 교수는 이론적으로 정교한 프로젝트의 가능성을 엿본다. 물론 수연은 처음부터 이론적인 접근을 의도한 것은 아니다. 단지 말로, 글로 설명하는 데 익숙하다 보니 생각의 방향이 여기까지 왔을 뿐. 이래서 건축은 재밌다.

수연	따라서 리노베이션으로 기존 장점과 새로운 요소의 장점이 시너지를 일으키려면 상대적으로 서브가 된 부분을 공략해야 합

메인 콘셉트.

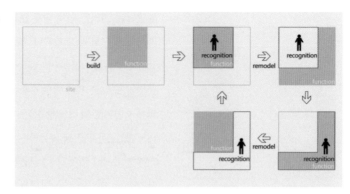

서브 콘셉트 다이어그램.

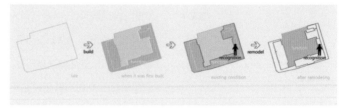

니다. 그래서 처음 건물을 지을 때 가능성이 간과된 서브 부분에 새로운 기회를 주고, 동시에 시간이 흐르면서 바뀐 건축의 가치관을 다시 반영할 수 있고 이질감을 주지 않으면서도 기존과 전혀 다른 공간을 선보일 수 있게 됩니다.

S교수 아직 완전히 이해되지는 않네요. 사이트의 건물들을 메인과 서브로 나누면 어떻게 되나요?

수연 이제까지 인식으로나 기능으로나 사이트 내부에서 메인 역할을 해온 건 사이트 외곽을 두르고 있는 매스입니다. 청사 건물은 도로를 향한 본관동의 정면부가 인상이 강하고, 도청에 온 사람들은 도로에서 매스로 곧바로 진입해 매스 안에서 일을 보고 나갑니다. 이렇게 도로에서 매스로 곧장 진입하고 모든 활동이 매스에서 이뤄지면서 사이트 내부의 보이드**4**는 상대적으로 인식상, 기능상 모두 서브가 되었습니다. 처음부터 계획된 공간이 아니라 매스가 설계되고 나서 남은 곳, 그저 도청의 뒷마당 정도로 전락한 겁니다.

S교수   일단은 매스 단계에서 메인과 서브를 분리했군요.

수연   예. 따라서 이 프로젝트에서는 내부의 보이드에 역할을 부여해 도청사의 이미지를 크게 훼손하지 않으면서도 전혀 다른 공간과 프로그램을 경험하도록 계획하고, 이런 계획으로 훗날 사람들에게 남을 사이트의 이미지도 외부 이미지에서 내부 이미지로 바뀌리라 예측하고 있습니다.

S교수   생각이 상당히 구체적이지만 아직은 개념 단계에 머물러 있긴 해요. 앞으로 진행하면서 실제 건축과 더 접목해나가도록 하지요.

MID-TERM CRITIC

수연   제가 고른 사이트는 전라감영 시대부터 있던 도청 자리입니다. 현재는 객사 건물과 영화의 거리 등이 밀집되어 허브가 될 만한 위치이며, 제 프로젝트의 주제는 '구 전북도청사 건물을 어떻게 활용할 것인가'와 '구 전북도청사와 전라감영의 관계를 어떻게 설정할 것인가'입니다.

인식과 기능 두 측면 모두에서 서브 공간으로 전락한 도청사 내부 보이드 부분을 인식상의 메인으로 만들기 위해 기존 세

---

4   void. 공허부. mass와 반대 개념으로 일반적으로는 벽에 둘러싸인 건물 내부 공간을 의미하지만 이 프로젝트처럼 건물 주변 옥외 공간도 포함된다.

중간 마감에 선보인 패널.
제목은 '패자부활전'이었다.

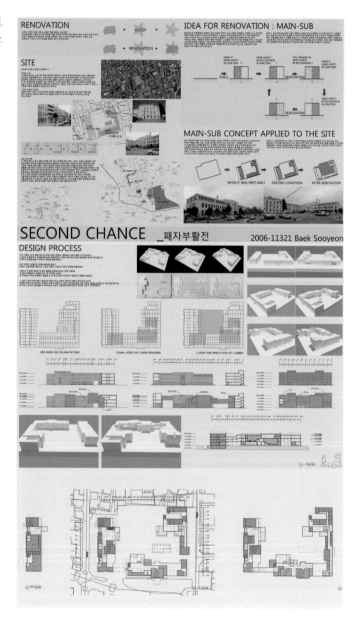

동에 각각 교육과 체험 시설, 공연장, 영화관 프로그램을 집어넣고, 각 동의 주 출입구가 내부를 향하도록 설정했습니다. 각 동의 프로그램과 관련된 활동과 복원될 선화당을 고려해 작은 보이드 세 개, 그리고 그 보이드와 각 동의 로비가 맞닿는 커다란 보이드가 생겨나도록 매스를 디자인했습니다.

주변 문화 환경을 위해 소극장 등이 복합된 공연 시설을 제안하며, 현장 학습도 같이 이뤄지게 계획 중입니다. 그런데 1800년부터 1980년까지의 역사와 섞여 있는 부지에 여러 시대를 어떻게 공존케 할지 고민이며, 공연이라는 프로그램상 구조를 다루기가 어렵습니다.

발표 시간이 꽤 초과됐다. 이론적인 것을 빼고도 설명할 상황과 조건이 많았다. 설상가상으로 S교수가 앞장서서 공격에 나선다.

S교수 리노베이션은 '기존 도면'이 시작인데 정작 그걸 보여주시지 않네요?

K교수 그걸 봐야 말을 하겠는데… 작전인가? 리노베이션은 현재 상태와 극히 밀접하게 다뤄야 하는데 블록 다이어그램으로는 부족하지 않겠어? 졸업 발표 때는 도면을 반드시 넣어야 할 거야.

S교수 그리고 사이트와 프로그램은 있는데 던지는 문제가 눈에 띄지 않아요.

P교수 리노베이션을 하는 태도에서도 벽면만 보존할지, 기존 건물을 덮어씌울지 등 다양하게 접근할 수 있는데 그 가능성을 스스로 제한하는 느낌이야. 도청은 면적도 많이 필요하니까 과감하게 해야 될 텐데, 컨버전conversion에 관해서 알아보길 바란다.

지적과 충고가 연이어 쏟아졌지만 수연은 어느 것에도 확실하게 대응하지 못했다. 어디부터 설명할지 알지 못했고, S교수의 속내도 짐작할 수가 없었다.

FEEDBACK

S교수 중간 마감에서 얘기하지 못한 것이 꽤 많아요. 열심히 했는데 안타깝네요.

교수는 수업에서 얘기한 것들이 중간 마감 발표에 포함되지 않아 수연의 노력이 전달되지 못한 것이 아쉬웠다. 그런 마음이 부족한 부분을 지적하는 것으로 표현된 것이다. 하지만 수연의 입장에선 그런 사정을 알아채기가 쉽지 않다.

수연 예…. 특히 계획의 전후 비교를 효과적으로 보여주지 못한 것이 가장 큰 문제였던 것 같습니다.

S교수 패널에도 계획 후의 최종 도면만 넣고 계획 전 평면을 넣지 않아서 리노베이션 방향이나 콘셉트가 잘 드러나지 않았어요. 이제부터는 콘셉트 표현에 집중할 필요가 있어요. 대략적인 디자인은 완료된 상태고, 중간 마감을 보니 말로 설명하는 건 한계가 느껴지네요. 첫째, 새로이 제시한 리노베이션 방법을 효과적으로 설명하는 방법, 둘째, 리노베이션 전후 표현에 중점을 둬야겠어요.

수연 그런데… 설계도 해야 하지 않을까요?

S교수 물론 설계는 기본이고 추가로 할 것을 짚고 있는 거지요.

수연 그럼 할 일이 너무 많은데….

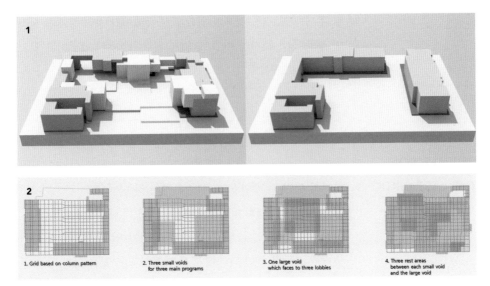

1

2

1. Grid based on column pattern

2. Three small voids
for three main programs

3. One large void
which faces to three lobbies

4. Three rest areas
between each small void
and the large void

1 전후 비교를 보여주는
매스 스터디.

2 공허부 디자인 과정.

S교수 그래도 필요해요. 개념 다이어그램을 더 보기 쉽게 다듬고, 도면의 레이아웃5이라든지 매스와 모형 표현을 전후 비교가 쉽게 드러나도록 애써보세요.

이대로 가다간 열심히 하고도 최종 마감에서마저 제대로 전달하지 못할 공산이 크다. 교수는 그것만은 막고 싶었다. 그래서 공간 형태를 새롭게 디자인하기보다는 중간 마감까지 완성한 작업물들을 활용하게끔 계획을 구체화하는 데 집중하기를 바

---

5 편집 용어로, 이미지와 텍스트, 기호 등 각 구성 요소를 제한된 공간에 배열하는 것을 의미한다. 잘된 레이아웃은 글과 그림이 서로 방해하지 않고 하나하나 눈에 살아들어와 뜻한 바를 잘 드러낸다.

랐다. 수연도 그럴 필요가 있다고 공감했지만 정작 설계할 시간
이 부족했다. 하지만 어쩔 수 없지 않은가? 이런 페널티를 알고
도 선택했으니.

PREPARE FOR THE LAST CRITIC

학기 중에 부족하던 설계 시간은 결국 발표 자료를 만들 방학
기간으로 이어졌고, 모델을 만들 단계가 되자 이미 마감은 성큼
다가와 있었다. 수연은 도우미로 후배 한 명과 동기 한 명, 여기
에 건축학과 학생회를 통해 후배 한 명을 더 배정받은 상태였다.
그러나 모형 작업 초반, 도우미들의 개인 일정 때문에 일손이
부족했고 당장 급한 와중에 이를 메우느라 수연은 다른 학과 친
구들에게 도움을 청했다. 해비타트[6] 동아리에서 끌어온 도우미
는 여러 공구에 익숙했고, 가장 강력한 도우미는 건축대학원에
다니는 사촌이었다. 친구로도 부족해 친척까지 동원해 마감을
하는 열성에 주위에선 혀를 내둘렀다.

S교수   소문은 들었어요. 도우미들이 잘해주나요?

수연   소문이라니···. 이렇게 장기간 도우미들과 합을 맞추고 전체 작
업을 직접 조율하는 경험은 처음인 데다, 도우미들이 저를 도
울 수 있는 시간대와 날짜가 제각각이라서 초반에는 많이 당황
했습니다.

S교수   지금은 익숙해졌나요?

---

6 '사랑의 집짓기' 운동. 어려운 사람들을 위해 집을 짓는 사회봉사활동.

최종 발표 준비.
도우미들의 응원
메시지가 눈에 띈다.

| 수연 | 예. 시간이 조금 지나서 보니 정작 제게 필요한 건 도우미가 아니라 그들이 작업을 할 수 있도록 미리 준비해두는 혼자만의 시간이었습니다. 도우미들이 와 있는 동안에는 생각만큼 작업을 할 수가 없고, 팀을 지휘한다는 게 그 자체로 일이었어요. |
| S교수 | 보통 직원들은 관리직이 아무것도 안 한다고 불평하는데, 관리직의 고충을 경험했군요. 하하하. |

저렇게 진심으로 즐거워하는 모습은 처음 본다. 수연은 오늘 S교수의 인간적인 면을 좀 더 알게 되었다고 생각했다.

| 수연 | 그래서 계획과 달리 새벽까지 남아 설계 작업을 하는 날이 반복됐고, 이런 상황에서 도우미들이 각자 작업할 날짜와 시간대를 파악하고 주 단위로 목표 작업량을 계획할 수 있었습니다. |
| S교수 | 나중에 실무를 할 때 그런 경험이 큰 자산이 될 거예요. |

훗날 자산이 될지는 몰라도 최종 마감까지 하루하루가 수연에게겐 전쟁이었다. 며칠씩 학교에서 자는 게 기본이었다. 사이트 모형을 만들던 도우미가 10T 우드락[7]을 자르다가 검지를 베어 병원으로 달려가는 아찔한 일도 있었다. 나날이 쌓이는 압박에 수연은 도우미고 뭐고 다 때려치우고 싶다는 생각마저 들곤 했다. 그러던 어느 날, 도우미들은 마감에 찌든 채 생일을 맞은 수연에게 깜짝 파티를 선사했다. 수연은 이 순간을 계기로 모든 부정적인 생각이 사라졌다고 한다. 나 한 사람의 졸업 전시에 모두가 시간을 내 최선을 다해주고 있지 않은가. 그러니 이 시간을 최대한 즐거운 기억으로 채워주고 싶다!

'최종 집계'에 따르면 수연의 졸업전 준비에 칼질 한 번으로라도 기여한 사람은 무려 일한 명이나 됐다.

FINAL

수연
기존 것과 새로운 것의 시너지를 극대화하기 위해 메인과 서브 콘셉트로 소외된 부분에 역할을 부여하고, 기존 설계에서 놓친 잠재력을 끌어내 균형을 맞추는 리노베이션을 제안합니다. 구 전북도청사의 매스가 아니라 보이드 부분을 집중적으로 디자인한 프로젝트입니다.

각 보이드에 레벨 차를 만들어 공간을 분리하고, 큰 보이드와 작은 보이드가 만나는 공간은 외부 휴식 공간으로 설정해 연결점으로 삼았습니다. 보이드 디자인 과정에서 기존 매스는 일부

---

7 스티로폼의 일종으로 쉽게 잘리기 때문에 모형 제작에 많이 쓴다. 10T는 두께 10밀리미터를 뜻한다.

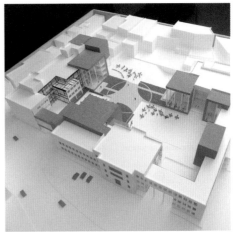
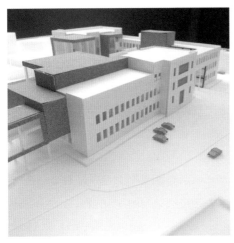

주 모델. 재질을 달리해
리노베이션 부분과
보존 부분을 비교했다.

증축되기도 하고 헐리기도 했는데, 증축 부분과 유지되는 부분, 헐리는 부분의 입면 디자인을 달리해 기존 모습을 짐작하게 함과 동시에 외부에서 내부로 진입할 때 매스 감과 다양한 재료로 반전의 묘미를 느끼게 했습니다.

THE LAST CRITIC

졸업전 최종 발표는 중간 마감보다 발표 시간을 훨씬 엄격하게 지켜야 한다. 수연은 급박한 마감 와중에도 발표 연습에 충분히 시간을 들였다. 과연 성공한 걸까? 발표를 마친 수연은 가장 먼저 S교수의 반응을 살폈다. 적어도 실패는 아닌 것 같았다.

B소장   리노베이션은 사실 뭔가를 보여주기가 어려운 프로젝트예요. 그런데 기존 건물의 폭이 공연 시설엔 맞지 않았을 텐데 너무 잘 풀어서 이상하단 말이야, 하하. 하려는 말은 그런 식으로 생기는 제한점을 근거로 건물을 크게 묶어 쓴다거나 열어 쓴다거나 하는 데가 있으면 좋을 것 같다는 거예요.

공격이 들어왔지만 수연은 안도했다. 프로젝트의 내용에 대한 공격이라면 적어도 내용 전달은 충분히 되었다는 이야기니까. 그렇다고 완전히 마음을 놓으면 안 된다. 이건 나만의 프로젝트가 아니다. 여기에 걸려 있는 이름만 해도 교수와 도우미를 합쳐 열두 명이나 된다.

P교수   전체적으로 보면 좋지만 학생 작품으로서는 과감성이라든가 하는 게 아쉽네.

졸업전에 전시된 주 모델과 패널.

수연	학생의 설계와 현장에서 하는 실무 설계가 다른 기준으로 평가 될 필요는 없다고 생각합니다. 지어지지 않을 걸 알지만 지어 진다고 여기고, 아이디어와 현실 사이에서 적당한 중간점을 찾 는 것 역시 학생 때 익혀야 할 일이라고 생각합니다. 물론 현실 적인 안이 나오게 된 것은 제가 돌파구를 찾지 못했음을 드러 내는 것일 수도 있습니다.
A소장	배치도에서 건물과 바닥 패턴을 구분할 수가 없네요. 그런데 왜 중정 등을 패턴과 패치워크로 만들었지요?
수연	중정 공간을 영역화해 보이드를 디자인하려고 했습니다.
A소장	진행 과정이, 너무 중정과 패치워크에 빠져 있었던 것 같아요. 중정 보이드를 따로따로 영역을 설정했다고 하는데 내 눈에는 하나로 보여요. 공간을 디자인하는 것보다 건물과 공간의 관계

	를 파고들었다면 더 멋진 공간이 나왔을 거예요. 다른 면을 못 본 거지요.
수연	예, 기능상의 메인을 건물에서 중정으로 옮기자는 것이 주된 콘셉트이다 보니 점점 중정에 집중하게 되었고, 이 과정에서 건물과 중정의 연결부에 변화를 줬으나 이는 중간 마감에서 주로 보여준 내용이라 가볍게 넘긴 것 같습니다. 특히 후반부에 제가 중정에 너무 집중했다는 게 보이네요.

수연은 이렇게 졸업전 발표를 마쳤다. 시간이 한참 지나고 보니 전달 매체를 패널에 한정 짓기보다 파워포인트나 유인물을 활용했더라면 크리틱8들이 개념이나 디자인 프로세스 하나하나에 훨씬 쉽게 집중했겠다는 생각이 들었다. 하지만 그 점을 빼면 특별히 후회되는 건 없었다. 완벽한 성공은 아니지만 많은 것을 얻었다.

수연은 건축학과 졸업 후 설계 사무소에 2년 정도 근무했다. 그러다가 어차피 할 고생, 주어지는 업무보다는 스스로 관심 있는 분야를 더 공부하자는 마음으로 대학원에 진학했다.

졸업전이 이 모든 것을 결정했다고 말할 수는 없다. 그러나 인생의 중요한 전환점이 아니라고 할 수도 없을 것이다. 수연은 지금도 여전히 배우고 있다.

---

8 critic. 비평가. 여기서는 학생 작품에 코멘트를 하는 교수와 외부 소장을 말한다.

2-5
아이들의 건축

아이의 입장에서 본 도시

"아이들을 위한,

아이들에 의한 공간.

건축과 도시 변화의 새로운 방향을 제안한다."

졸업전은 일종의 선언이다. '나는 건축을 이렇게 생각한다', '나는 건축가로서 어떻게 살아갈 것이다'라고 외치는 자리다. 그래서 학생들은 어려움 속에서도 온 힘을 다해 졸업전에 매달린다.

아람 서울 여러 곳을 다니고 나서 흑석동 빗물 펌프장 일대를 사이트로 정했습니다.

마이크로 스케일 분석.
여러 프로그램이 흑석역을
중심으로 혼재한다.

매크로 스케일 분석.
흑석동 전체의
성격을 분석했다.

몸이 불편한 아람에게는 서울의 여러 곳을 다닌다는 것만 해도 보통 힘든 일이 아니었을 것이다. K교수는 이 부분을 따로 언급하지 않는 것으로 아람의 노력에 찬사를 보냈다.

K교수 절묘한 선택이야. 이 주변은 중앙대학교도 있고 버스와 지하철 같은 대중교통 연결도 좋은데 빗물 펌프장이 혐오 시설로 인식되어 역세권이 형성되지 않고 있지.

아람 그렇습니다. 빗물 펌프장은 특성상 여름에 짧은 기간만 사용하고 대부분 시간은 낙후 시설로 취급됩니다. 그렇기 때문에 부지도 창고처럼 사용되고 주변과 분리시키기 위해 울타리를 치게 됩니다. 이뿐만 아니라 바로 옆에 쓰레기 수거장이 있어 지역 전체가 낙후되고 침체되어 있습니다. 현충로를 지나다 보면 한강 나가는 길이 있는데, 이 역시 폐허처럼 방치되어 있습니다.

K교수 자, 그러면 시선을 전환해서 이 지역의 강점은 뭐가 있을까?

아람 이 지역은 동네에서 굉장히 중요합니다. 초등학교가 있고, 시장이 가깝습니다. 또 걸어갈 만한 가까운 거리에 대학과 주거 지역이 있습니다. 단지 거대한 인프라스트럭처와 낙후 시설의 존재 때문에 활기를 잃으면서 아이들에게 위험한 장소가 된 것입니다. 한강과 가깝고 흑석동 전체에서 교통의 요지이며, 그 덕분에 중심지가 될 수 있는 지역이었습니다. 빗물 펌프장을 새롭게 바꿔 지역의 강점을 부각시키는 도시재생[1]을 이뤄내고

---

1 시간이 흘러 낡거나 산업 변화로 버려진 도시 일부 지역에 새로운 건물을 넣거나 특수한 기능을 만들어 경제, 사회, 물리적으로 부흥시키는 것. 기존 시설을 완전히 밀어버리고 새로 짓는 재개발과는 다르다.

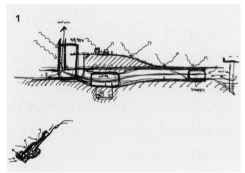

1 단면 콘셉트 스케치.
2 한강의 빗물 펌프장 현황.

싶습니다.

K교수   빗물 펌프장을 어떻게 새롭게 바꾸지? 뭔가 새로운 것이 들어
오면서 바뀌어야 할 텐데?

아람   흑석초등학교와 연계해 아이들을 위한 친환경 프로그램을 만
들려고 합니다. 빗물 펌프장의 인프라스트럭처를 이용해 아이
들이 공간을 이용하는 수준에서 한걸음 더 나아가 만들기까지
하는 시스템이라고 막연히 생각하고 있습니다.

K교수   학교 근처에 아이들이 꾸미고 자주적으로 꾸려나가는 환경을
만든다? 괜찮은 생각인 것 같다. 영국엔 모든 친환경 기술을 학
교에 최우선으로 적용하라는 가이드라인이 있어. 그만큼 어릴
때부터 친환경 개념과 가까이하는 건 아주 중요하지.

아이들에게 기초 건축을 교육하기 위해 물심양면으로 힘쓰는
K교수는 아람의 주제가 반갑다. 즐거운 마음으로 참고할 만한
자료를 여럿 알려준다. 졸업전 수업에서 학생과 같은 곳을 바라
본다는 건 언제든 신나는 일이기에.

DEVELOPING

아람　어렵습니다!

K교수　깜짝이야. 뭐가 그렇게 어려워?

아람　크게 두 가지 어려움이 있습니다. 첫 번째는 맥락을 짚는 건데 요, 지역 전체가 노후하고 낙후해 기피 지역이 되다 보니 지역 전체를 바꿀 수 있는 혁신적인 무언가 필요합니다. 그러면서 동시에 학교와 빗물 펌프장은 사라지면 안 되는 상황입니다. 도시가 돌아가려면 반드시 필요한 시설이기 때문입니다. 동시 에 아이들의 안전과 동네 분위기를 신경 써야 했습니다. 또 왕 복 6차선 큰 도로가 대지 중간을 지나서 제가 선정한 대지가 조각난 상황이었습니다.

세상 모든 고민을 짊어진 것만 같다. 아람은 지금이라도 사이트 를 바꿀 것인가 고민하고 있었다. 하지만 K교수는 그마저도 귀 엽기만 하다.

K교수　아람아, 지금 이곳이 세계에서 제일 복잡한 지역처럼 보이지? 하나도 특별할 것 없다. 도시에서 건축을 하다 보면 누구나 겪 는 문제야.

친구들은 명쾌함을 아람의 장점으로 꼽곤 했다. K교수의 말을 듣고 아람은 사이트를 바꾸려던 마음을 바로 접었다. 교수가 한 말의 내용은 크게 중요하지 않았다. 교수는 언어 이전에 온몸으 로 이것이 특별한 문제가 아니라는 걸 말하고 있었다. 하나하나 설명하지 않아도 알 것 같았다. 연륜이란 것이 이런 것일까. 아 람은 텍스트로만 알던 '연륜'이라는 단어를 실감했다.

K교수	두 번째는 뭐지?
아람	'아이들'이 어렵습니다. 아이들은 예측을 할 수가 없고 어른들과 신체 조건도 다르기 때문에 필요로 하는 공간도 다릅니다. 그래서 분명 아이들이 좋아하고 원하는 공간이 따로 있을 거라고 생각했습니다만, 작업을 하려니 포인트를 어떻게 찾아낼지 전혀 모르겠습니다.
K교수	답은 없지만 방법은 하나뿐이야.

오, 또다시 연륜이 힘을 발휘하는 건가? 기대가 솟는다.

| K교수 | 공부하는 거지. |

아…. 아람은 실망했다.

| K교수 | 왕도는 없어. 관찰하고 또 관찰해. 아이들이 노는 모습, 행동과 발달, 그리고 아이들을 위한 시설 사례까지. 아이들을 지켜보면 일반적으로 우리가 생각하는 사람들의 행동과 큰 차이가 있다는 걸 알게 될 거야. |

아람은 명쾌할 뿐만 아니라 명민했다. 금방 할 수 있는 일이 아니라는 것을 바로 알아챘고, 곧 나아갈 방향을 가늠했다. 아람은 중간 마감에서는 일단 건축적인 기반 작업 위주로 발표를 해야겠다고 결심했다.

아람   흑석동 빗물 펌프장입니다. 이곳은 혐오 기피 시설이고 도시에서 단절을 유도하는 존재입니다. 이곳을 재생하고 더 나아가 '흑석동의 아이덴티티'를 넣어주려 합니다. 바로 옆에 초등학교가 있기 때문에 아이들이 더 행복하고, 아이들 스스로 만들어가는 공간으로 특성을 결정했습니다. 유동적 공간 프로그램인 캠핑도 결합했고요. 프로그램은 학교와 유치원, 상업과 커뮤니티 등이지만 시간에 따라 프로그램들이 차지하는 공간 구성이 변하는 것이 핵심입니다.

먼저 전체 지역을 아이들과 그 가족에게 내주고, 기피 대상이지만 필수적인 시설들을 지하로 넣습니다. 사실상 전체를 아이들에게 내준다는 생각입니다. 이는 초등학교의 확장인 동시에 한강부터 이어지는 공원화를 염두에 둔 것입니다. 또 거대한 인프라스트럭처들은 고려 대상이 아니었습니다. 아이들의 성향을 고려하면 그런 공간은 자기들 것으로 만들 게 분명합니다.

S교수   재미있고, 사이트도 좋아요. 그런데 빗물 펌프장을 옮기면 안 될까요? 내가 말하려는 건, 기존 것의 위치를 그대로 고정하다 보니 생각이 고정되고, 불필요한 제스처[2]를 취할 수도 있을 것 같다는 거예요. 요지는 빗물 펌프장을 좀 더 적극적으로 다루라는 거지요. 단면을 보니 지하를 과하게 파는 것이 걱정이 돼 하는 말이에요.

P교수   오히려 각 지역과 공간의 에지edge가 재밌을 텐데 지금 디자

---

2   gesture. 특정한 의도가 있는 표현. 건축에서는 '이곳에 건물을 배치할 것인가', '어떤 방향을 향할 것인가' 같은 거시적인 개입부터 마감 재료나 못 박는 방법처럼 미시적인 부분까지 모두 아우르는 넓은 의미로 쓰인다.

디자인 스케치.
아람은 주로 드로잉으로
설계를 진행했다.

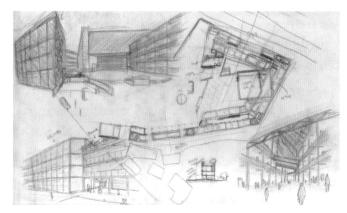

콘셉트 다이어그램.

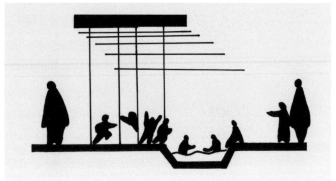

인은 거길 땅으로, 벽으로 덮어버리네. 그게 아쉬워.

K교수 캠핑보다 어린이를 대상으로 한 일관된 프로그램이 기반인데 오히려 그게 부족한 것 같아. 단면은 참 잘 그리는데.

아람은 혼란스러웠다. 지하를 과도하게 파는 것이 문제라면 빗물 펌프장을 옮기는 건 괜찮은 걸까? 공간의 에지를 어떻게 다루라는 것일까? 교수님의 말은 나를 까는 걸까, 칭찬하는 걸까?

혼란은 오래가지 않았다. 중간 마감에서 여러 문제점을 지적받은 듯 보였지만 K교수는 베테랑답게 문제의 핵심을 바로 읽어냈다.

K교수 중간 마감에서 교수님들께서 조언을 많이 해주셨는데 내 생각엔 오히려 주요 주제인 '아이들을 위한 건축'을 더 다듬는 게 우선인 것 같아. 주제가 명확하지 않으니 건물과 배치밖에는 할 말이 없는 거지.

아람 어렵습니다!

K교수 허허. 이번에는 또 뭐가 어렵냐?

아람 처음에는 어른의 머리로 아이들을 '범주화'하기가 어려웠는데, 겨우 아이들이 건축을 느끼는 다섯 가지 방법으로 나름 정리를 할 수 있었습니다. 아이들의 공간감은 어른과 다르고scale, 어른보다 적극적으로 새롭게 사용하며creativity, 더 촉각적이고 감각적이고sensitivity, 결코 경계 짓거나 구분하지 않고 연결하며continuity, 이 모든 걸 집합적으로 받아들인다는 것group입니다.

K교수 다 했구먼?

아람 다만 이렇게 정리해도 이를 공간과 형태로 풀어내기가 어렵습니다. 비정형 건축을 만들기도 하고, 끝없이 연결된 동선도 생각 중인데 주제를 잘 표현하지는 못하고 있습니다. 일단 물과 연결시켜 감각적인 이야기를 풀어내고자 합니다.

완벽하진 않아도 하고 싶은 주제가 잡혔다면 이제 설계에 들어갈 시간이다. 개념적인 발전이 좀 더디긴 했지만 최종 발표까지

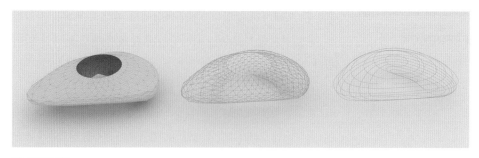

3D 디자인 과정.

는 시간이 많이 남았다. 교수는 오랜 경험상 이 정도 지연은 충분히 만회할 수 있다는 걸 잘 안다. 문제될 건 없다.

PREPARE FOR THE LAST CRITIC

아람은 어떤 유형의 학생인가? 요즘 말로 하면 '멘탈', 정신력이 강하다. 수업이나 마감에서 아무리 공격을 받아도 전혀 의기소침하지 않는 강인함을 친구들은 부러워했다. 그게 지나칠 때면 교수가 모델을 만들라고 해도 아랑곳하지 않고 도면만 줄곧 가져오기도 했다. 물론 이럴 때는 친구들이 나서 말리기도 했다. 하지만 요 며칠 아람은 이상했다. 일단 학교에서 볼 수가 없었다. 지금이 어떤 때인가. 졸업전 최종 발표를 위해 도면을 그리느라 며칠씩 밤을 새는 5학년들에, 모델 제작을 도우러 온 후배들이 모여 건축학과 건물이 소란스럽기 그지없는 상황이다. 그리고 K교수 또한 담당 교수로서 소문을 들어 상황을 알고 있었고, 이러다 모델도 없이 발표를 하게 되는 건지, 아니면 최종 발표 날에도 보지 못하는 건 아닌지, 이런저런 걱정이 쌓여가고 있었다. 그때 아람이 교수실에 찾아왔다.

K교수	어이쿠, 아람아. 무슨 일 있었냐? 이제 방학도 거의 끝나가는 데….
아람	죄송합니다… 집에 일이 있어서 며칠 동안 집에 못 들어가고 밖에 나와 살고 있습니다.

교수는 깜짝 놀라 아람을 살핀다. 평소 머리나 복장이나 디테일까지 깔끔하던 녀석이다. 하지만 오늘은 군데군데 흐트러진 데가 보인다.

아람	그런 와중에 다른 과 친구의 프로젝트를 도와주느라 사실상 설계 두 건을 진행했고… 중요한 인간관계 문제까지 겹쳐서 도저히 작업을 할 수가 없었습니다.

'이 판국에 무슨 남의 걸 챙기냐? 이렇게 중요한 시점에 인간관계 따위에 휘둘리냐? 그래서 설계는 얼마나 된 거지? 발표는 할 수 있어?'
아람은 교수의 입에서 어떤 말이 나와도 상처받지 않으리라고 마음먹은 터였다. 대학 생활 5년 중 가장 중요한 시기에 개인 사정으로 교수의 이름까지 걸린 졸업전 프로젝트를 내팽개친 것이다. 무조건 죄송하다고 하는 수밖에.

K교수	졸업전은 신경 쓰지 마라.
아람	죄송합니… 네?
K교수	허허. 졸업전이 인생에서 중요해봐야 얼마나 중요하겠냐? 무슨 일인지 모르지만 혹시 내가 어떻게 도움을 줄 수 있을까?

설계 과정의 드로잉.
아직 최종 설계안이
나오기 전이다.

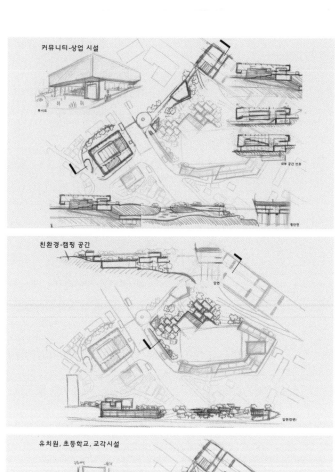

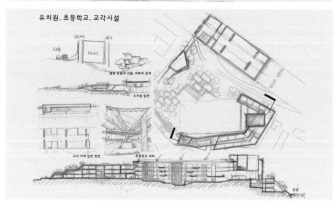

| 아람 | …말씀만이라도 감사합니다. 다행히 오늘부터는 작업을 할 수 있을 것 같고, 좋은 도우미들이 있어 어떻게든 될 것 같습니다. |

아람은 이번에도 교수의 태도 자체에서 큰 위안을 얻었다. 어떻게 저렇게 온몸으로 여유롭게 뜻을 표현할 수 있을까?

| 아람 | 악재들이 겹치니 도우미들에게 못 볼 꼴 보이면서 난장판을 만들고 학기 중에 한 설계에서 더 발전하지 못하고 있었는데, 제가 수렁에 빠질 때마다 억지로 잡아 끌어올려줬습니다. 설계와 작업에 관한 도움은 물론이고요. |
| K교수 | 허허. 진짜 '도우미'로구먼. 다행이야. 그런 사람들이 곁에 있다면야 걱정할 필요가 없겠네. |

FINAL

| 아람 | 아이들은 도시 안에 있되 그 안에서 소외되어 있습니다. 아이들 입장에서 출발해 다섯 가지 건축 개념을 설정했습니다. 바로 Scale, Creativity, Sensitivity, Continuity, Group입니다. 이것을 이용해 실험적인 건축을 제안함으로써 건축과 도시 변화에 새로운 방향을 제안합니다. |

THE LAST CRITIC

상당히 수준 높은 도면이었으나 빠진 부분이 있었고, 모델은 급조한 티가 났으며, 설명에 필요한 이미지나 다이어그램도 충분하지 못했다. 다시 말해, 준비는 미흡했다. 하지만 아람은 당당했다. 바쁜 와중에도 복장과 머리를 손질했고, 발표에는 막힘이

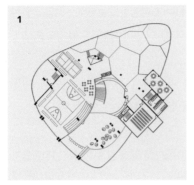

1 중심 공간의 평면.
2 최종 사이트 계획.

없었다. 친구들은 느꼈다. 돌아왔구나!

B소장   계획한 대로 건물을 지었을 때, 공간적 불만이 충분히 해소될
거라고 보나요?

아람   유명한 공간들을 다양하게 활용하고 차용해서 보여주면 된다
고 봅니다. 예를 들어 도서관은 뉴욕 구겐하임 미술관[3]의 나선
동선, 체육관은 거대 동굴 등을 차용했고 미끄럼틀을 동선으로
사용해 공간을 다른 속도로 경험하는 것 등도 제안합니다.

A소장   사고의 전개 과정이 명확한 건 좋은데, 어찌 보면 전부 주관적
이고 단정적이에요. '아이들이 소외되고 있다'는 걸 예로 들면
근거 없이 "A는 B다"일 뿐이지요. 모든 논리가 이런 식이거든

---

3   Guggenheim Museum. 프랭크 로이드 라이트가 설계한 미술관. 소라와 같은 나
선형 램프로 이어지는 전시실은 공간의 아름다움과 혁명적인 동선으로 찬사를 받
는 동시에 전시되는 예술작품에 집중할 수 없고, 오히려 공간에 눈이 간다는 점에서
전시공간으로는 낙제라는 의견도 존재한다.

요. 좀 더 분석적이고 자료가 뒷받침하는 얘기가 되면 좋겠어요. 그게 답답했어요.

친구들은 동감했다. 아람은 지나치게 명쾌했다. K교수도 동의했다. 논지의 구조를 다듬고, 근거를 두텁게 해 부족한 부분을 채워주고 싶었지만 시간이 부족했다.

S교수   지금 네 군데를 동시에 바꿨는데 그렇게 바꾼 게 기존 공간을 어떻게 변화시킬 수 있을까요? 그리고 네 가지가 어떻게 시너지나 관련 효과를 맺지요?

아람   각 공간들의 용도는 서로 연관됩니다. 그런데 표현이 제대로 되지 않은 것 같습니다.

S교수   뭔가를 놓으려면, 논리 한 가지만 가지고는 결국 아무 사이트에 놓아도 되는 국적 불명 존재가 돼요. 사이트와 치고 박는 과정이 필요해요.

맞아요. 그 과정이 필요했지요. 반박할 말이 없었다. 아람은 고개를 끄덕였다.

B소장   그리고 매년 입면이 바뀐다는 것도 결과만 제시했지 구체적인 장치와 방법을 설명하지 않아 아쉽군요.

P교수   넌 다이어그램을 사랑하는 것 같아. 발표도 알기 쉽고 명확해. 그런데 건축이 되면서 그걸 형상화하자니 약해지는 거야.

아쉽다고 해야 할까, 아니면 급박한 와중에 이 정도까지 해낸 것을 대단하다고 해야 할까. 아람은 신경 쓰지 않았다. 준비 과정이 힘들었기 때문인지, 졸업전 설계가 마음에 들지 않았기 때문인지, 우습게도 건축 설계에 대한 흥미를 잃고 말았다.

어느 날 아람은 방에 누워 하루 종일 천장을 바라보며 생각만 했다. 무얼 하며 살까? 설계, 건축, 사람, 지나간 것, 지나갈 것, 지나친 것…. 그러다가 문득 이런 생각이 들었다. 너무 많은 것에 미련을 두고 너무 많이 가지려 하는 게 아닐까. 아람은 명쾌한 학생이었다. 다 내려놓자. 그리고 공부를 하자.

대학원에 진학해 박사 과정을 밟으며 시간강사로 학생들을 가르치는 지금, 아람은 졸업전 수업 당시 그리던 미래와는 완전히 다르게 지내고 있다. 하지만 새옹지마라는 말처럼, 힘들었던 졸업전을 계기로 적성을 직시한 게 아닐까.

2-6
URBAN LOBBY

도시의 로비로서의 공공 주차장

"도시는 더 이상 고정되지 않고 계속 움직이며

다양성이 요구되고 있다.

여러 교통수단이 발달하면서

우리가 도시를 바라보는 관점도 변했다.

지금까지 도시에서 가졌던 공공 공간이 아니라

이동과 접근에 필요한 공공 공간이 중심이 되며

이런 도시 안에서

접근성과 공공성이 더 중요해지고 있다."

SITE

S교수가 강의실에 거의 다다르자 문틈 너머 커다란 웃음소리가 터져나왔다. 지난 4년간 들어온 웃음소리다. 건축학과는 5층을 사용하는데 종종 3층에서도, 창을 열어놓는 여름에는 심지어 건물 밖에서도 들려오곤 했다. 참 호탕하게 웃는 여학생이 있나 보다 생각했는데, 드디어 그 주인공이 내 수업에 들어오나보구나. 교수는 4년의 궁금증이 풀리리라 기대하며 문을 열었다. 학생들이 인사를 한다. S교수는 여학생 가운데 호탕하게 웃어제낄 것 같은 사람을 찾아보았다. 아직 얼굴에 웃음기가 남은 얼굴이 한눈에 보인다. 저 학생이군.

S교수   지은 씨는 졸업전에서 어떤 걸 하고 싶나요?

지은   주차장, 버스 정류장, 택시 차고지, 자전거 길, 지하철, 인터체인지… 이렇게 움직임이 있는 도시 공간을 주제로 잡고 싶어요!

보통은 5학년이 되면 성숙하는 만큼 닳고 찌들게 마련인데, 지은은 2학년처럼 에너지가 넘친다. 심지어 저렇게 여러 가지를 한 번에 말한다는 건….

사이트의 변천 과정.

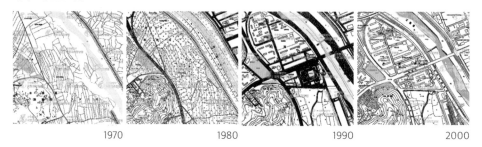

1970   1980   1990   2000

사이트에 존재하는
프로그램의 축 분석.

S교수　　골라둔 사이트가 있나보지요?

지은　　예. 이 모든 걸 담고 있는 서울시 강남구 수서동, 수서 환승 주
　　　　차장을 골랐어요.

S교수　　환승 주차장? 수서 환승 주차장은 일반 공용 주차장이랑 뭔가
　　　　다른가보군요.

지은　　예. 수서 환승 주차장은 서울시 주변 경기도 일대에서 서울 도
　　　　심으로 출퇴근하는 사람들을 주 대상으로, 집에서 타고 온 자
　　　　가용을 역 근처 주차장에 두고 지하철이나 버스를 갈아타고 출
　　　　퇴근하도록 도와주는 공공시설이에요.

S교수　　그런 건 처음 알았네요. 그런데 환승 주차장에 무슨 문제가 있
　　　　나요?

지은　　음…, 문제라기보단, 지금은 딱 본래 기능에만 충실한데, 주차
　　　　기능을 하지만 워낙 큰 공간을 차지하면서 시간대에 따라 기능
　　　　을 잃고 다른 의미는 갖지 못하는 공간이 돼요. 즉 환승 주차장
　　　　은 시간대별 사용 정도에 따라 기능상, 공간상 일시적인 보이

드가 된다는 점, 공간이 어느 순간에는 일정 부분 낭비되고 있다는 점이 문제 아닌 문제라고 생각합니다.

이렇게 도시에서 일시적으로 보이드가 되는 환승 주차장에 공공 공간의 가능성을 제안해서 기존 환승 주차장의 비효율적인 공간을 새롭게 바꿔보려고 생각 중이에요.

에너지가 넘치기에 생각은 덜 하는 유형인 줄 알았는데 내심 감탄스럽다. 이런 학생은 교수에게도 좋은 자극이 된다.

S교수 좋아요. 이 프로젝트에서는 저도 환승 주차장에 대해 배우는 입장에서 같이 해보도록 하지요.

DEVELOPING

S교수 프로젝트는 잘되고 있나요?

지은 주택이나 상업 공간은 다뤄봤지만 주차장을 중심으로 하는 프로젝트는 처음인데, 주차 기능을 담은 공간이 이렇게 어려운 줄 몰랐어요. 가장 기본적으로 리모델링을 하더라도 이 공간이 기존에 행하던 주차 기능은 적어도 원래 양만큼, 혹은 더 크게 개선되어야 할 텐데 어떻게 하면 될지….

난관 앞에서 좌절하는 것 같긴 한데 저렇게 박력 넘치는 좌절은 또 처음 보는군. 여전히 에너지 넘치는 모습에 교수는 걱정을 접는다.

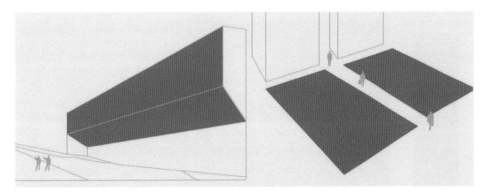

콘셉트 다이어그램.

S교수 일단 주차장과 관련한 건폐율[1]과 용적률[2] 같은 법률 검토를 해야겠지요? 더불어 주차장과 뗄 수 없는 환경 문제와 범죄 연관성도 함께 풀어야 하고.

지은 예. 우선 건축법과 관련된 자료를 찾아볼게요. 그런데 작업을 하다 보니, 한 가지 또 힘든 점이 있어요. 시간에 따라서 공간이 보이드가 된다는 제 가설을 입증하려면 시간대별 사용률을 파악해야 하고, 주변의 수많은 동선을 조사해서 해석해야 하는데, 사용자가 거주하거나 일정 시간을 보내는 사이트가 아니고 바로 떠나는 것이 특징이라 사용자의 시간대별 공간 이용과 동선을 분석하는 게 어려워요.

S교수 음…, 기초적인 정보를 수집하는 게 사실 시간이 많이 걸리고 제일 중요한 작업이지요. 가서 지켜보는 수밖에 없어요. 다양

---

1   대지 면적에 대한 건축 면적의 비율.
2   건축물 총 면적의 대지 면적에 대한 백분율. 예를 들어 용적률이 600퍼센트라면 대지 면적의 여섯 배만 한 공간이 된다는 뜻이다.

MONDAY 6PM

MONDAY 7PM

직접 촬영한 시간대별
주차 대수와 주차장 전경.

한 동선을 관찰하는 게 첫 시작이지요.

결국 몸으로 때워야 하는 순간을 피할 수 없다는 것이 건축의
묘미지. S교수는 생각했다. 하지만 금세 생각을 바꾼다. 몸으로
때우지 않는 분야는 사실 어디에도 없다고.
지은은 다음 수업에 나오지 않았고, 그다음 수업도 마찬가지였
다. 교수가 지은을 다시 만난 건 열흘이 훌쩍 지나서였다.

S교수   애를 많이 쓴 모양이네요.

지은	예. 사이트에도 계속 가야 하고 자료 조사도 동시에 해야 해서 시간이 좀 걸렸어요. 먼저 첫 번째 문제점, 기존 주차장의 주차 기능에서 파생된 문제는 건축법(주차 전용 건축물의 주차 면적 비율)을 어기지 않는 범위에서 판을 쌓으며 기존 주차 공간을 수직적으로 확장하는 것으로 풀어보려 하고, 동시에 사이트와 맞닿은 녹지를 지붕 층으로 끌어와 기존 주차장과는 다른 제스처를 취하려고 해요.

며칠 수업을 빼먹은 학생들은 대체로 시간을 낭비한 탓에 목소리에 자신감이 없고 눈길을 피하게 마련이다. 하지만 지은은 반대였다.

S교수	도시와 자연을 잇는 인프라스트럭처로 재구성하려는 거지요?
지은	예. 그리고 두 번째 문제인 이용 실태와 동선 분석은 그야말로 맨땅에 헤딩하듯 직접 찾아가서 살펴봤습니다. 이곳을 이용하는 주 동선과 단순히 스쳐 지나가는 부 동선 분석, 그리고 그들의 공간적 요구를 찾는 것에 주목했어요.
S교수	지난번 수업 때 주차장은 사용자가 거주하거나 일정 시간을 보내는 곳이 아니라서 동선 파악이 어렵다고 하지 않았어요?
지은	아이러니하게도 10여 일 정도 사이트에서 아침부터 밤까지 사람들을 관찰해보니 그 어느 사이트보다 동선의 흐름이 시간, 공간적으로 명확하게 나타났어요.
S교수	그럴 것 같았어요. 사람들이 머물지 않는다는 얘기는 사실 움직임이 많고 명확하다는 것이거든요.
지은	예. 서로 다른 동선 하나하나를 쫓다 보니 모든 동선이 스치는

사용자별 프로그램 다이어그램.

공간이 마치 퍼즐 조각처럼 각 영역과 각자의 시간으로 존재하는 걸 알 수 있었는데, 기존 주차장을 지나치는 다양한 동선 모두를 새로운 주차장 공간으로 끌어들였더니 자연스럽게 다양한 프로그램을 담은 상자들이 생겨났고, 이 프로그램 상자들은 거대한 주차장을 휴먼 스케일[3]로 끌어내려주는 것 같아요.

**MID–TERM
CRITIC**

지은   제 프로젝트 사이트는 수서역 환승 주차장입니다. 이곳에 여러 프로그램이 복합된 트랜스페리움[4]을 형성하려 합니다. 도시 환승 주차장에 기본적인 주차 기능(차가 점유하는 공간) 이외에 사람들이 활동할 수 있는 프로그램을 넣어 공간 낭비를 막고,

---

3   인간에 맞춘 스케일. 신체에 알맞은 치수뿐만 아니라 인간이 편안함을 느끼는 규모의 공간 설계를 의미하기도 한다.

4   Transferium. 도시 경계에 있는 주차 공간. 차를 주차하고 대중교통과 연결하는 환승소 역할을 한다.

FROM	TO
500 parking box	500 parking box X6
unwelcome place(citizen)	~~un~~welcome place(citizen)
temporary urban void	FILL temporary urban void

동시에 주차 환경도 개선하는 프로젝트입니다.

출퇴근 시간에만 사용되는 주차장의 시간별 밀도 차이를 이용해 교통수단 환승뿐만 아니라 '프로그램 환승'까지 유도하는 것입니다. 이렇게 함으로써, 수서역 환승 주차장은 단순히 거쳐가는 공간이 아니라 머물 수 있는 공간, 도시 속 로비가 됩니다. 현재 주차장과 그 주변에 존재하는 다양한 동선과 녹지를 사이트로 끌어들이면서 동시에 여러 판으로 쌓은 주차장 내 보이드 코어를 도입해 환경을 개선하고 외부의 콘텍스트와 만날 수 있도록 작업 중입니다.

S교수를 포함해 지은과 수업을 함께해본 교수들은 간간이 터져 나오는 웃음을 애써 삼켰다. 평소에는 거침없고 자연스러운 지은이지만 발표만 하면 묘하게 말투가 어색해진다. 애써 격식을 갖추지만, 감춰봐야 새어나오는 저 에너지를 어떡할 셈인가?

K교수   발표 아주 잘했어. 그런데 차 타고 온 사람이 도서관을 갈까?

지은   그건 주차장 인근 아파트에 사는 학생들을 고려한 겁니다. 사이트 맞은편에 학교가 있습니다. 주차 동선을 위한 프로그램은 출퇴근 시간에 장을 볼 수 있는 마트 같은 상업 시설이 대표적입니다. 이와 더불어, 학생이나 주차장 이용자 외에도 다양한 대상동선이 이용할 수 있는 복합적 프로그램을 담았습니다.

K교수 역시 지은을 잘 안다. 교수로서 욕심을 내 여러 가지를 주문해도 충분히 기대에 부응하는 학생이기에 조언을 아끼지 않는다.

K교수　마트가 들어갈 수 있는 공간이 아냐. 프로그램이 약간 안 맞는 것 같은데, 어차피 주차를 많이 해야 하는 공간과 연계하는 게 나을 것 같고, 거기에다 짧은 시간 안에 할 만한 프로그램이 동시에 있으면 좋겠어. 그리고 분명 공용과 상업성이 상충하는 부분이 생길 거야. 그것을 잘 해결해야 해. 전체적으로는 '스치듯이' 프로그램을 접하는 공간이 되어야 할 거야.

S교수　일단 도서관은 아닌 것 같네요.

교수님, 도와주지는 못할망정…. 지은이 원망스러운 눈빛으로 S교수를 바라봤지만 교수는 가볍게 피해버린다.

P교수　차와 빌딩. 콘텍스트[5]가 굉장히 작위적으로 연결된 느낌이다. 'monument for car'가 된 것 같은데, 이건 이마트 같아. 디테일까지 많이 발전하긴 했는데 초심을 잃은 게 아닐까? 인간을 좀 더 생각하면 훨씬 좋아질 것 같다.

5　context. 주변의 건물, 지형, 도로와 같은 도시·건축적 맥락을 뜻함.

FEEDBACK

S교수   건축물의 형태나 내부 프로그램 면에서 공통적으로 지적받은 사항이 '인간'이었어요. 우리가 도시적인 것에 집중하다 보니 형태 면에서는 주변 콘텍스트와의 연결에서 휴먼 스케일을 벗어났고, 내부 동선 사이사이에 제안한 프로그램 또한 여전히 스케일이 커서 사용자를 더 고려해야 할 것 같네요.

지은   먼저, 프로그램 구성은 그간 분석한 다양한 동선들을 다시 생각해야겠어요. 이용자 입장에서 생각해 기존에 제안한 프로그램을 기능별로 좀 더 쪼개고 그 각각을 작은 프로그램으로 개발해야 할 것 같아요.

S교수   예를 들면?

지은   중간 리뷰 때 제안한 마트는 거대한 덩어리였는데, 식료품 코너, 애완동물 용품 코너처럼 마트에 있는 각 코너를 작은 박스로 처리해 출퇴근 시간에 주차장을 지나가는 동선 사이에 배치할까 생각하고 있어요.

S교수   그렇게 프로그램들을 다양화하고 스케일을 낮추는 것도 물론 필요하고, 이제는 건축물 형태를 잡아야 해요. 사이트 자체가 거대한 데다 주차장이라는 곳이 안정적인 공간이라기보다는 움직이고 불안정하고 과격한 성질을 내포하고 있어요. 최근 국내외에 좋은 참고 자료6가 많이 생겼으니 참고해보세요.

예…. 그런데 교수님, 발표 좀 도와주시지. 지은은 생각했다.

---

6 reference. 건축에서의 참고 자료는 도면이나 재료 목록 등 굉장히 다양하지만, 여기서는 다른 건물 자체를 의미한다. 최근 세계 유명 건축가들이 주차장 건물을 설계한 경우가 늘고 있다.

사용자별 일상 분석.

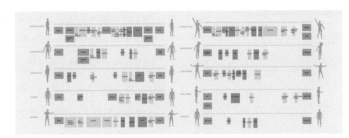

이동 수단별
프로그램 다이어그램.

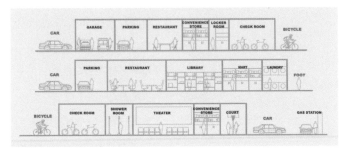

동선과
프로그램 다이어그램.

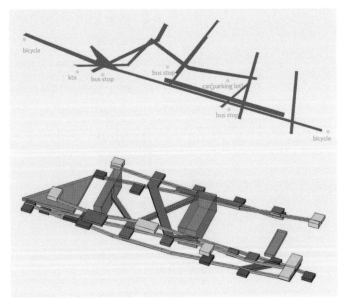

내가 돕는 건 수업까지예요. 교수도 마음속으로 대답했다. 생각이 얼굴에 전부 드러나는 지은이기에 가능한 무언의 대화였다.

PREPARE FOR
THE LAST CRITIC

S교수 다른 학생들 말을 들어보니 다들 지은 씨가 졸업전 발표 준비를 아주 많이 했다고 하던데?

최종 발표를 앞두고 점검차 들른 교수의 첫마디에 지은은 화들짝 놀랐다. 하지만 부인하려 해도 이미 작업 중인 모델이 눈앞에 쌓여 있는 터라 인정할 수밖에 없었다.

지은 음…, 한눈에 콘셉트를 보여 주고픈 마음에 1:1000도 준비했고요, 사이트 자체가 워낙 거대하다 보니 주변 콘텍스트를 담으려고 1:300이랑 프로그램 박스의 아이디어를 구체적으로 보여주려고 1:100[7]까지… 이렇게 모델 세 개를 만들고 있는데, 욕심이 과했던 것 같긴 해요….

S교수 마스터의 과욕 때문에 도우미들이 고생이 많겠어요. 하하.

지은 정말, 제 생각에도 도우미들에게 너무 힘든 모델 작업을 부탁한 것 같아요. 그런데 도우미 셋이 전부 제 욕심을 이해해줘서요, 저보다 더 끈기 있고 꿋꿋하게 모델 세 개를 마무리하고 있어요. 솔직히 믿어지질 않아요, 저 같으면 도망쳤을 텐데.

---

7 축척 1:1000. 1센티미터가 10미터를 뜻하므로 위성사진 수준의 모형을 만들 때 적용한다. 1:300은 건물 하나하나를 따로 만들 수 있기 때문에 주변 환경과 건물 모양을 보여줄 수 있고, 1:100은 벽과 계단 등 세부를 표현할 수 있다.

S교수   인복이 많군요. 발표까지 걱정이 없겠어요.

하지만 졸업전이란 게 끝까지 이렇게 순조롭기만 할 리가 없다. 모델을 여러 개 완성한 뒤 마지막으로 발표용 패널 작업을 하던 도중 벼락처럼 화면에 떠오르는 '응답 없음' 경고창이라니. 어도비 일러스트레이터[8]의 배신이랄까? 지은은 부랴부랴 외장 하드를 들고 후배의 컴퓨터로 달려갈 수밖에 없었다. 발표 전날에는 일찍 일을 끝내고 숙면을 취한 뒤 멀쩡한 모습으로 발표에 임하려던 계획이 무너지고 말았다.
세상 무서울 것 없던 천하의 지은마저 에너지가 고갈된 그날, 밤 12시부터 다시 정신을 부여잡고 패널 작업을 했다. 옆에서 긍정 에너지를 불어넣어준 도우미 보혁, 유정, 환기, 동관, 그리고 동생 민정 덕분에 지은은 무사히 발표를 시작할 수 있었다.

FINAL

지은   거대한 환승 주차장은 도시의 '입구'라는 속성을 띱니다. 이를 휴먼 스케일 커뮤니티 공간으로 만들어 주변 도시 조직의 새로운 로비로 바꾸는 방법을 제안합니다. 다양한 환승 동선에 프로그램을 배치해 주차장 전체가 도시민의 커뮤니티 로비가 되고, 주차장의 시간적 이용 패턴을 이용해 스마트한 이벤트 공간을 조성합니다.

---

8   벡터 방식의 이미지 편집 프로그램으로, 깔끔한 선과 레이아웃을 만드는 데 용이하나 용량이 큰 작업은 컴퓨터에 부하가 걸리기 때문에 간혹 작동이 멈출 때가 있다.

최종 사이트 모델.

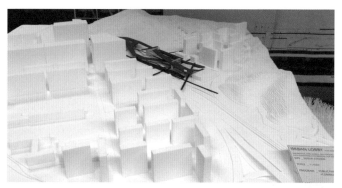

주 모델.

부분 상세 모델.
모델과 단면을
맞춰 배치해 호평받았다.

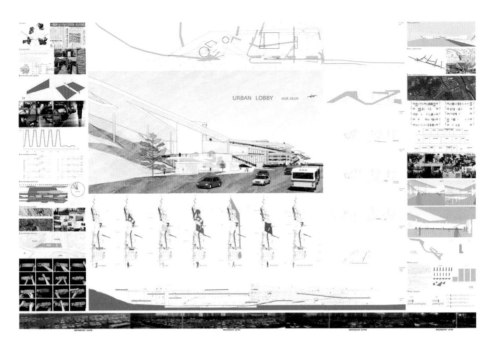

URBAN LOBBY MUR JIEUN

최종 발표에 선보인 패널.

THE LAST CRITIC

온갖 고난을 거쳐 출력된 지은의 발표 패널을 보면서 B소장은
또 다른 즐거움을 경험했다. 칭찬할 만한 멋진 패널이어서 즐거
웠고, 지적할 부분이 많아 더욱 즐거웠다. B소장 스스로 생각하
기에도 좀 악독한 면일지도 모르겠다.

B소장 표현이 아주 좋아요. 평면이 힘이 너무 없다는 것만 빼고요. 그
런데 전체적인 디자인이 산만해요. 후배들을 많이 괴롭혔거나
돈을 많이 썼을 것 같은데. 그리고 모든 입면이 난간으로 되어
있는데….

지은 바깥 램프 주변에 배치한 프로그램 박스들이 모여 입면을 형성

하게 됩니다.

B소장   그걸 반드시 표현해야 해요. 스킨**9**은 없지요? 하지만 건축적으
로 완성시키려면 면이 생겨야지요. 여긴 건축학과잖아요? 학
문적으로만 완성하면 안 되지요. 기대되긴 하네요.

K교수   산과의 접점 같은 것도 다 설계한 것 같은데 모델이나 도면에
표현되지 않은 것이 아쉽네.

P교수   프로세스가 굉장히 건강하고 잘했어. 그런데 위에 있는 램프들
이 도시 스케일에 비해 너무 과한 게 아닐까? 프로세스를 듣고
박수 치려고 했는데 갑자기 자하 하디드**10**와 다니엘 리베스킨
트**11**가 형상화되니…. 지금 디자인은 오버인 것 같아.

리베스킨트의 이름이 나오자 많은 사람이 고개를 끄덕인다.

A소장   그래도 입면을 닫고 정리가 되면 잘될 것 같아요.

S교수   환승과 주차가 주요 기능이니 이왕 '차가 공간을 점유하는 것'
이 주변 지역에 어떤 영향을 미치는지에 대해서도 내용을 더하
면 좋겠어요.

A소장   아, 주차장이라 그런 것 같기도 하지만 모델에서 자동차 색깔

---

9   skin. 건물 표면을 이루는 모든 것. 과거에는 벽과 지붕이 표면의 전부였으나 현대
건축에서는 유리나 금속판 등 재료가 다양해지면서 곡면 등 다양한 형상을 구현하
게 됐다. 건축에서 스킨은 이 모든 것을 총칭한다.

10   Zaha Hadid. 동대문디자인플라자(DDP)를 설계해 우리에게 친숙한 건축가. 물 흐
르듯 유연한 형상으로 유명하나 그만큼 일반적인 도시 경관과는 어울리지 않는다
는 비판을 많이 받았다.

11   Daniel Libeskind. 해체주의 건축가. 기존 공간을 해체하고 재구성해 날카로운 형
상을 만들어낸다.

이 너무 강해서 차만 보여요. 자동차 색깔을 바꾸면 좋겠어요.

발표는 성공적이었다. S교수는 지은이라면 당연히 이렇게 될 거라고 예상했다. 하지만 교수는 지은이 다음 학기에 교환 학생 자격으로 독일로 떠난다는 것, 그 후 한국으로 돌아와서는 건축이 아니라 광고업계에 종사하게 되리라는 건 미처 짐작조차 하지 못했다.

하지만 이후에 그런 소식을 듣고도 교수는 별로 걱정하지 않았다. 저만한 에너지를 가진 사람이 무슨 일이건 못 할까.

2-7
Now Here

이동 장애인을 위한 공간

"장애인을 위한 시설은
왜 항상 '섬'처럼 느껴질까?
신체적 제약이 있는 사람도 도시에서
비장애인과 똑같은 공간적 경험을
즐길 방법이 없을까?"

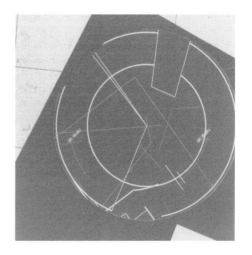

건축학과에 들어오는 학생은 다양하다. 그런데 묘하게 학번마다 다른 경향을 띠는 것 같다. S교수가 보건대 06학번 학생들은 다른 학번에 비해 차분하고 성실하다는 느낌을 많이 받았고, 앞에 앉은 문영 또한 여기에 해당했다.

S교수 사이트는 어디로 선정했나요?

문영 청계천에 주목하고 있습니다. 청계천은 도심에 있어서 서울 어디서나 접근하기 쉽고, 빌딩 숲 안에서 자연 환경을 보여주는 곳입니다. 그런데 한편으로는 주변의 도시 조직과 6미터나 단차가 있는 인공천이라는 것이 특징입니다.

S교수 청계천만큼 '인공적인 자연'도 찾아보기 힘들지요. 그렇다면 인공적인 것과 자연적인 것의 대비에 주목하는 건가요?

문영 그것도 흥미로운 주제이긴 하지만 저는 청계천의 기능과 구조에서 발생하는 현상에 집중했습니다. 청계천에 대해서는 여전히 논란이 많습니다. 그럼에도 서울 도심부에서 가장 쉽게 접근할 수 있는 휴식 공간이고, 많은 사람에게 사랑받고 있습니다. 그런데 일부 구역에는 엘리베이터나 램프1로 휠체어가 오르내릴 수 있는 데 반해, 몸이 불편한 사람들에게는 도시를 가로지르는 장벽처럼 느껴질 수도 있습니다.

S교수 아, 거동이 불편한 사람들과 도시 공간의 관계에 주목하려는 건가요?

문영 그렇습니다. 청계천은 이렇게 대표적인 시민 공간이지만, 지형

---

1 ramp. 경사로

사이트 분석 다이어그램.

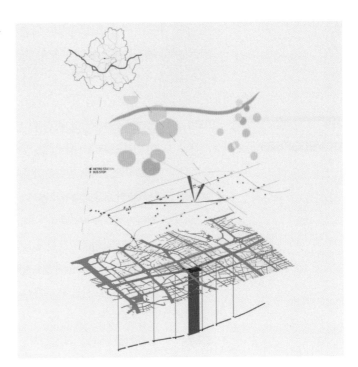

적인 특징 때문에 누군가에게는 가깝고도 먼 곳이라는 한계를 보입니다. 이렇게 상징성 큰 공간이 장애인과 비장애인 시민의 교점이 되도록 가능성을 열어주고 공간적으로도 다양한 경험을 할 수 있도록 시설을 배치하고자 합니다.

S교수 사실 장애인들에게 장벽이 되는 공간은 서울 시내에 굉장히 많아요. 하지만 문영 씨 말처럼 '모든 시민에게 열려 있는 공공 공간'이면서 극명한 단차를 가진 곳으로서 청계천을 골랐다는 데는 어느 정도 설득력이 있는 것 같군요.

에너지 넘치는 지은과는 확실히 다른 차분함. 문영은 자기 차례가 끝나고 꽤 긴 시간 동안 메모와 스케치를 했다.

DEVELOPING

S교수   청계천 구간은 작고 무질서한 상점가와 거대한 고층 빌딩이 섞여 있지요. 게다가 청계천에 다가갈수록 휴먼 스케일에 가까워져요. 이런 스케일 변화를 어떻게 건축으로 대응할 거지요?

문영   스케일이 너무 급격하게 변하기 때문에 제 프로젝트 안에서 스케일에 변화를 줘 대응하는 데는 한계가 있을 것 같습니다. 일단 신체 장애인을 위한 문화 교육 시설로 프로그램을 설정하려 하는데, 이 프로그램에 필요한 면적을 고려해서 거대 사무용 건물과 소규모 상점가의 중간 정도 되는 스케일을 잡아보려 합니다.

S교수   쉽지 않을 거예요. 4학년까지는 과제에서 규모를 정해주고, 학생들은 건물 형태만 디자인해왔을 거예요. 그렇지만 사실 규모 변화는 형태 변화보다도 훨씬 인식에 큰 영향을 미치는 요소거든요.

1층짜리 벽돌집이 모인 곳에 3층짜리 벽돌집과 1층짜리 초가집을 짓는다면? 즉각적으로는 초가집이 더 큰 변화로 느껴지겠지만 장기적으로, 넓게 보면 같은 벽돌집이어도 3층짜리 건물이 주변에 미치는 영향이 훨씬 크다. 이 밖에도 여러 요인이 있어 도시에서는 각종 건축 법규를 적용해 건축물의 규모를 일정하게 제한한다.

콘셉트 스케치.

S교수   스케일은 차차 정하기로 하고, 이 프로젝트에서 내부적으로 가장 핵심이 되는 요소는 '장애인'이에요. 이것에 대해선 어떤 제스처를 취하려고 하나요?

문영   장애라는 주제를 다룰 때는 건축적으로 접근할 수 있는 범위를 먼저 정해야 할 것 같습니다. 먼저 공간에 가능성을 열어두기 위해 이용자를 신체 장애인으로 제한했습니다.

S교수   가능성을 열기 위해 제한을 뒀다고요?

문영   아, 표현에 오해가 있을 수 있겠네요. 지금까지 비장애인에게 맞춰진 '정석' 공간이 아니라, 새로운 공간이 되도록 가능성을 부여하기 위해서 이용 주체를 다르게 설정한 것이라고 할까요? 기능적으로는 어떻게 하면 청계천의 공공성을 자연스럽게 노출하면서 다양한 공간 경험을 줄 수 있을까에 집중하려고 합니다.

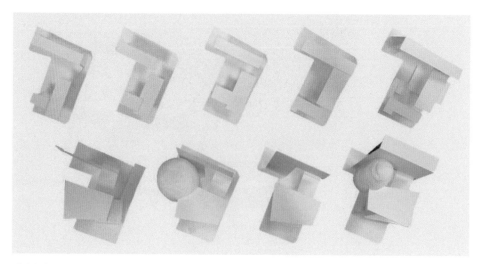
디자인 발전 과정.

S교수   공간적인 실험을 많이 해봐야겠군요.

문영   그리고 건물의 기본 구도는, 청계천 방향을 정면으로 잡아 청계천에서 접근하는 것이 중심이 되고, 도심 방향에서도 끌어들일 수 있도록 하려 합니다.

중간 마감이 가까워오면 다급해진 학생들은 초반보다 한층 작업 속도를 높이곤 한다. 그러나 S교수가 보기에 문영은 처음과 별반 다를 게 없다. 살짝 재촉을 해볼까 생각했지만 곧 마음을 바꿨다. 그럴 필요까진 없을 것 같아.

MID-TERM
CRITIC

문영   청계천에 장애인 사회 통합 문화 교육 시설을 만들려고 합니다. 도심 한복판에 있는 청계천은 물이라는 자연적인 특성과 도심에 위치한다는 점에서 그 자체로 접근성이 높습니다. 하지만 주변 도시 조직과의 연계성이 떨어지고 6미터나 되는 단차 때문에 신체 장애가 있는 사람들에게는 마음껏 누리기 힘든 공간이기도 합니다. 장애인이 이용할 만한 진입 경사로가 있지만 적극적으로 장애인의 접근성을 고려했다기보다는 최소한의 제스처일 뿐 그리 실용적이지 않습니다. 장애인도 더 이상 '주변인'이 아니라 '주체'라는 인식 전환이 간절한 시점에, 장애인들의 사회문화적인 욕구, 그리고 사회 통합 교육 측면에서 장애인의 문화생활이 중요하게 강조되고 있습니다. 서울 한가운데 자리한 공공 휴식 공간에 장애인의 접근성을 열어주고, 동시에 다양한 공간 경험을 가능하게 하는 시설을 계획했습니다. 시사하는 메시지가 뚜렷한 상징적인 프로젝트가 될 것입니다. 단차가 두드러진 사이트에서 적극적으로 단차를 극복해보고자 합니다.

K교수   장애인을 주제에서 빼도 되지 않을까? 지금 말하는 방식은 장애인 입장에서 별로 와닿지 않을 수도 있어. 장애인은 전혀 다른 감각 체계와 경험을 갖기 때문에 공간을 푸는 방법도 전혀 달라야 하는데, 그런 배려가 빠진 것 같아. 허허. 하지만 걱정은 안 해. 이 학생은 열심히 하는 데다 잘하는 학생이거든.

이전에 문영을 가르친 적 있는 K교수 역시 걱정 없다는 표정이다. S교수는 그 마음을 알 것 같았다.

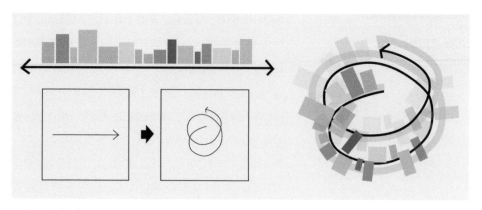

콘셉트 다이어그램.

S교수	청계천뿐만 아니라 반대쪽, 도시와 바로 접하는 관계에도 관심을 가져야 할 것 같아요.

S교수	중간 마감 발표를 보면 장애인을 고려한 프로그램 해석과 이해가 더 필요해 보였어요.
문영	예. 신체 장애인을 위한 건축적 언어로 램프를 선택했는데, 사회 통합 문화 교육 센터라는 프로그램 간의 연결고리를 만들기가 어렵습니다.
S교수	그래요. 뉴욕 구겐하임 미술관 같은 경우 나선 램프와 미술관이라는 프로그램이 동선 구조 면에서 명쾌하게 시너지를 이뤘지요. 물론 전시 기능에 대해는 여전히 논란이 있지만.
문영	대상을 구체적으로 설정한 만큼 해결 방안이 확실할 줄 알았는데 더 어려운 것 같아요.
S교수	음…, 내가 보기엔 문영 씨가 직접 경험하지 않은 상황을 이야

1 콘셉트 스케치.
2 디자인 과정에서
　모델 사진을 변형했다.

기해야 하기 때문에 어려움을 겪는 것 같아요. 문영 씨나 저나 비장애인이잖아요? 아무리 공부를 해도 장애인을 전적으로 이해하는 데는 한계가 있지요.

그렇다면 이 프로젝트는 실패할 수밖에 없단 말인가? 수업이 시작된 이래 처음으로 문영의 얼굴에서 차분함이 사라졌다.

문영	그럼 어떻게 해야 할까요?
S교수	더 공부해야지요.
문영	어….
S교수	하하, 방법이 없어요. 더 공부하고 더 생각하는 수밖에. 건축은 어쩔 수 없어요.
문영	그건 그렇지요? 아이고….

강의실이 술렁인다. 저 진지한 S교수가 수업 시간에 학생을 놀려먹다니, 흔치 않은 일에 학생들은 놀라움을 금치 못한다. 어쩔 수 없었어. 저 차분함을 한 번쯤은 흩뜨려보고 싶었다고. 교수는 애써 변명해본다.

S교수 그리고 사실 전체적인 동선에 램프를 이용하려면 원형이 될 수밖에 없는데, 청계천의 형태와도, 도시 조직의 콘텍스트와도 형태가 달라졌어요. 사이트 자체의 스케일은 여전히 애매하고.

문영 저는 청계천이라는 지형적인 제약이나 램프라는 건축적 제약이 있어서 쉽게 방안을 낼 수 있으리라 생각했는데 오히려 서로 부딪히면서 어려워진 것 같아요. 제가 무덤을 판 셈인가요?

S교수 그래도 아무 제약이 없어서 정말 형태를 만들 만한 실마리조차 없는 것보다는 상황이 나을 거예요.

PREPARE FOR THE LAST CRITIC

S교수 졸전 마감이 코앞인데 아직도 디자인을 하고 있다는 소문이 있던데?

최종 발표 며칠 전, 먼저 만난 다른 학생들을 통해 S교수가 들은 정보였다. 문영은 확실히 여러 날 밤샘 작업을 했는지 피곤에 전 모습이었다.

문영 예…, 제가 공간 디자인에 집중하느라 도우미들도 발표 직전까지 모델을 만들 것 같아서 미안하네요.

S교수 그게 건축가의 욕심인데, 뭐, 나쁜 것만은 아니에요. 마감 시간

모델 스터디.

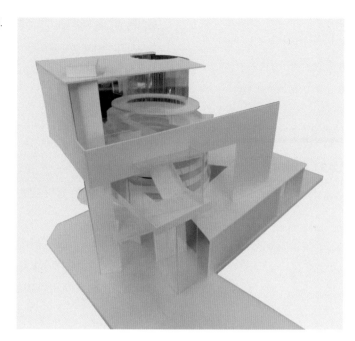

만 넘기지 마세요.

문영   정말 도우미들에게 별별 일을 다 시키고 있어요. 결정이 어려울 때는 의견을 묻기도 하고, 도우미들에게 격려를 많이 받고 있어요. 아마 도우미들이 마감 시간도 지켜주지 않을까….

S교수   사실 건축일이라는 게 완성 단계에서는 소장이 할 수 있는 게 없어요. 직원들을 믿을 뿐. 하하하.

FINAL

문영   청계천의 '단차'는 장애인에게 치명적인 장애 요소입니다. 이 단차를 극복해 적극적으로 공적 영역에 장애인들의 접근성을 높이는 공간을 제안합니다. 수평으로 제한된 경험을 수직으로 확대시키기 위해 램프를 이용하며, 장애인의 동선에 적합하면서 공간적인 경험을 극대화시키는 공간 전시장을 제안합니다.

LAST CRITIC

온몸에 피로가 덕지덕지 묻은 채였지만, 평소 문영의 성격대로 조곤조곤 발표를 마쳤다. 하지만 상당히 파격적인 디자인인지라 현업에 있는 A소장은 할 말이 많은 것 같았다.

A소장   건물 시스템을 보면, 램프의 시작과 지하 주차장에서 시작되는 동선이 연결되지 않아서 결국 모두 램프가 아닌 엘리베이터를 쓸 거예요. 지하 주차장에서 출발하는 동선을 고려하지 않았지요?

문영   엘리베이터를 쓰지 않도록 설계된 공간이 아닙니다. 지하 주차장으로 오는 사람들은 보통 이 시설 자체가 목적지인 경우가 많겠지요. 이 공간 전시장은 문화 교육 시설을 이용하는 사람뿐만 아니라 청계천을 산책하는 사람까지 유인해 접점을 갖도록 의도했습니다. 지하 주차장과 램프의 시작이 연결되지 않아 불편할 수도 있지만, 이 공간을 경험하는 여정이 주 입구 층을 거치게 하려는 또 다른 장치이기도 합니다.

S교수는 문영이 이 중요한 최종 크리틱 자리에서, 아무리 피곤해도 차분한 태도를 유지할 거라고 예상하긴 했지만 이 정도일 줄은 몰랐다. 학생들은 대부분 최종 크리틱의 긴장된 분위기와 예상치 못한 질문에 제대로 답하지 못하는 경우가 많았다. 그런

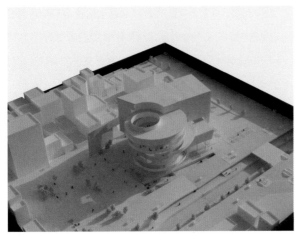

주 모델과 세부. 재질을 통일해
공간과 형상을 강조했다.

데 문영은 평소 수업 때와 거의 다를 게 없었다.

A소장   공공성이라는 점에서 어떻게 기여한다고 보면 좋을까요?

문영   장애인들은 의도치 않게 공공시설 이용에 소외되는 경우가 많
         습니다. 청계천만 봐도 서울 어디서나 누구나 찾아와 즐길 수
         있는 곳이지만 단차나 지형적인 특징 때문에 장애인들은 그 기
         회를 누리기 어렵습니다. 이처럼 공적 경험을 제한받는 대상에
         게 건축적인 장치로 비장애인들과 같은 경험을 공유하게 하고,
         물리적으로도 접점을 제공한다는 데서 공공성에 기여한다고
         생각합니다.

P교수   휠체어 이용자의 시야가 낮다는 점을 조형적으로 고려하면 좋
         겠고, 나라면 디자인에 들어가기 전에 휠체어를 타고 다니면서
         직접 체험을 해봤을 거야.

문영   분명히 제가 경험하지 못한 시야이고, 충분히 연구되지 않은

것은 인정합니다. 최대한 안전상 특정 높이를 유지해야 하는 경우를 제외하고 눈높이를 고려해서 오프닝[2]을 냈습니다. 그리고 단순히 높이 차이보다는 여정의 속도 또한 건축적인 장치를 결정하는 요소로 고려하려고 노력했습니다.

B소장 왜 청계천이지요? 종로도 있는데…. 그리고 이 건물의 소유주가 누구일까? 왜냐하면 현실적인 기반에서 시작했으니 현실적으로 봐야 해요. 이익이 0이잖아요? 이건 마치 물 위에 건물을 놓은 격이에요. 현실화될 수가 없지요.

문영 음…, 확실히 상업적인 이득은 없다고 하겠습니다. 솔직히 다른 공공 건물처럼 수익을 덜 고려하는 프로그램도 가능하겠다는 데까지만 생각했고 건물 소유주에 대해서는 생각해본 적이 없었습니다. 저는 사회에 의미심장한 질문을 던질 만한 상징적인 건물로 이 프로젝트를 시작했던 것 같습니다. 그러려면 건물 주인도 공공이라야 현실적으로 가능성이 생기겠네요.

S교수 이참에 청계천에 부족한 배리어프리[3]를 언급했다면 좋았을 거예요.

문영 예, 연구해보니 총 구간에 경사 진입로가 여덟 개 있고, 이는 굉장히 소극적인 제스처라는 의견 말고는 배리어프리 부족 이야기가 많지 않았습니다. 물리적 접근 외에, 일단 공간에 들어온 뒤에 겪을 다른 문제도 생각해봤다면 좋았을 것 같습니다.

---

2 창문과 문 등 건축물의 개구부
3 barrier-free. 장애인의 시설 이용에 장해가 되는 장벽을 없앤다는 의미.

주 모델 확대 모습.

문영의 영향을 받아 소장이나 교수 들도 조곤조곤 편안한 말투로 얘기했지만 내용은 결코 우호적이지 않았다. 노련한 K교수는 발표가 끝나기 전에 문영에게 작은 도움을 건넨다.

K교수 1분 남았는데 최후 진술을 하자면?

문영 도심에 무리다 싶은 시도를 한 이유가 있습니다. 건축적인 제스처로 장애와 비장애의 경계를 허무는 가능성을 생각해볼 가치가 있다고 생각했기 때문입니다.

B소장 그건 좋아요. 그런데 투명해서 내부가 다 보이는데, 익명성을 좀 더 주면 좋았겠어요.

발표 후 뒤풀이 자리에서 S교수는 문영에게 수고했다고 격려했다. 문영 또한 과정 하나하나가 부담스러웠지만 그만큼 신나기도 했다며 감사 인사를 했다. 그리고 문영은 차분하게 한마디 덧붙였다. 물론 두 번은 못 할 일이지요. 교수는 다시 한 번 수고했다는 말 외엔 달리 할 말이 떠오르지 않았다.

건축학과의 5년

서울대학교 건축학과의 건축학 전공 과정은 다른 대학 학과와는 사
뭇 다릅니다. 4년이 아니라 '5년제'이기 때문입니다. 배워야 할 게 너
무 많다 보니 1년을 더 다니는 것이죠. 그 5년 동안 무엇을 배우는지
간단하게 설명해보겠습니다.

1학년

첫해는 건축보다도 그 이전에 '무언가를 만드는' 능력을 쌓는 시간입니다. 애초
에 수업부터가 건물 설계가 아니라 사물을 분석해 재구성하고, 다양한 문헌을 읽
고 이를 형상화하는 것이 주요 과제입니다. 뭔가를 창조하려면 기존 자연과 사물
을 분석하는 것에서 출발해야 한다는 것을 배우죠. 자고로 하늘 아래 새로운 것
은 없기 때문입니다.

1학년 수업의 백미는 1.8세제곱미터짜리 '큐브'입니다. 실물 크기로 공간을 만들
면서 신체와 공간의 관계를 익히지요. 큐브 수업은 2인 1조로 진행하는데, 남녀
가 짝이 되어 며칠 밤을 새다 보면 더러 눈이 맞기도 하는 바람직한 수업입니다.
물론 철천지원수가 되기도 합니다만.

2학년

2학년이 되면 본격적으로 건물 설계를 시작합니다. 첫 번째 단계는 주택인데, 1학기에는 단독 주거, 2학기에는 공동 주거로 과제의 규모가 커집니다. 학생들은 "다른 건 몰라도 20년간 살아본 경험이 있으니 주거는 설계할 수 있겠지"라며 큰소리치곤 합니다. 그러다가 큰코다치는 순간을 맞습니다. 간단한 주택 설계는 할 수 있겠지만, 자기만의 아이디어를 담아 창조적으로 재구성하는 건 전혀 다르거든요. 그리고 도시 속에서 과제를 진행하기 때문에 주변 건물들과의 관계를 생각하고, 기본적인 건축 구조와 건축사를 함께 배우면서 건축 어휘를 습득해나가는 과정이기도 합니다.

3학년

3학년에는 도서관과 학교를 설계합니다. 주거를 설계할 때 기본 구조와 기능을 담는 데 중점을 뒀다면, 이번에는 공간의 흐름과 경험을 연출하기 시작합니다. 예를 들면 도서관에는 중심이 되는 큰 공간도 있지만 개별적으로 책을 읽는 작은 공간도 있고, 진입이 목적인 공간도 있는 반면 계단처럼 수직적 이동을 경험하는 공간도 있습니다. 이런 여러 공간을 아름답고 재미있게 구성하는 것이 목표입니다. 그리고 건물 규모가 커지기 때문에 설계 대상인 도서관이 주변 건물들에 미치는 영향도 커집니다. 따라서 학과 과정에서 자연스럽게 도시 분석의 비중도 늘어나지요. 더불어 각종 설비와 재료 공부도 병행합니다.

4학년

4학년 설계는 스케일이 더 커집니다. 1년간 '땅'을 중심으로 풀어나가는데, 도시를 중심으로 교통 구조, 산업 구조, 수많은 주변 요소를 종합적으로 고려해야 하고, 자연과 좀 더 가까운 곳에서 건물과 자연이 조화를 이루는 프로젝트도 있습니

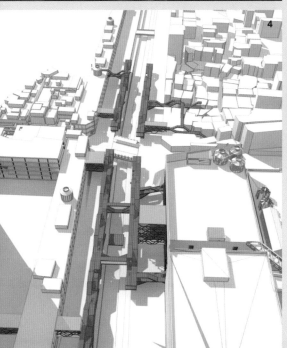

1 1학년 여름에 거치는 큐브 과제.
2 '예술가 두 사람을 위한 주거' 과제. 기본적인 주거뿐만 아니라 예술가 각각의 특성과 관계를 건축적으로 표현하는 방법을 익힌다.
3 3학년 설계 주제인 도서관. 사이트나 주제는 교수에 따라 달라진다.
4 도시 스케일로 접근하는 4학년 과제. 동대문시장과 청계천을 아울러 진행했다.

다. 중요한 건 일부러 넓은 면적에서 대형 프로젝트를 과제로 제시해 학생들이 종합적인 시야를 갖게 하는 것입니다. 이에 발맞춰 건축법과 도시 계획 등을 함께 배웁니다. 일부 발 빠른 학생들은 4학년에 이미 졸업전에서 무엇을 다룰지 정해두기도 하지요.

5학년

본격적으로 졸업을 준비하는 과정입니다. 5학년 1학기와 여름방학은 이 책에서 다루는 졸업전 프로젝트 시기로, 학부 과정을 화려하게 장식하는 최종 전투죠. 하지만 여기서 끝이 아닙니다. 아니, 오히려 진짜 최종 전투는 졸업전이 아니라 5학년 2학기 수업이라고 볼 수도 있습니다. 마지막 학기니만큼 교수는 더 이상 학생들을 봐주지 않고 사회에서 요구하는 실무 기준을 매섭게 제시합니다. 그만큼 학생들에겐 낯설고 어려운 마지막 학기가 되지만, 동시에 뜨거운 열기가 가슴에 차오르는 묘한 쾌감도 느끼게 됩니다. '이제 학생이 아니라 정말 건축가가 되는구나'라는.

III 도시의 상업 건축 문제

낙원상가 리노베이션 주변과 공존하는 메가스트럭처
COMBination 새로운 시장의 가능성
도시 상업 건축 도시와 소통하는 상업 건축
잡거 빌딩—근린 시설 블록 계획 사유 건물의 공공성

3-1
낙원상가 리노베이션

주변과 공존하는 메가스트럭처

"리노베이션을 통한

낙원상가 활성화와

'도심의 섬' 해결"

진원	제가 고른 사이트는 서울시 종로구 낙원동에 있는 낙원상가입니다. 악기 상가로 유명하지만 지하에는 시장이 있고, 상층부는 주거와 사무 기능도 하고….
S교수	낙원상가를 모르는 사람은 없어요. 그건 말하지 않아도 돼.
진원	제 친구들은 전혀 모르던데요?
S교수	어이쿠. 이게 세대 차이인가? 그래, 낙원상가의 어떤 점에 주목한 거지요?
진원	제가 재미있게 본 것은 낙원상가가 삼일로라는 도로에 위치한다는 겁니다. 그래서 건물 정보를 보면 대지 면적이 0이에요. 그만큼 교통이 편리하지요. 길과 가까운 정도가 아니라 아예 길 위에 있으니까요. 그런데 이렇게 상업에 아주 유리한 곳인데노 수변과 소통하지 못한 채 도심 속 거대한 섬으로 읽혔습니다.

현대 사회에서 도시의 모든 요소는 문서라는 또 다른 형태로 존재한다. 그리고 문서는 눈으로 보지 못하는 새로운 사실을 알려주기도 한다. 여러 학생 가운데 특히 자료를 많이 연구하는 진원은 이런 면에 남다른 촉이 있다.

S교수	잘 읽었어요. 대지 면적이 0이라는 건 대지와 유리되어 있다는 이야기지요. 도심에 거대한 공간을 형성하기 위해 도로 위에 띄워 지었지만 그만큼 주변과 소통하기가 힘들어요. 그렇다면 이 '도심의 섬'을 어떻게 해볼 생각인가요?
진원	낙원상가가 도심 속 섬으로 소외되는 동시에 주변의 다른 도시 조직까지 단절시키는 문제를 해결하고 싶습니다. 그러면서 낙

사이트 분석. 도로를 녹색, 건물을 흰색으로 나타내니 낙원상가가 공백처럼 보인다.

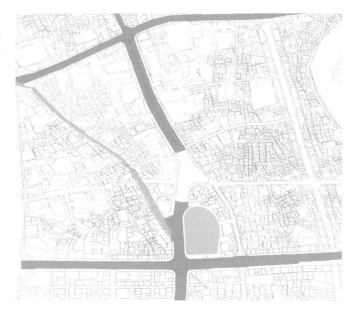

원상가 자체가 갖는 상징성이나 존재감은 유지하고 싶고요.

S교수 좋은 자세에요. 음…, 시작해봅시다.

교수는 마지막에 한마디를 더할까 말까 망설였다. '그런데 정말, 정말 어려울 거예요.'

DEVELOPING

S교수 어때요. 잘되어가나요?

진원 방향은 리노베이션 방식으로 잡았습니다. 낙원상가에 쌓인 시간의 가치는 새 건물로 재현할 수 없으니까요. 그런데….

교수는 싱긋 웃었다. 진원의 말과 표정뿐만 아니라, 가져온 스케치와 자료 들까지 한목소리로 말하고 있었다.

S교수　어렵지요?

진원　…예. 이전까지 작업은 실제 건축할 때 겪을 법한 제약들의 영향을 거의 받지 않고 자유롭게 설계를 할 수 있었는데, 기존 건축물을 보존하는 걸 염두에 두고 나만의 설계를 하는 건 전혀 다른 문제네요. 일단 구상도 기존 구조와 맥락이 너무 강력해서 생각의 폭을 넓히기가 힘들고요….

낙원상가 리모델링의 어려움은 그런 문제뿐만이 아닐 텐데? 1968년 완공된 이 건물은 교수가 학부생이던 시절에도 문제가 많은 건물이었고, 이에 도전한 수많은 학생을 좌절시킨 전력이 있다. 물론 그 학생들 가운데 교수가 된 사람도 있고. S교수는 모른 척 진원에게 물었다.

S교수　현실적인 문제는 없나요?

진원　아… 예. 기존 건축을 유지하고 특성을 살리기 위해선 건물을 더 자세히 알아야 해서 정보가 많이 필요한데, 무엇보다 중요한 도면을 구할 수가 없네요….

S교수　그렇지요. 건물 도면은 보안상 제일 중요한 기밀이니까. 영화에서 모든 작전을 도면 펼치는 것으로 시작하는 게 괜히 그러는 게 아니에요.

심지어 도면을 펼치기 전에는 그 도면을 가져온 사람이 꼭 한마디 하지. '간신히 구한 거라고!' 그만큼 도면은 구하기 어렵다. 물론 유명한 건물인 만큼 간략한 도면 정도는 잡지나 학술 자료 등에서 찾을 수 있지만, 철두철미한 진원은 그 정도 자료로는 만족할 수 없었다.

만약 진원이 끝내 구하지 못한다면 별 수 없다. 교수의 경력과 인맥을 동원해 다시 시도해보거나, 아니면 가지고 있는 간략한 도면을 가지고 어떻게든 해보는 것이다. 전주까지 내려가 실측을 한 수연도 있지 않은가? 교수는 다음 수업까지 이 두 가지 경우를 염두에 두고 있었다. 그러나 뜻밖에도, 정답은 3번이었다.

S교수 음? 이건… 상세 도면을 진원 씨가 직접 구했나요?

진원 건설회사 담당자에게 연락해 구했습니다. 도면을 유출하지 않을 것과 최종 결과물을 보내는 것이 조건이었어요. 다만, 정말 비협조적이었습니다.

신원이 확실한 학생이 수업 목적으로 쓰려는 것이니 가능한 일이긴 한데…. 진원 씨는 건축 안 해도 충분히 먹고살겠네요. 교수는 머릿속에 떠오르는 문장을 애써 지우며 말했다.

S교수 대단하네요. 바로 시작할 수 있겠어요. 옛말에 시작이 반이라고 했으니 벌써 반을 한 거예요.

진원 그나저나 곧 중간 마감인데, 서둘러서 리노베이션 계획안까지는 만들게요.

S교수 아직까지 말로만 수업했으니, 진원 씨가 제안하는 건축의 형태는 저도 중간 마감에서 처음 보겠네요. 기대할게요.

MID-TERM
CRITIC

진원　낙원상가는 건폐율 0퍼센트에 대지 0퍼센트인 특이한 사이트입니다. 그러나 현재 낙원상가는 도시에서 벽이 되어 주변 지역을 분절하고 있습니다. 제가 주목한 것은 특히 건물 아랫부분의 환경을 개선하는 것입니다. 낙원상가를 '들어올리'거나 '투명하게 뚫어서' 이 문제를 해결해보려 합니다. 동선을 노출시키고 프로그램을 지상 레벨ground level로 내려보내는 시도를 하고 있습니다. 구체적으로는 아래와 같습니다.

① 재료 측면: 투명한 재료, 느낌이 가벼운 재료

② 매스 측면: 덜어내기, 비우기 등

③ 동선 노출: 주변과의 연결성 향상, 이때 주거 구역의 동선은 분리할 것

④ 프로그램 측면: 빈 1층부에 프로그램 부여, 상층부까지 인구 유입 유도

진원의 파워포인트 화면에서 낙원상가의 상세한 도면은 단연 눈에 띄었다. 리노베이션의 시작은 기존 건물의 도면이라는 말이 있듯이, 모든 공간을 한눈에 알아볼 수 있었다. 하지만 P교수의 눈에는 도면이 들어오지 않았다.

P교수　리노베이션을 '왜' 해야 하는가가 빈약해. 문제 해결이 이유라니, 모든 건물에는 크건 작건 문제가 있게 마련이기 때문에 이유로 충분하지 않아.

도면만 바라보다가 도면 이전의 이야기를 놓친 것 아니냐. 문서나 자료에 갇혀 다른 사안을 놓치는 일은 일상에서도 흔히 벌

낙원상가의 평면을 관통하는
프로그램 콘셉트.

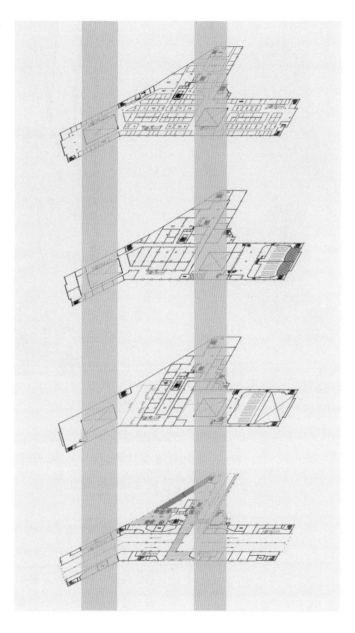

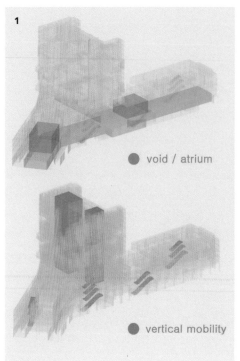

1 공간 다이어그램.
2 3D 이미지 스케치.

어지는 일이다. 그리고 이런 실수는 반드시 나쁜 결과를 내놓는다. 이렇게 생각하는 교수는 또 있었다. 다만 그 사람이 수업을 함께했던 담당 교수일 줄이야.

S교수 그건 나중에 제시한다고 쳐도, 내세운 해결책이 빈약해요. 용도를 더한다거나 아예 모노레일을 놓는다거나 하는 식으로 강력한 해결책이 필요할 것 같아요. 지금 가져온 건 낙원상가에 딱 맞는 옷 같지 않아요. 도면을 구하는 데 너무 고생을 하느라

시간이 없었나요? 낙원상가에 가보긴 했나요?

진원   가봤습니다.

S교수   아, 미안해요. 하지만 더 많이 가보셔야겠어요.

FEEDBACK

중간 마감 이후에 열린 첫 수업. 어딘가 평소와 달리 어색하다. 아무래도 학생보다는 신경이 굵은 교수가 먼저 손을 내민다.

S교수   중간 마감 때 괴롭혀서 미안해요. 어쨌거나 앞으로 어떻게 할 지 감이 잡혔나요?

도와주시지는 못할망정…. 내심 야속했지만 교수는 잘못한 게 없다는 것 정도는 진원도 안다. 스타일 차이였을 뿐.

진원   예…. 현재 문제와 리노베이션의 근거를 명확하게 정리해야 하 고, 그다음에 본격적으로 설계를 할 생각입니다. 다만 대상지 가 지닌 문제점을 해결할 방법은 어느 정도 구상했으나 그걸 어떻게 만들지 중점적으로 고민해야 할 것 같습니다.

S교수   그래요. 아이디어에서 나아가서 건축적으로 어떻게 구현할지 를 연구해야 하고, 그러려면 실제 사례를 다양하게 참고하는 게 좋을 거예요.

진원은 사례를 살피기 시작했고, 프로젝트에 적용시킬 방법을 모색했다. 진원이 중요하게 여긴 건 사례에서 그 접근 방식을 참고하는 것이지, 자칫 모방이 되지 않도록 조심하는 것이었다.

디자인 발전 과정.

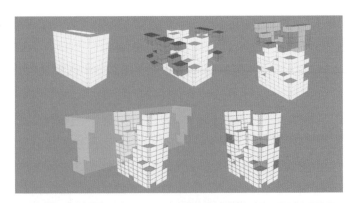

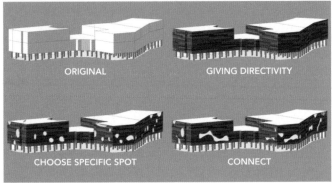

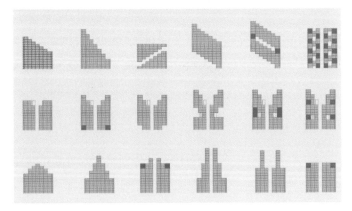

학기를 마칠 때까지 진원은 특기를 발휘해 무수히 많은 사례를 수집해 대단히 많은 안을 만들어냈고, 그중 어떤 것이 가장 좋을지 고민하는 과정을 반복했다. 처음에는 의욕이 충만했지만 수없이 반복되는 과정에서 아이디어가 고갈되었고, 비슷해 보이지만 한편으론 조금씩 다른 안 사이에서 고뇌하는 새로운 단계로 접어들었다.

S교수   자, 오늘로 저와 하는 수업은 끝입니다. 졸업 발표까지 한 달 반쯤 남았는데, 이제 가장 중요한 건 스케줄이에요. 학기 중과 달리 일정한 기간 동안 작업을 하고 정해진 시간에 피드백을 받으며 설계를 발전시킬 수 없기 때문에 어찌 보면 혼자만의 싸움과도 같아요. 남은 기간 동안 발표 준비 시간을 줄여서라도 설계를 더 진행해보는 건 어때요?

진원   음…, 무리하게 더 설계하지는 않겠습니다. 생각을 더 하는 건 좋지만 그러다가 오히려 제대로 된 모델이나 발표 자료를 준비하지 못해 마감을 못 맞춘 선배들을 본 적 있어요. 저는 마감도 분명 약속이라고 생각하고, 그 기한에 맞추는 걸 목표로 하려고 합니다.

S교수   인생에 한 번뿐인 졸업전인데 욕심나지 않나요?

진원   그렇기도 하지만 저 혼자 하는 것도 아니고, 잘 짜인 계획이 있어야 도우미들이 효율적으로 일할 수 있다고 생각합니다.

졸업전에는 크게 패널과 모델이 필요하다. 이들은 다시 각각 도면, 다이어그램과 3D 그리고 전체 모델, 단면 모델 등으로 나뉜다. 진원은 계획표를 만든 뒤 일정이 정해지면 빈 칸을 메워나가듯 하나하나 단계를 밟으며 할 일을 지워나갔다.

도우미는 둘 다 진원의 동기였다. 작업뿐만 아니라 진원이 며칠 간 밤을 샌 상태가 좋지 않을 때면 이들은 자기들 자취방에 데려가 먹이고 재워가며 에너지를 채워주곤 했다. 진원은 이렇게 도움을 받으면서 착실하게 남은 과정을 진행했지만, '인생에 한 번뿐인 졸업전'이기 때문에 욕심이 나는 건 자연스러운 일이었다. 천천히 가고 싶은 마음과 달리고 싶은 마음을 억눌러가며 지혜롭게 조절한다. 중요한 건 속도가 아니라 완주다.

FINAL	**진원**

진원   낙원상가는 지하 시장과 상층 오피스군의 비활성화로 점점 쇠퇴하고 있습니다. 하지만 도시의 섬 같은 이 건물을 소멸시키기보다는 공존을 위해 주변과 연결시켜 지속 가능한 상가를 만들고 싶습니다. 아트리움[1]을 뚫어 빛을 끌어들이고, 상가를 끌어내려 지상 레벨과의 연결을 유도합니다.

THE LAST CRITIC

이번 졸업전에 등장한 여러 사이트 가운데 낙원상가는 가장 유명하고 건축계에서 오랫동안 연구가 이어진 건축물이다. 어떻게 보면 평가자들에게는 좋은 먹잇감일 수 있다. 이미 진원은 중간 마감에서 쓴맛을 본 적이 있다. 진원은 쏟아질 공격을 예상하고 마음을 다잡았다.

---

1   atrium. 여러 층에 걸쳐 유리창으로 빛이 들어오도록 개방한 공허부. 실내 채광을 높이고 중심 공간을 형성한다.

최종 3D 이미지.

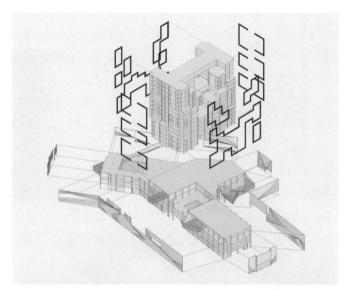

공간 다이어그램과
입면 구성.

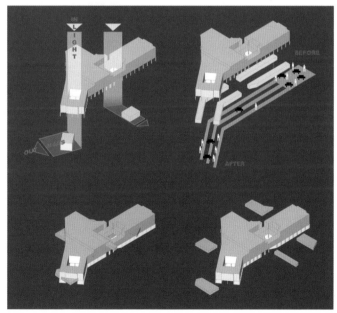

최종 모델. 부분 상세 모델로
메인 모델에서 부족한
세부를 표현했다.

A소장	프로젝트의 중점이 뭐지요?
진원	지금은 건물의 환경을 개선하는 데 집중했습니다.
A소장	대상 건물은 아주 잘 골랐어요. 그런데 이해가 안 가요. 파사드[2]를 바꿔봐야 내부 생활 논리는 바뀌지 않고, 그런데 파사드를 바꾸면 그 건물에 대한 기억과 도시에 누적된 시간은 바뀌어버리거든요.
진원	저도 낙원상가가 갖고 있는 상징성을 지키고 싶었습니다. 그러나 낙원상가가 지닌 문제점들을 해결하려면 변화하지 않을 수 없습니다. 외부 파사드가 눈에 띄는 건 맞지만 내부 동선도 노출시키고 주변과 연결하는 등 변화를 시도했습니다. 다만 건물의 구조를 유지해야 한다는 점에서 아무래도 조금 제약이 있었습니다.
B소장	어려운 주제를 잡았네요. 28년 전에 가봤을 때도 이랬는데 아직도 이 정도예요.

진원의 예상과는 조금 달랐다. 교수와 소장 들조차 낙원상가에 대해 코멘트하기가 조심스러운 모양이었다. 그만큼 낙원상가의 역사는 길고, 상황은 복잡하며, 상징성은 컸다. 크리틱의 흐름은 주제보다는 건축으로 옮겨갔다.

K교수	기존 공간은 덜어낸 건가?
B소장	학생이 한 것처럼 5개층 이상 올리고 비우는 건 구조상 어려워

---

2 facade. 건물의 입면. 과거 서양에서는 건물의 정면부를 한정해 가리켰으나 최근에는 외피의 모든 면을 의미하기도 한다.

졸업전에 전시된 모형과 패널.

요. 그걸 고려했으면 오히려 역동적이었을지도….

K교수 이 건물은 40년 전에 내가 학생일 때도 복합 프로그램이었는데, 세월이 흐르면서 지금은 엄청난 역사가 더해졌어. 물리적인 구조물을 다루는 것에 치중했지만, 그런 소프트웨어를 더 다뤘으면 해.

진원 낙원상가를 리노베이션 하면서 내부 프로그램과 기능을 유지하려고 한 건 그 역사를 존중했기 때문입니다.

P교수 지금은 너무 소극적이야. 학생 신분이니까 더 과감하면 좋겠

어. 그리고 무엇보다 스트리트 스케일**3**에서 인간적 흥미와 관계를 이끄는 요소가 있으면 해. 그리고 입면이…. 선 두께 같은 것이 애매해서 어떤 형상을 만들었는지 알아보기가 어렵네.

진원　스트리트 스케일로 접근하려고 비어 있는 1층에 프로그램을 넣었습니다. 이것이 스쳐 지나가던 행인들의 흥미를 끌면서 상층부 상업 시설까지 사람들의 동선을 자연스럽게 유도할 것입니다.

학교를 졸업한 진원은 지금 연구직으로 일한다. 주로 도시 관련 연구를 해 어찌 보면 탈脫 건축했다고 볼 수 있고, 본인도 그렇게 생각하고 있다. 하지만 건축학과에서 지낸 과정이 의미 없다고 생각하지 않는다. 낙원상가와 도시, 도면과 문서 속에서의 나날을 겪지 않았다면 지금 하는 일에 엄두나 냈을까? 진원은 그럴 때마다 졸업전을 도와준 사람들을 떠올리며 감사한다. 낙원상가 도면을 두고 밀고 당기던 비협조적인 담당 직원마저도.

3　street-scale. 보행자에 알맞은 규모. 1~2층 정도의 높이와 접근성이 중시된다.

3-2
COMBination

새로운 시장의 가능성

"전통 시장이 대기업 프랜차이즈 슈퍼마켓이나
대형 할인점에 밀려 쇠락의 길을 걷고 있다.
전통 시장을 되살리기 위해
행정적인 지원과 병행되어야 하는
물리적 환경을 개선하려면
전통 시장에 맞는 건축적 형태를 새롭게 제안할
필요가 있다."

열정! 어떤 일에 열렬한 애정을 가지고 열중하는 마음을 뜻한다. 얼마나 아름다운가?

열정은 젊은이들의 특권이라고 말하는 사람도 있지만 S교수는 동의하지 않는다. 며칠씩 밤을 새우고, 싸구려 밥을 먹으면서도 비싼 재료를 써가며 모델을 멋지게 꾸미는 건축학과 학생들과 수업하다 보면 교수의 내면에서도 잠들었던 열정이 다시 피어오르기 때문이다. 이 맛에 학생들을 가르치지.

하지만 요즘, 세상이 팍팍해지고 이런저런 일을 겪으면서 학생들은, 그리고 교수 또한 의구심에서 벗어나지 못한다. 열정이라는 게 과연 좋기만 한 걸까? 열정이 대체 뭘까? 입학 당시의 기대와 달리 평소에 '열정 있어 보이지 않던' 지하를 앞에 두니 더욱 생각이 많아진다.

S교수   음…, 전통 시장이라. 졸업전 주제로 고를 정도면 시장에 자주 가나봐요?

지하   그건… 아니에요. 주로 마트를 이용하지요. 어찌 보면 제가 전통 시장을 쇠락하게 한 주범이기도 해요. 하지만 그런만큼 사람들이 전통 시장을 어째서 외면하고 기피하는지, 당사자의 눈으로 분석하고 개선할 수 있다고 생각합니다.

재미있는 태도로군. 보통 학생들은 관심 있거나 좋아하는 것, 아니면 자주 이용하지만 불편했던 것을 주제로 정하게 마련이다. 스스로 쇠락하게 만들었다고 여길 정도로 관심 없던 분야를 들고 오는 학생은 드물다.

사이트 프로그램 분석.

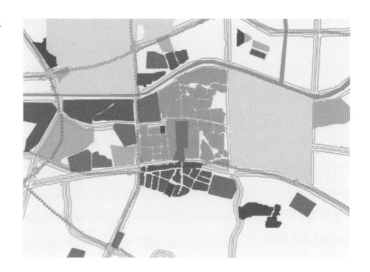

S교수   그럼 어느 시장에 주목했나요?

지하   황학동 중앙시장입니다. 한때는 주변 상권의 중심지였던 이곳은 이제 노후한 시설과 고객이 머물기 힘든 구조로 활기를 잃은 상태입니다. 그런데 황학동 바로 옆에 왕십리 뉴타운이 들어서고 대규모 주거 단지가 조성될 예정입니다. 그렇게 되면 황학동 중앙시장은 문화적, 상업적 중심 공간이 될 수 있는 뛰어난 조건을 갖추게 되는데, 현재 상태로는 새로운 기능들을 제대로 수용하기 어렵습니다. 따라서 주변이 개발되었다는 가정 하에 시장 재생 프로젝트를 진행하려 합니다.

S교수   그렇지요. 전통 시장이 대부분 대규모 주거 지역을 끼고 있지요? 이런 입지를 감안할 때 시장이 단순히 물건을 사고파는 곳에 그치지 않고 도시민들의 여가와 문화 활동 공간으로 작동할 수 있다면 도시의 삶이 한결 풍성해질 거예요. 이번에 도시 계

획가들이 참고할 만한 재생 사례를 만들어내면 좋겠네요.

어떤 지역이나 집단을 가장 잘 아는 사람은 누굴까? 당연히 토박이들이다. 하지만 가장 잘 설명하고, 분석할 수 있는 사람은 외부인, 그중에서도 완전한 이방인이 아니라 '경계인'들이다. 교수는 이 프로젝트에 꽤 큰 기대가 생겼다.

DEVELOPING

S교수
진도가 잘 안 나가고 있어요. 분발해야 해요. 전통 시장을 활성화하는 데 필요한 '건축적인 제스처' 단계로 어서 들어가야 할 것 같은데….

지하
도시저인 스케일까지 포함하는 작업이라 디자인의 출발점을 잡는 데 시간이 오래 걸렸습니다. 이제 건축적인 제스처로 들어갔는데요, 시장이라는 프로그램 특성상 한 덩어리에서 출발하는 것이 아니라 유닛**1** 디자인으로 시작해 그것들이 조합되는 방식으로 디자인하려 합니다. 도시적인 스케일에서 사람들이 흘려 지나치지 않고 머물 만한 길을 만드는 것에 초점을 두고 있습니다.

기대되는 프로젝트라서 교수는 좀 더 채근하고 싶었지만 아직 시간이 많이 남아 있었다. 일단 지켜보기로 하자. 생각하는 바가 있겠지.

---

1 시스템을 구성하는 한 단위. 건축에서 '유닛'의 범위는 벽체나 창문과 같은 부분 단위부터 아파트 1개동까지 스케일이 다양하다.

MID-TERM
CRITIC

지하   황학동 중앙시장의 특색 있는 상업에 주목했습니다. 분석 결과 동선을 분리하기로 결정했고, 상부에 주거 구역을 넣는 주상복합 매스, 또는 시장의 인프라인 벽을 도입해 벽체를 이용하는 디자인을 했습니다. 그런데 제 생각으론 제가 지금 중심 디자인이 될 만한 요소를 찾지 못해 헤매고 있는 것 같습니다.

지하의 발표는 다른 학생들과 달랐다. 보통 학생들은 해온 거라곤 쥐뿔도 없을지라도 '계획은 했지만 미처 도면에 그리지 못했다'거나 '생각해둔 것은 이렇다'면서 부족한 부분을 드러내지 않으려 한다. 지하는 이런 뻔뻔함이 없었다. 솔직한 것인가, 아니면 프로젝트에 애정이 없는 것일까?

K교수   선정한 시장보다 오히려 바로 옆이 낫지 않을까? 더 낙후되기도 했고, 지금 선정한 곳은 공사 때문에 상인을 잠시 떠나보낸 순간 황학동만의 특색 있는 상업이 사라져버릴 거야. 그게 바로 황학동 상업 구조의 특징이지.

S교수   주변 상가를 일단 고려해야 하고, K교수님 말씀대로 낙후된 바로 옆에 야심찬 곳을 만들어줘야 지역과 함께 시장이 살아날 것 같아요. 그런데 그렇게 하면 어렵고 범위가 넓어지겠네.

P교수   그래도 결국 본질은 시장인데 그걸 위해 주변을 어떻게 다룰까, 어떻게 만나게 될까로 방향을 잡아야 할 것 같아.

쏟아지는 코멘트에도 지하는 별다른 반론을 펴지 않았고, 표정도 크게 변하지 않았다. S교수는 지하가 무슨 생각을 하는지 도통 짐작이 가지 않았다.

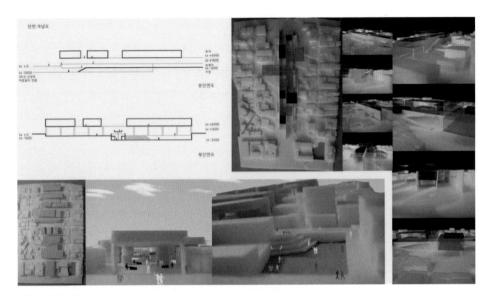

콘셉트 발전 과정.
다이어그램과 모델 스터디.

FEEDBACK

S교수 중간 마감에서 얻은 조언을 한마디로 요약할 수 있겠네요. '주변을 고려하라.'

지하 그렇긴 한데, 아직 시장의 기본 설계가 충분하지 못해 주변을 다룰 시점은 아닌 것 같습니다. 일단 시장 자체의 구조를 확립하려고 합니다.

S교수 제 생각엔 그렇게 순차적으로 가기보다는 동시에 진행해야 할 것 같아요. 내부 구조 디자인과 도시적인 설계를 동시에 하는 거지요. 에너지를 많이 써야 할 때예요.

교수의 말대로 한 번에 여러 가지를 생각하면서 설계를 한다는 건 엄청난 에너지를 필요로 한다. 무엇보다도 훈련이 잘 되어

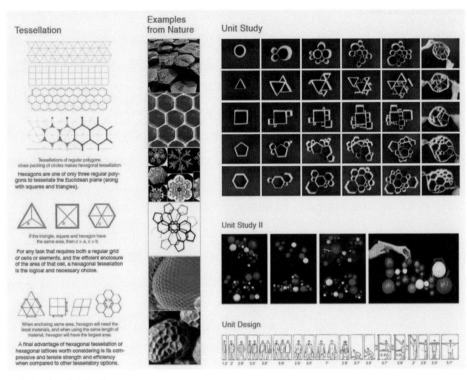

육각형 콘셉트 다이어그램.

있어야 했다. 지하는 그럴 만한 자신이 없어 차례차례 풀어나가는 방법을 택했다. 하지만 시장처럼 복잡한 프로그램은 파고들수록 설계할 것이 늘어나게 마련. 수많은 상점과 그에 딸린 창고, 교통, 소비자 편의 시설은 기본이고 문화와 주거 기능까지 추가하다 보니 학기가 끝날 때까지 여전히 시장 내부 작업에서 벗어나지 못하고 있었다.

육각형은 같은 바닥 면적 안에서 한 유닛의 표면적이 최대가 되는 형태다. 따라서 시장의 기본 구조는 육각형 유닛으로 한다. 교수의 눈에 이는 흥미롭긴 하지만 아이디어에 불과했다. 설계는 이제부터다. 하지만 지하는 이 초기 아이디어를 강조하기 위해서라도 굳이 다른 형태를 적용할 필요성을 느끼지 않는 듯했다. 학기가 끝날 때, 교수는 마지막으로 한 번 더 재촉하기로 했다.

S교수 이제 남은 기간 동안 제 도움 없이 혼자 작업해야 하는데, 두 가지는 반드시 해결해야 해요. 하나는 현재 육각형 요소로만 구성된 시장 구조를 좀 더 다양한 형태로 다듬는 것, 두 번째는 중간 마감에서 지적받은 대로 주변 도시 조직과의 접점을 설계하는 거예요.

지하 음…, 그런데 현실적으로 보면, 남은 기간에 둘 다 해내지는 못할 수도 있을 것 같습니다.

S교수 그래요? 할 수 있을 것 같은데? 도우미는 몇 명인가요?

지하 네 명입니다.

S교수 그 정도면 많은 편 아닌가요? 좀 더 욕심을 내면 좋겠어요.

교수는 영문을 몰라 속이 탔지만, 지하도 사실 지금까지와는 달리 욕심을 내고 있었다. 다만 도우미를 쓰면 최종 마감까지 새로운 계획을 더할 시간이 생길 거라고 오판하고 있었을 뿐이다. 방학이 되자 문제는 현실이 됐다. 도우미 넷이 체계적으로 작업할 수 있도록 관리 계획을 세우는 데만도 시간이 많이 들었고, 작업이 시작되고 나서도 생각을 정확하게 전달하기 위해 또 추

최종 패널.

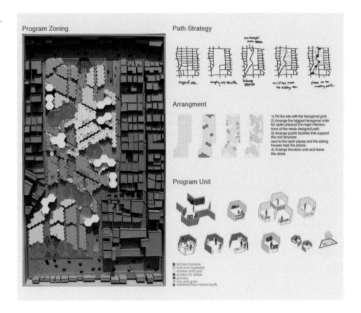

가로 준비할 것들이 있었다. 처음 해보는 일이기에 모든 면에서
서툴 수밖에 없었다. 지하는 졸업전에 참여하는 모든 학생 가운
데 가장 먼저 방학 작업을 시작했고 매일 학교에 나왔지만 시간
은 절대적으로 모자랐다.

FINAL

지하

도시에서 제 기능을 하지 못하고 큰 면적을 차지하는 전통 시
장을 재개발해 경제적, 문화적으로 활성화하고, 편하게 놀러,
쉬러, 구경하러 갈 만한 장소로 만드는 방법을 제안합니다. 면
을 늘리면서 공간 활용도를 최대한 높이는 육각 형태로 황학동
중앙시장을 새롭게 디자인합니다. 시장성을 극대화하기 위해

최종 도면.
액소노메트릭으로
공간 구조를 표현했다.

주 모델.
골판지와 종이로 만들었다.

육각형 유닛을 형성하고, 길 쪽엔 상업 유닛, 내부에는 작업장을 넣었습니다. 입면도 육각형을 이용해 전체적으로 상징적인 건물이 되도록 유도합니다.

THE LAST CRITIC

B소장   지하의 기존 예술 지원 시설 같은 건?

지하   그건 시장을 활성화하려는 예전 방식이라 제 방식으로 시장성을 높인다면 꼭 필요한 요소는 아니라고 봤습니다. 하지만 기존 요소이긴 하므로 적절하게 수용할 것입니다.

초반에는 나름대로 선방하는 듯 보였다. 하지만 이어지는 코멘트는 만만치 않았다. 아주 까다로운, 아니 방어할 수 없는 공격들이었다.

A소장   육각형은 사실 자기중심적인 형태거든요? 그러다 보니까 전체적으로 지금 설계에서 외부 도시 조직과의 관계와 접점이 부족해 보여요.

K교수   육각형이라 내부의 길을 찾기 힘들어서 결국 닫힌 느낌이고 겉모습도 세 보여.

A소장   맞아요, 좀 닫혀 있는 것 같아요. 그리고 길이 중요하다고 했는데 도면에서 길을 해칭**2**한다든가 표현을 해줘야 발표도 효과적이고 디자인에도 도움이 될 것 같아요.

---

2   hatching. 단면을 알기 쉽게 빗금을 그어 나타내는 것.

K교수	전체적으로 육각형이라는 어휘 하나로 되어 있는데 군데군데 다른 요소들이 들어가면 풍부해질 것 같아.

마지막까지 어떻게든 해보려 했지만 시간 부족으로 결국 육각형을 넘어서지 못했다. 모델을 만들면서, 최종 도면을 출력하면서, 발표를 준비하면서 이미 수백 번도 더 스스로 지적한 문제였다. 그래, 육각형을 넘어서야만 했어.

K교수	영역 배치는 기존 시장의 배치를 따른 건가?
지하	그보다는 기능에 따라 제한하고 새로운 동선을 제안했습니다.
P교수	지붕은 그냥 뚜껑인가? 기능이 있는 건가?
지히	빗물을 모으는 등 기능을 생각했지만 구체적으로 디자인하지는 않았습니다.
P교수	시장에 여러 켜가 있는데 안쪽 켜는 접근성이 떨어지는 것 같은데, 그렇다면 시장에서는 치명적이지 않을까? 남는 셀들이 있다는 느낌이에요.
A소장	분석과 논리는 좋은데 지나치게 다 육각형이라서…. 도시와 콜라주되는 다른 요소가 있으면 좋았을 것 같아요.

시간이 모자랐다. 왜 그랬을까? 지하는 지난 학기를 돌아본다. 그때 더 깊이 연구했더라면…. 학기 말도 떠올린다. 그때 팀 작업할 때 더 효율적으로 소통했더라면…. 지하의 결론은 공부였다. 건축학과를 졸업한 뒤 지하는 건축을 더 진지하게 공부해야겠다고 생각했다. 그리고 진짜로 뉴욕으로 떠났다.

시간이 모자랐다. 왜 그랬을까? S교수는 학기 초를 떠올린다. 그리고 연이어 학기 중과 학기 말을 되돌아본다. 지하는 어느 때고 과욕을 부리지 않았다. 그게 이유다. 하지만 교수는 다시 생각한다. 지하는 한 번도 쉬지 않았다. 뜨겁지는 않았지만 꺼진 적도 없다. 만약 정해진 졸업전 준비 기간이 반년이 아니고 1년이었다면 어땠을까. 1년은 긴 시간이다. 수많은 학생이 지쳐 나가떨어졌을 것이다. 하지만 지하는 그렇지 않았을 것이다. 미지근할지언정 식지는 않았을 것이다.

교수는 다시 '열정'을 생각한다. 열정에 총량이 있다면, 뜨겁게 불타는 사람은 그만큼 빨리 타버릴 것이다. 꺼지지 않으려면 오히려 미지근해야 하지 않을까? 6년 전, 과도한 열정으로 학창 시절을 불사른 학생 상당수가 졸업 이후 설계를 그만두고 다른 분야로 떠났다. 이와 달리 꾸준히 설계를 하며 3년차 직장인이 된 지하를 생각하며 지금 지하의 열정은 과연 몇 도의 적정 온도를 지키고 있을지 궁금해진다.

3-3
도시 상업 건축

도시와 소통하는 상업 건축

"상업 건축은 '상업'의 보편적 의미와 달리

가장 공적인 건축 유형이다.

우리가 여행을 다니면서 시장을 찾는 이유는

그 도시의 진정한 모습을 발견하기 위해서다.

상업 공간이 지닌 공공성에 그 이유가 있다."

이 학교에는 머리 좋고 성실한 학생이 넘쳐난다. 흥이 넘치고 유쾌하며 놀기 좋아하는 종빈도 하는 짓만 가벼워 보일 뿐, 실제 수업에서는 두뇌 회전이 빠르고 과제도 열심히 한다. 친구들은 신입생 때부터 이미 종빈을 신기하다고 생각해왔다.

K교수 자, 어디를 다뤄보려 하지?

종빈 대한민국 최고의 상업 지역이자 전국에서 토지 매매가가 가장 높은 곳, 세계의 관광객이 반드시 들르는 관광 코스, 명동입니다!

K교수 깜짝이야. 무슨 정부 홍보 영상 보는 줄 알았네. 허허. 그래, 명동은 흥미로운 지역이지. 모든 프로그램이 공존하고, 오랜 역사를 지녔음에도 가장 최신 유행이 섞여 있는 곳이니까.

종빈 하지만 명동 전체가 활기를 띠는 건 아닙니다. 남산에서 명동으로 이어지는 명동역 중심 상권에 비해 롯데 백화점, 명동극장, 이비스 호텔 등 대형 시설이 자리 잡은 남대문로변 상권은 유동 인구 밀도가 낮고 그만큼 변화나 발전 속도 또한 느린 편입니다.

시간의 흐름에 따른 상권 변화까지 읽다니, 훌륭한 분석이다. K교수는 종빈을 아래위로 훑어봤다. 저 자신 있는 눈빛, 명동을 속속들이 아는 것이 틀림없다. 굉장히 조사를 꼼꼼히 했거나, 아니면….

K교수 자네, 명동에서 많이 놀아봤군?

종빈 …예.

명동의 모습.

K교수　　뭐라 하는 게 아니야. 건축가는 도시 구석구석에서 놀아봐야
　　　　　 해. 그래야 이렇게 도시의 이면을 깊숙이 볼 수 있지. 말한 대로
　　　　　 명동은 불과 몇 미터 차이로 활기와 유동량이 큰 차이를 보이
　　　　　 고, 남대문로변은 대형 시설 때문에 분위기가 더 정체됐거든.

종빈　　　예. 그래서 명동이 연결고리가 되어 블록[1] 간 소통을 가능하게
　　　　　 만들고 싶습니다. 느슨한 구조로 빠른 순환의 틀이 될 수 있는
　　　　　 건물과 프로그램을 만들려고 해요. 예를 들면 '샘플 숍' 같은 것.

K교수　　어떤 '제목'을 정해야 생각이 잡힐 거야. 지금 연결고리라든가
　　　　　 샘플 숍 같은 것이라고 지칭하는 것은 명확하지 않아서 앞으
　　　　　 로 생각을 정리해나가는 데 도움이 되지 않아. 샘플 숍은 가변
　　　　　 부와 고정부라는 관계를 생각해보는 게 좋고, 그 전에 왜 그걸

1　도시 조직에서 대로로 둘러싸인 한 지역. 명동 같은 서울 강북 지역은 블록 규모가
　　크지 않으나, 강남의 경우 블록 하나에 아파트 단지와 학교, 상업 지구가 모두 들어
　　갈 정도로 거대하다.

하는지 이유를 찾아와. 어쨌든 명동을 입체화하는 그런 구축을
하는 거지.

다른 학생들은 동요했다. 첫 시간인데 벌써 프로그램을 정하고,
교수와 저런 심도 깊은 대화를 하다니. 더구나 같이 명동에서
놀던 친구들은 배신감을 느꼈다. 같이 놀았는데 왜 저놈만 졸업
전 준비가 다 된 거야?
그렇게 종빈은 승승장구하는 듯 보였다.

종빈	'명동목木'이라고 제목을 정해봤습니다. 외피가 변화해 내용도 변하는 동심원적 구성을 나무와 같은 구조로 형성하려 합니다. 중심에는 정보 커뮤니티 시설을 둬 상업과 정보가 혼합된 프로그램을 만들고 싶습니다. 마치 영화 《아바타》의 나무 안 세계처럼요.
K교수	《아바타》 나무라는 콘셉트는 어떤 '형태'를 머릿속에서 결정해버릴 수 있어서 위험해 보인다. 그런데 프로그램이라고 하는데, 건축전에서 프로그램이라는 단어가 쓰인 게 10년도 안 돼. 역사가 짧아. 그런데 어느새 거의 모든 학생이 프로그램 얘기만 하게 되었고 정작 제대로 풀지는 못해. 프로그램이라는 건 '용도' 그 이상이야. 용도가 음식점이라면 공간 구성, 동선, 물류 체계, 각종 관계를 다 알맞게 조정한 걸 프로그램이라고 하는 거야. 그리고 동심원으로 그린 다이어그램은 프로그램을 구축하는 데 꽤 선입견을 줄 수 있고 또 형태가 곧 프로그램이라고 생각하게 될 수도 있는데, 세계적인 건축 사무소들은 아예 프로그램

만 만드는 회사를 따로 둘 정도로 프로그램은 복잡하고 다층적인 개념이라고. 뭔가를 생각할 때는 적수를 데리고 다녀. 내 의견에 반대하는 놈을 상정해서 연습해봐. 내 생각만 가지고 건축을 하다 보면 수십 년 전에 끝난 얘기를 다시 하게 된단 말이야.

이런 경우를 뭐라고 하더라? 학생들은 저마다 적당한 표현을 찾아본다. 탈탈 털렸다? 밑바닥까지 털렸다? 영혼까지 털렸다? 의견이 분분했으나 어쨌거나 확실한 건 종빈이 '털렸다'는 거다. 지난 4년간 물론 종빈이 교수에게 혼난 적이 한 번도 없는 건 아니었다. 하지만 대부분은 노느라 수업 준비를 해오지 못했기 때문이지, 준비를 해왔는데도 이렇게 털리는 경우는 드물었다. 그렇게 종빈의 승승장구는 멈추는 것 같았다.

종빈   얼리 어답터[2]를 위한 프로젝트를 진행해보려 합니다. 신기술이나 신제품을 수용하는 순서에 따라 이노베이터Innovator, 얼리 어답터Early Adopter, 얼리 메이저리티Early Majority, 레이트 메이저리티Late Majority, 래가드Laggard 다섯 단계로 나누는 에버렛 로저Everette Rosers의 개념을 차용했는데요, 얼리 메이저리티[3]가 주류가 될 수 있도록 '한발 앞서는' 소비자들의 공간을 만들 생각입니다. 건축적으로는 역동적인 공간과 역동적인 스포츠 같은 프로그램으로 명동의 한계를 극복해보려

---

2   '일찍 받아들이는 사람'이라는 의미. 새로운 것에 대한 열망이 있어 최신 상품과 기술을 가장 먼저 구매하고 사용해보는 소비자를 말한다.

3   주류, 다수를 의미한다.

합니다.

K교수 여러 건물을 하는 게 아니라 한 건물인데도 여러 건물 같이 되는 거지. 그리고 품목을 정하는 게 중요해. 다양한 요소를 여러 개 넣어버리면 힘이 없어져. 그리고 얼리 어답터의 공간은 뭐야? 인테리어로 해결하려고만 하지 말고 건축 공간화해서 가져와. 그리고 명동에서 농구해보겠다는 아이디어는 이미 20년 전에 내가 수업 시간에 다른 학생에게 이런 거 어떠냐고 말했던 거야. 새롭지 않아.

멈춘 게 확실한 듯하다. 찍히기라도 했나? 쩔쩔매는 종빈을 보며 친구들은 걱정이 되는 한편 통쾌하기도 하다. 종빈이 그동안 과제를 금방금방 해치우는 걸 볼 때마다 속도는 빠르지만 생각의 깊이가 아쉽다고 여겼는데, 슬쩍 눈감아주던 이전 교수와 다른 베테랑 K교수의 벽은 넘지 못한 것이다. 짜식, 임자 만났군. 그런 수업이 여러 번 반복되었다.

종빈 …장난감 가게로 상품을 정했습니다. 거기에 초콜릿 가게를 추가했는데요, 이런 가게들은 환상적인 분위기를 연출해 건물 전체가 특수한 공간이 될 필요가 있기 때문입니다. 동선과 매스 연결이 한계가 있어서 전에 해온 박스 연결 말고 다른 방법을 찾고 있습니다. 슬라브[4]의 변형으로 연결될 수 있지 않을까요?

K교수 그렇지. 중요한 건 '어떤 상품을 어떻게 체험하는가'야. 장난감

---

4 건물의 바닥을 형성하는 판. 아파트의 경우 각 층의 바닥은 슬라브 위에 얹혀 있으며, 교량의 판 또한 슬라브라고 한다.

이 명동에 어울릴지는 모르겠지만 상업 공간을 시작할 준비는 일단 됐네. 다만 다른 학생들에 비해 진도가 늦어버렸고 벌써 중간 마감인데⋯. 하지만 난 종빈을 믿어. 허허.

교수는 웃지만 친구들이 보기엔 심각하다. 잠깐 고소하긴 했어도 한 달 내내 탈탈 털리면서 종빈은 심신이 피폐해졌고, 중간 마감 직전인데 사실 작업된 건 거의 없는 상태. 어떻게 하려나?

MID–TERM CRITIC

종빈 백화점과 명동 거리는 어떻게 다를까요? 무엇이 명동의 매력을 만드는 걸까요? 바로 상품과 공간에 카테고리가 없는 것, 그리고 도시 조직적 스케일의 특성 등이 그런 매력을 만듭니다. 따라서 작은 것이 모여 만드는 탈중심적인 공간을 만들려고 합니다. 목표는 얼리 어답터 소비자들이고, 프로그램은 장난감 가게인데, 이건 명동의 다른 프로그램과 유연하게 연관될 수 있는 아이템입니다.

종빈의 발표는 언제나 유쾌하고 보는 이에게까지 에너지를 전달했다. 하지만 오늘은 아니다. 종빈은 해놓은 것 없이 자신을 포장하는 사람은 아니었고, 결과물이 별로 없는 오늘 유달리 목소리도 작았다. 종빈의 평소 모습을 아는 다른 교수들은 더딘 진도를 혼내기보다는 의아해진다.

S교수 아직 보여주신 게 별로 없어서 해드릴 말이 별로 없네요. 그런데 주제가 '명동 백화점'으로 그치는 건 아니겠지요? 어떤 새로

사이트 전경.
저층 소형 건물이 모여 있다.

운 유형의 몰mall 같은데, 2층 이상으로는 올라가지 못하는 명
동의 현 문제를 해결하기 위해서 그라운드 레벨을 끌어올리는
것도 중요하게 여긴다면 나아질 수 있겠어요.

FEEDBACK

중간 마감 직후 첫 수업, 그동안 점점 쪼그라들기만 하는 것처
럼 보이던 종빈에게서 오랜만에 에너지가 뿜어나온다. 이 자식,
뭔가 실마리를 잡은 모양이지? 친구들은 종빈의 다음 말을 기
다린다.

종빈   중간 마감에서 중요한 걸 깨달았습니다. 제가 진짜 하고 싶었
        던 건 명동 백화점이 아니었어요.

음? 모두가 당황한다. 보통 저런 말을 할 때는 아쉬워하거나 민
망해하지 않나? 오히려 미안해하는 건 교수였다.

K교수	문답을 하다 보면 오히려 엉뚱한 곳으로 흐를 수도 있는데, 그런 일이 벌어진 것 같네. 좀 더 차분히 생각을 정리할 시간을 줬어야 했는데 내가 속도를 너무 올려 몰아붙인 것 같아 미안하구먼.
종빈	아닙니다. 저 혼자서는 정말 하고 싶은 것이 백화점이 아니었다는 생각도 못 했을 거예요. 어쨌거나 명동에 대해서 처음으로 돌아가서 생각을 정리해봤습니다. 명동은 상업 공간이 가져야 할 모든 임차 점포를 다 갖추고 있습니다. 최신 패션, 식음료, 생활용품 판매점, 대형 브랜드 매장부터 각종 액세서리, 음식 등을 파는 소규모 키오스크[5]형 매장이 있습니다. 이전까지는 문제 지역의 활성화 방안이 기존과 차별화된 새로운 유명 점포 개발이라고 생각해 여기에 관한 시장 조사와 분석으로 시간을 많이 소비했는데, 다시 보니 단순히 입점 점포 문제가 아니라 도시적, 건축적 문제를 해결하는 것이 우선인 것 같습니다.
K교수	어떤 문제지?
종빈	남대문로변은 대형화된 규모와 대로의 관계에만 치중한 나머지 보행 중심인 명동의 특성을 제대로 반영하지 못했기 때문에 침체된 것이라고 생각합니다. 단순히 품목이나 외관, 인테리어 개선이 아니라 건축적, 도시적 관점에서 해결 방법을 찾아보려 합니다.
K교수	좋아. 그런데 그 정도는 누구나 할 수 있는 말이야. 도시적 관점에서 해결 방법을 찾는다는 말은 듣기 좋지. 이게 그저 말이 아

---

5 kiosk. 신문이나 음료 등을 파는 매점. 규모가 작은 독립 상점을 의미한다.

니라 어떤 해결책, 제안이 되려면 더 구체적인 생각을 가져와
야 할 거야.

중간 마감이 끝난 시점에 다시 시작하는 종빈. 과연 어떻게 될
까? 친구들은 다시 예측해본다. 다시 털리지 않을까, 탈탈? 그
정도는 아니겠지. 아냐, 저번과는 비교도 할 수 없게 털릴지도
몰라….
이들은 잠시 말을 멈추고 반성한다. 우린 별로 좋은 친구는 못
되는 것 같아.

종빈 명동은 지리적 이점과 교통 인프라, 입점 점포는 이미 갖춰졌
으므로 접근성, 인지도 같은 외부 요소는 생각할 필요가 없는
것 같습니다.

K교수 그렇지. 엄청나게 많은 사람들이 알아서 찾아오니까.

종빈 따라서 남대문로변의 침체 원인은 내부에서 찾아야 했고, 크게
두 가지로 구분했습니다. 첫 번째는 상업 공간의 공통적인 문
제점인데요, 명동 건물들은 4~5층 규모지만 대부분 1~2층 매
장만 임대로 활기를 띠고, 상부 나머지 층은 동선 유입이 어렵
습니다.

K교수 단순히 수치로만 봐도 1층 매장 임대가가 평균적으로 2층의
두 배 가격으로 형성돼 있지.

종빈 예. 백화점 같은 대형 시설에서는 에스컬레이터, 엘리베이터 등
다양한 수직 동선을 계획하고 극장, 식음 시설 같은 유명 점포
를 상부에 배치하는 전략으로 건물 전체를 활용하고는 있지만,
그럼에도 1층의 밀도가 가장 높은 것은 부인할 수 없습니다.

K교수	교외 스트리트형 상가들이 2층 규모로 평면적으로 넓게 계획하는 것도 같은 맥락이야. 그렇지만 작은 건물이 좁은 땅에 모인 명동은 백화점처럼 공간을 이용할 수도 없고 면적을 넓게 쓸 수도 없지.

잘하는데? 친구들은 깜짝 놀랐다. 근데 쟤 원래 잘했잖아? 사람이란 참 간사하다. 지난 4년간 종빈의 실력을 봐왔으면서 한두 달 헤맨 것으로 이미지가 이렇게 바뀌다니. 친구들은 다시 한번 반성한다. 우린 정말로 그리 좋은 친구는 아닌 것 같아.

종빈	두 번째는 건축물 규모 문제입니다. 작은 골목길을 걷다가 갑자기 대로와 대형 건물을 마주하게 되는데 이때 거리의 밀도는 낮아지고, 정체성을 잃게 됩니다. 대규모 점포는 가로형 상권과 달리 내부 순환 시스템을 지향하는데 이 때문에 바로 인접한 지역의 활성화를 기대하기가 쉽지 않습니다.
K교수	하지만 그렇다고 해서 대로변을 소규모 점포들로만 채우는 건 애초에 가능하지도 않고, 공간 활용은 용적률이 관건이라 바람직하지 않다는 문제가 있어.
종빈	예. 이 두 가지 문제점에 초점을 맞춰, 관련 지역을 대규모 점포 형태로 통합 개발하되 대로변과 골목에 모두 접한 대지의 조건을 함께 수용하도록 계획하고 있습니다.
K교수	건축적으로 어떤 방법을 쓴다는 거지?
종빈	우선 1층에 외부 공간을 많이 할애해 상가의 대면율을 높입니다. 단순히 매장 면적을 확보해 수익성을 높이는 게 아니라, 비영리적인 외부 환경을 조성해 고객 유입과 상업 환경을 개선하

	는 게 수익성에 더 도움이 된다고 판단했기 때문입니다.
K교수	매장이 넓은 것보다 사람들이 더 많이 들어오는 게 경제적으로도 효과적일 수 있지.
종빈	또 건물이 접한 가로 규모에 맞게 매장 면적을 구획하고, 수직 동선을 다양하게 계획해 기존 상권과 단절되지 않고 자연스럽게 대로까지 연장시켜보려고 합니다.
K교수	좋아. 그렇지만 그런 건축적 실험이 상업 공간의 핵심 기능과 필요조건을 갖추기 위해서는 가장 기본적인 상품 동선, 기계 시설, 서비스 공간 같은 요소가 필요해. 그런 건 중간 마감 이전까지 작업을 하면서 정리했던 걸 참고하도록 해.
종빈	아, 그러면 되겠네요!
K교수	건축에서 쓸모없는 일은 없어. 어떤 경험이긴 긴축이 될 수 있거든.

교수의 충고는 사실 불필요했다. 종빈에게는 가지고 있는 자원을 120퍼센트 활용하는 특기가 있었다. 그리고 일단 할 일이 정해지면 누구보다 효율적으로 작업을 진행하곤 했다. 다만 진도가 한참 늦어졌다는 핸디캡이 생각보다 클 뿐. 친구들은 개과천선하고 종빈을 적극 지원하기로 했다. 미안, 그동안 놀리면서 살짝 고소하긴 했어…. 남은 시간은 이제 두 달 반.

PREPARE FOR THE LAST CRITIC

K교수	발표가 얼마 남지 않았는데, 준비는 잘되나?
종빈	솔직히 말하면 졸업전 자체에 큰 의미를 부여하기보다는, 관심 있는 주제로 나만의 프로젝트를 진행한다는 생각으로 즐겁게

임했습니다. 좋은 친구들과 같은 공간에서 토론하고 고민하고 즐긴 그 시간이 결과를 떠나 행복하네요.

한참 모델을 만드는 와중에 찾아온 K교수와 종빈의 대화를 들으며 친구들의 마음 한구석이 뜨끔하다. 미안, 종빈아, 우린 그렇게 좋은 친구들이 아니야….

K교수   허허. 여유 있는 건 좋은데 마감은 맞추면 좋겠어. 최종빈은 대기만성형이라 걱정이 좀 되네.

종빈   안 그래도 저랑 같이하는 도우미들의 넘치는 의욕에 비해 설계 진행이 너무 더딘 게 문제였습니다. 막바지에 이르러서는 오히려 도우미들이 알아서 고민하고 제안도 하고, 자발적으로 결과물을 생산해줬습니다.

K교수   이야, 어떻게 했기에 직원들이 그렇게 열성적이야? 사무소를 운영하는 소장들이 와서 배워야겠어.

교수는 농담으로 던진 말이었지만 친구들은 일리가 있다고 생각했다. 저렇게 한 달 넘게 오직 한 가지에만 몰두하는 사람을 보면 누구든 열성적으로 돕고 싶어질 테니까. 이제 그들은 진심으로 종빈의 발표가 성공하기를 기원한다. 아, 물론 너무 독보적으로 성공하진 말고. 그러면 배가 좀 아플 테니 말이다.

FINAL

종빈   상업 건축은 도시에서 아주 중요한 부분이며 도시의 정체성을 만드는 공적 공간입니다. 하지만 기존 상업 건축 유형은 도시 디자인 발전 과정.

의 문맥과 소통하지 못한 채 경계를 설정하고, 그 안에 소비자를 가두는 성향이 있습니다. 본 프로젝트에서는 상호 교환적이고 주체적인 상업과 비중심적이고 비영역적인 상업 공간의 속성에 초점을 맞춰 도시와 소통하는 새로운 상업 건축 유형을 제안합니다.

THE LAST CRITIC

시간은 누구에게나 공평하고 엄격하다. 종빈은 결국 뒤처진 진도를 따라잡지 못했다. 모형은 어찌어찌 완성했지만 도면은 만족스럽지 못했다. 불행 중 다행은 발표가 나쁘지 않았다는 것이고, 다행 중 불행은 건축가란 사람들은 발표보다 도면을 더 잘 '듣는' 특성이 있다는 것이었다.

A소장 이 투시도가 나오는 단면은 어디지요?

B소장 여기 주 매스는 2층도 아니고 3층 평면에도 없는데… 어디지요?

종빈 4~5층에 있는데 제가 평면을 3층까지만 패널에 넣어서 보이지 않네요.

S교수 여기 오신 분들은 상업 건물의 대가들이에요. 학생은 상업 건물에 대해 공부를 한 것 같은데 아쉬운 부분들이 좀 보이네요.

P교수 1:1000 스케일 표현물은 아주 좋아 보여. 그런데 1:200으로, 1:100으로 가면서… 점점 아니올시다로 가는 것 같아.

종빈 다 똑같은 도면으로 만든 건데 그렇게 보인다면….

A소장 이 디자인은 단면이 재미있어요. 평면은 아예 없어도 좋아요. 그런데 패널엔 평면만 거대하고, 단면은 아주 작게 하나만 있

최종 사이트 모델.
우드락과 금속으로 만들었다.

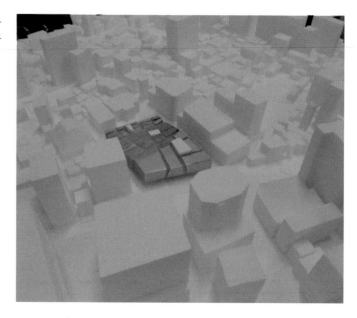

는 게…. 발표 전략이 안 좋았어요.

진도가 늦은 학생이 흔히 빠지는 함정이다. 시간이 모자라기 때
문에 마지막까지 작업을 하다 보니 발표를 충분히 생각하지 못
하고, 그나마 만든 것도 다 보여주지 못하는 것. K교수는 안타
까웠다.

K교수 허허, 전략이 안 좋긴 했지만 그래도 학생을 위해 프로젝트에
대해서도 한 말씀들 해주시지요.

A소장 모델을 보면 꽤 재미있는 것들이 보여요. 지붕 이용을 중시한
프로젝트로 본다면 괜찮은 것 같아요.

미리 매를 맞았다고나 할까? 종빈은 졸업 후 설계 사무소에 들어가 여러 상업 시설 설계에 참여했다. 겪어보니 실제 건축 시장에서 추구하는 상업 시설 역시 결국 공공성을 기반으로 해 개발되며, 그렇기 때문에 복합 개발 프로젝트는 대부분 판매 시설로 단지 활성화를 꾀한다. 하지만 학생 때는 이런 것을 알 만한 기회가 전혀 없었다. 그러다 보니 졸업전 당시에는 작업한 시간보다 상업 시설을 배우고 고민하는 데 훨씬 많은 시간을 빼앗겼다. 지나고 나서 생각하니 아쉬울 뿐이다. 하지만 K교수가 이렇게 말하지 않았던가? 건축에서 쓸모없는 일은 없다고. 종빈은 말한다. 조금 일찍 고민했던 그 시간들이 현업에 크게 도움이 될 뿐만 아니라 더 관심을 갖게 하는 원동력이 되고 있다고. 이뿐만 아니라 한 달 남짓한 방학 기간 동안 오로지 한 가지에만 몰두할 수 있는 기회가 앞으로 또 생길까 싶어 문득 그때로 돌아가고 싶기도 하다고.

3-4
잡거 빌딩─
근린 생활 시설 블록 계획

사유 건물의 공공성

"근린 생활 시설은 도심지 거주자들이

집에서 충분히 수행하지 못하는 기능을 하면서

엄밀히는 사유 공간이지만

주변과 함께 사용하는 공적 공간으로 작동한다.

근린 생활 시설이 갖는 공적 기능을 극대화하면서

상업성도 높이는 방법을 찾는다면

도심 거주자들의 일상을 풍요롭게 하는

좋은 공공 공간을 제안할 수 있지 않을까?"

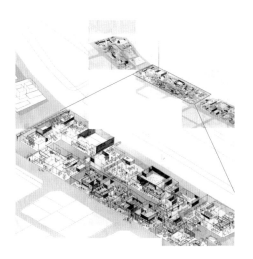

SITE

K교수 자, 드디어 졸업전인가? 지난 4년 동안 공부하면서 졸업전에서 뭘 할지 명확하진 않아도 생각해둔 게 있겠지? 어떤 걸 해보고 싶은가?

승은 임대 상가와 원룸 주거가 함께 있는 건물을 서울 관악구 난곡동 버스 차고지 땅에 만들려고 합니다. 프로젝트 파이낸싱[1]이 아니라 협동조합 방식의 대안적 경제 협동체를 도입해 임대 상가에 실내 공공 공간을 창출하는 시스템을 만들려 합니다. 공간의 성격은 푸드 코트 같은 건데요, 로버트 벤투리[2]의 건축 이론을 도입해 상가 건물의 상징성을 극대화해 상업성을 강화시켜서 상업 공간의 부피는 줄이되 밀도를 유지합니다. 그리고 새로 생겨난 여분 공간을 복합적인 공공 공간을 창출하는 거시요. 이런 공간들은 서소득증의 생활 환경을 향상시키려는 게 목적인데, 아직은 대상이 불분명합니다.

K교수는 많은 것을 가르쳐주는 훌륭한 교수다. 하지만 그만큼 학생의 자율성은 줄어든다. 승은이 지난 4년간 여러 선배에게 들은 정보다. 학생이 내세우는 논리의 허점을 바로바로 지적하고 알맞은 대안을 제시하는데, 준비를 잘하지 못하면 원래 논리가 남아나지 않는다는 의미였다.

---

1 project financing. 신용도나 담보 대신 프로젝트의 수익성을 보고 자금을 제공하는 금융기법으로, 투자자를 설득하기 위해 과도하게 수익성에 집중할 수밖에 없기 때문에 비인간적인 경제 생태계를 만든다는 비판을 받고 있다.

2 Robert Venturi. 건축은 완벽히 기능적이어야 한다는 모더니즘에 반기를 든 건축이론가. 건축은 상징성을 갖기도 하고, 뭔가를 표현하는 언어이기도 하다는 것. 이로 인해 벤투리 이후의 건축은 표현과 상징에 있어 훨씬 자유로워질 수 있었다.

승은은 학기가 시작되기 전부터 건축 이론까지 동원해가며 졸업전 주제를 준비했고, 조심스럽게 발표를 했다. 과연 K교수는 뭐라고 할까?

K교수   음…, 협동조합 방법과 공간 구성 방법의 연결 논리가 아직은 딱 맞지 않아. 프로그램의 근거가 되지 못하고 있어. 왜 원룸 주거랑 푸드 코트 같은 공간이 붙어야 하지? 그리고 그게 동네에 이익이 될까? 현실적으로 구성원의 결속력을 높인다거나 공동체를 이루는 근거가 부족하고, 벤투리도 이 상황에 제대로 도움을 주는 것 같지는 않아.

어림도 없었다. 할 말이 없는 게, 승은 역시 주제를 준비하면서 스스로 의문을 지우지 못한 면이 있었기 때문이다. K교수는 승은이 가져온 지도를 보면서 계속 이야기했다.

K교수   그리고 그 지역에 협동조합 방식의 새로운 건축 형태가 도움이 되는지를 논증할 수 있어야 해. 그런데 푸드 코트가 공공 공간인가? 공공 공간은 돈 안 내고 갈 수 있는 그런 곳이지. 건물 내부의 공공 공간? 아주 어려워. 게다가 상업 건물 내부에? 불가능하지. 저소득층을 위한 걸 만들고 싶다는 의도는 좋은데 해결 방법이 맞지 않아. 여러 가지 이야기가 나왔는데 서로 맞물리지 않은 느낌이야.

승은   윽… 그러면 어떻게 해야….

K교수   일단 벤투리를 빼. 아직 뭘 할지 불명확한 상황에서 다른 사람의 이론을 보는 건 혼란을 불러올 수 있어. 협동조합은 승은이

콘셉트 이미지 스터디.

가 스스로 찾아낸 것이니 빼지 말고, 자기의 선을 분명히 하고 프로그램을 먼저 정해봐.

폭풍 같은 수업이 끝났다. 지역도 다시 골라야 하고, 건축 이론도 빠졌고, 사실상 남은 건 '협동조합' 개념뿐. 이것이나마 남겨준 것을 고맙다고 해야 하나? 승은은 알 수가 없었다. 확실히 알아낸 것은 두 가지다. 과연 K교수는 호락호락하지 않다는 것. 그리고 스스로 찾아낸 것이 아니면 오늘처럼 남아나는 게 없을 거라는 것.

승은 　주제를 다시 잡았습니다. 먼저 공유 공간으로 주민 센터와 상업을 혼합시킨 스케치입니다. 미용실의 대기실, 패스트푸드점의 식사 공간 등 공유 공간을 오픈 플랜3으로 엮어서 함께 쓰는 공간으로 만들었습니다. 이런 느낌의 새로운 근린 상업 공간을 형성해보고 싶은데….

3　벽이나 칸막이가 없거나 적은 구조. 가구 배치를 바꾸는 정도로 공간을 변화시킬 수 있다.

| K교수 | 잘했어. 이건 확실히 승은 선생의 이론이지. |

됐어. 승은은 안도했다.

K교수	제목은 내가 제안하지. '잡거 빌딩'이라고 하면 되겠어.
승은	잡거 빌딩이요?
K교수	잡다한 것들이 함께 거하는 빌딩이지. 내가 어디서 봤는데, 짜장면집이 4층에 있고, 다른 층에는 교회가 있는, 전체 건물의 용도는 상가인 건물들이 있어. 그런 식으로 작은 프로그램들은 특정한 관계가 생길 수 있고, 층마다 정체성이 생기는데, 이게 기존 근린 상가 건물 크기가 아니라 복합 상가만큼 커지면 구조와 설비, 넓이, 높이 등이 완전히 다른 상황이 되고 기존 복합 상가와는 공간 구조가 전혀 다른 새로운 거대 공간을 형성할 수 있을 거야.

뭔가 잘못되고 있다. 승은은 다시 긴장의 끈을 당겼다. 여기서 휩쓸리면 안 된다.

승은	제가 하고 싶은 것과 방향은 비슷한데 그렇게 거대 공간을 만들고 싶은 건 아니고요.
K교수	스케일은 조정하면 되지만 그런 식으로 현 임대 상가 건물 4개 정도를 합쳐서 도시 건축화하면 새로운 빌딩 유형을 만들 수 있지 않을까?
승은	음, 딱 그 정도가 제가 만들고 싶었던 새로운 건물이에요. 그런데 정작 제 아이디어라기보단 교수님 아이디어 같아서 다른 걸

로 해야 하지 않을까요?

승은은 가장 뛰어난 학생은 아니었다. 그런 걸 바라지도 않았다. 최고가 아니더라도 개성과 독창성을 찾아왔다. 졸업전도 예외는 아니었다. K교수도 그걸 모르지 않았다. 다만 독창성에 대한 정의가 조금 달랐을 뿐.

K교수	물론 승은이가 그려온 건 굉장히 거친… 그러니까 원시인 그림 수준이긴 하지만(모두 웃음을 터뜨렸다) 이런 아이디어를 전부 담고 있는 스케치였어. 행여나 내 아이디어가 섞였다고 해도, 아이디어가 누구의 것인지는 크게 신경 쓸 필요 없어. 지금도 비슷한 아이디어는 세계 여기저기서 누군가 생각할 거야. (좌절이다…) 건축이 재미있는 건 여기부터지. 똑같은 아이디어라도 그것이 놓이는 땅과, 재료, 프로그램 등 수많은 요인에 따라 전혀 다른 결과가 나오거든. 바로 그것이 진짜 독창성이고.
승은	그렇다면 해보겠습니다.

어느 정도 주제가 잡혔고, 얼떨결에 제목도 정해졌으니 이제부터 시작이었다. 교수 말대로 아이디어를 구체적으로 풀고 건축화하는 과정이야말로 승은만의 개성과 의지를 마음껏 담아낼 수 있는 시간이었다. 아직 학기 초였지만 승은은 밤늦도록 설계 스튜디오 책상을 떠나지 않았다.

승은	신림동 고시촌 대로변 블록 3개 지역으로 사이트를 정했습니다.
K교수	대로를 전면에 접한 배후에는 주거지가 있는, 어디서나 볼 수

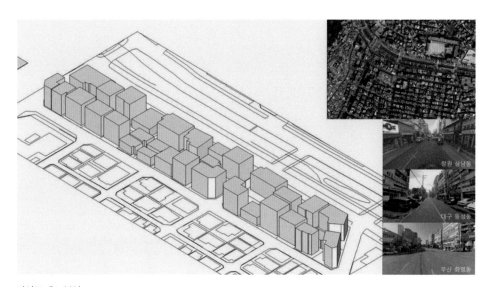

사이트 매스 분석.
창원·대구·부산 등에서도
접근할 수 있는 전형적인
근생 조직이다.

있는 근린 생활 시설 밀집 지역이네.

승은   예. 제가 해결하려는 근생 시설의 문제점 두 가지는 첫째, 필지 구획이 중심이 되는 계획, 둘째로 최대 전용 면적 확보로 야기되는 공용 공간 계획 부재입니다. 이 때문에 건물 사이에 활용되지 못하는 공간4이 생겨 활용도가 낮아지고, 1층을 제외한 나머지 층의 접근성이 급격히 떨어져 층별로 적용할 수 있는 프로그램이 제한됩니다. 이런 이유로 근생 시설은 어디서나 비슷한 모습일 수밖에 없습니다.

K교수   그래, 그러면 어떻게 해결해야 할까?

---

4   dead space. 이용되지 않는 공간. 배치가 잘못된 기둥의 모호한 틈처럼 사용하기 어려운 공간을 뜻한다.

건축 콘셉트 발전 과정.

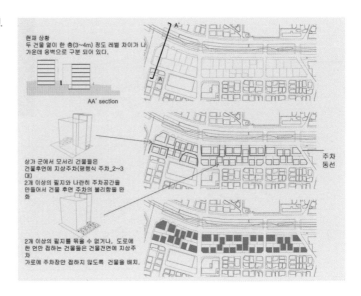

현재 상황
두 건물 열이 한 층(3~4m) 정도 레벨 차이가 나
가운데 옹벽으로 구분 되어 있다.

AA' section

상가 군에서 모서리 건물들은
건물후면에 지상주차(평행식 주차_2~3
대)
2개 이상의 필지와 나란히 주차공간을
만들어서 건물 후면 주차의 불리함을 완
화

주차
동선

2개 이상의 필지를 묶을 수 없거나, 도로에
한 면만 접하는 건물들은 건물전면에 지상주
차
가로에 주차장만 접하지 않도록 건물을 배치.

승은   일단은 네 필지를 하나로 묶어서 지하 공간을 강하게 공유하
         고, 옥상도 공유해 지하와 옥상을 통해 여러 임대 상가를 묶는
         시스템을 만들었습니다.

K교수   건물이 네 개인데 공간은 하나라는 게 포인트인 것 같아. 기존
         입면이랑 비슷한데 들어가서 보면 하나처럼 느껴져야지. 이건
         결국 건물을 묶긴 했는데 상가 공간은 기존과 똑같이 나뉘어
         있잖아?

이걸로는 부족하군. 승은은 수업이 끝나고 다시 책상에 앉아 작
업을 시작한다. 다음 시간까지 새로운 건축적 제안을 만들어갈
셈이다.

승은   현재 근린 상가 상황은 점포 단위와 층에 따라 행위가 한정되고, 그래서 비슷한 건물만 늘어나고 있다고 봤습니다. 대중의 접근도를 높이는 디자인으로 행위를 단일 건물에서 건물'군'으로 확장하려고 합니다. 건물을 묶는 데는 공사용 비계와 비슷한 시스템으로 둘러싸서 새로운 동선을 덧붙이는 방식을 제안합니다. 이것이 도시 정경에 변화를 주기도 할 것 같고요.

K교수   이건 성립이 안 돼. 건물 주위를 둘러쌌지만 동선만 연결되고 내부 공간은 단절되어 있잖아? 건물 내부와 내부가 만나는, 즉 내부에서 할 수 있는 연결 방법을 찾으라고.

건물 외부를 감싸는 이번 디자인은 무리수이긴 했다. 교수에게 끌려가는 것 같아 일부러 내부를 피했는데 아무래도 안 될 것 같다고 생각하던 찰나 친구들이 한마디씩 한다. "교수님은 말 그대로 조언하시는 거다. 말씀하신 걸 꼭 할 필요도 없지만, 일부러 안 할 필요도 없다." 생각할수록 일리 있는 말이다. 승은은 다음 수업에서 내부 시스템을 설계해 보여주기로 결심했다.

승은   상업 공간에서 공공 공간을 극대화한 곳이 푸드 코트라고 생각했고, 건축물 각각의 고유 영역은 유지한 채 푸드 코트를 중심으로 전용 공간을 모으고, 푸드 코트에 각종 동선이나 외부 공간을 적절한 건축 장치로 연결해 외부 접근성도 높이는 방향으로 가면 어떨까 합니다.

K교수   이전보다 한결 현실감이 느껴진다. 이 콘셉트를 발전시키면 되겠어.

승은은 설계 속도가 빠른 편은 아니었다. 오히려 시간을 배로 들여가며 자기 생각을 곱씹는 유형이었다. 그런 와중에 교수와 힘겨루기까지 하려니(물론 승은 혼자 느끼는 것이지만) 평소보다도 진도가 더 늦고 말았다. 결국 중간 마감까지 별다른 결과물 없이 주제와 계획 몇 가지 등 개략적인 이야기밖에 할 수 없는 상황이었다.

승은 고시촌 블록 3개의 근린 생활 시설 통합 계획안입니다. 임대 상업과 근린 시설은 도시에서 사실상 공적 역할을 맡는데, 이것이 공공 공간과 연계되면 접근성과 사업성 모두 좋아집니다. 현재 문제는 필지 위주 개발과 법규 등 제약으로 전국 도시 어디서나 근린 생활 시설의 외양이 똑같다는 것이고, 외부 공간을 더 효과적으로 사용하는 방법을 찾고, 수직 접근성을 높이려는 것이 구체적인 목표입니다. 해결된다면 그 외에도 임대 구분 방식, 공간 사용법 등이 훨씬 다양해지는 결과를 가져올 것입니다.

P교수 주제가 좋아. 그런데 지금은 건물 뒤 켜를 무시하고 앞면만 고려하는 것 같아.

S교수 주제가 특이하고 좋은데 그림으로 나오기는 어려운 주제네요. 그럼에도 주제가 좋아요. 최종 때까지 디자인을 강조해서 발전시키길 바라요. 지금 단계에서는 잠시 주차는 잊어도 될 것 같고…. 아예 가로의 연속성 등을 위해 이면도로 안쪽 블록을 잡아 보행자 전용 공간으로 디자인하면 어떨까요? 임대를 위해서도 다양성이 강조되는 디자인으로 발전하면 좋겠어요.

공간과 동선 다이어그램.

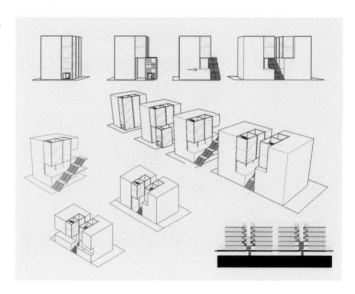

앞서 발표한 여러 학생과 비교할 때 주제에서는 가장 긍정적인 평가를 받았다. 친구들이 보내는 격려의 눈빛 속에서 승은은 깜짝 놀랐다. 이게 베테랑 K교수의 힘인가?

K교수   다양한 걸 위해서는 가정을 잘하는 게 중요하지. 필지와 주차장을 다 통합한다든가…. 현행 법규에서는 할 수 없는 게 많으니까.

P교수   큰 건물 하나가 되지는 않으면 좋겠어. 지금 접근법이 좋아.

S교수   그런 것들에다가, 이 프로젝트는 잡다한 용도가 뒤섞이는 것까지 노리네, 기대돼요.

한편 승은은 다시 의문이 든다. 이걸 과연 내가 혼자 했어도 이

프로그램 스터디와
다이어그램.

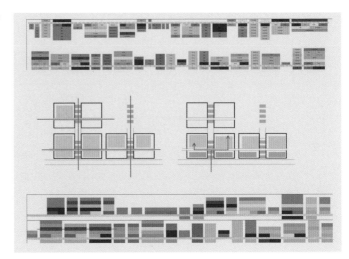

렇게 좋은 평가를 받았을까? 이걸 과연 '내 프로젝트'라고 할 수
있을까? 동시에 마음속 다른 목소리가 반박한다. 그렇게 생각
할 바엔 왜 학교를 다니고 수업을 뭐하러 받지? 교수의 도움을
받으며 성장해나가는 것이 학생 입장에서 당연하지 않은가?
두 목소리 사이에서 승은은 혼란스러웠다. 다만 한 가지는 확
실히 알 수 있었다. 졸업전이란 건 정말 사람 골 때리게 만드는
구나.

FEEDBACK

K교수　　중간 마감에서 다른 교수님들의 기대를 한몸에 받았네. 콘셉트
　　　　　가 굉장히 좋아. 이제 이 콘셉트를 현실로 끌어내자고.

승은　　　그런데 푸드 코트 같은 공간에 대한 이미지가 있을 뿐, 어떻게
　　　　　그런 공간을 만들지 방법과 방향은 아직 잘 모르겠습니다.

VISION

작은 PUBLIC SPACE들이 임대상가 내에 생긴다

층별로 프로그램들을 엮을 수 있다.

새로운 도시 풍경을 만들 수 있다.

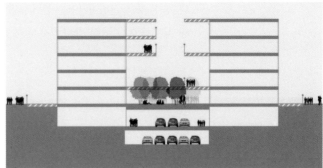

공간 다이어그램.

| K교수 | 음, 일단은 건폐율, 용적률, 주차 관련 현황 등 현재 제도 안에서 최선의 해결책을 제시할 수 있겠지. |

K교수 음, 일단은 건폐율, 용적률, 주차 관련 현황 등 현재 제도 안에서 최선의 해결책을 제시할 수 있겠지.

승은 아니면 콘셉트를 좀 더 살리기 위해 현실적인 제약들을 배제하고 '이것이 근린 생활 시설에서 작동 가능한 공공 공간이다!'라며 대안을 제안해볼 수도 있지 않을까요?

K교수 또는 역으로 제도나 법규의 문제가 뭔지 집중적으로 분석해서 건물보다 건축적 지침을 형성해볼 수도 있겠고⋯. 이 프로젝트의 성격 자체가 '전국 모든 근린 상가'에 적용할 수 있는, 굉장히 일반적인 해결책을 찾으려는 것이어서 건물 하나를 만드는 것으로는 다 담기 힘들 수도 있겠어. 어서 방향을 잡고 진행하자고.

시작은 창대했다. 하지만 건축적, 사회적인 문제들이 얽힌 복잡한 프로젝트였기 때문에 승은이 꿈꾸던 이상과는 점점 다른 모양이 되어갔다. 게다가 코어, 샤프트, 입면 같은 실무 영역으로 들어갈수록 학생의 지식으로는 베테랑 교수를 따라갈 수 없었다. 승은의 자신감은 나날이 위축되었다. K교수는 열과 성을 다해 지도했으나 이런 상황에서는 역효과만 날 뿐이었다.

PREPARE FOR
THE LAST CRITIC

K교수   졸업전 발표가 걱정된다고?

승은   학기 중에 진도가 너무 늦었어요. 남들은 학기 끝날 때 건물 단면까지 그리고 있었는데 저는 결국 스케치 수준으로 마무리됐으니….

K교수   뭐가 걱정이야? 한 학기 내내 이미지를 잡았으니 건물은 맘만 먹으면 바로 만들어낼 수 있어. 내가 보기엔, 진도가 늦은 것보다 승은이 네가 불안하고 초조해하는 게 더 큰 문제야. 할 수 있는 것도 못 하게 된다고. 촉박하긴 해도 충분히 할 수 있으니 잘해봐.

그럼에도 불안과 초조는 떨치기 힘들었고, 승은은 좋은 성과를 내기 어렵다고 판단하고 말았다. 준비되지 않은 상태에서 맞이한 도우미들은 오히려 불안감을 배가시켰고, 그들에 대한 죄책감만 더해졌다.

하지만 사람들은 승은을 그대로 버려두지 않았다. 같이 졸업전을 준비하는 처지였지만 제 도우미를 '파견'시키는 선배가 있는가 하면, 발표 준비가 어느 정도 마무리된 동기들이 피곤한 몸을 이끌고 긴급 지원에 나섰다.

승은의 최종 발표 차례, 결국 건축학과 사람들은 승은을 발표자석에 무사히 올려놓는 데 '성공했다'.

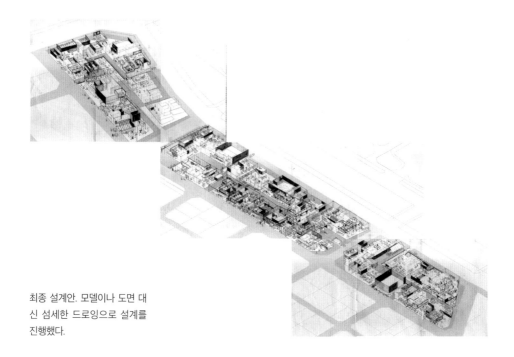

최종 설계안. 모델이나 도면 대신 섬세한 드로잉으로 설계를 진행했다.

FINAL

승은

근린 생활 시설은 공공성을 띠는 사적 시설로 공공성에 준하는 성격을 띱니다. 이런 일부 상업 공간에서 현대 사회에 적용 가능한 커뮤니티 속성을 발견했고, 근린 생활 시설의 한계를 넘어 도심 속 커뮤니티 시설로 발전시킨 디자인을 제안합니다. 근린 상가를 블록 단위로 계획해 프로그램간 연결과 분리를 유도하고, 그러면서 공용 공간을 만들어내고, 접근성이 떨어지는 기존 약점을 극복하기 위해 접근성을 끌어올리는 여러 방법을 지상에 적용합니다. 이렇게 해서 상부에서 프로그램을 수평적으로 연결시킬 수 있습니다.

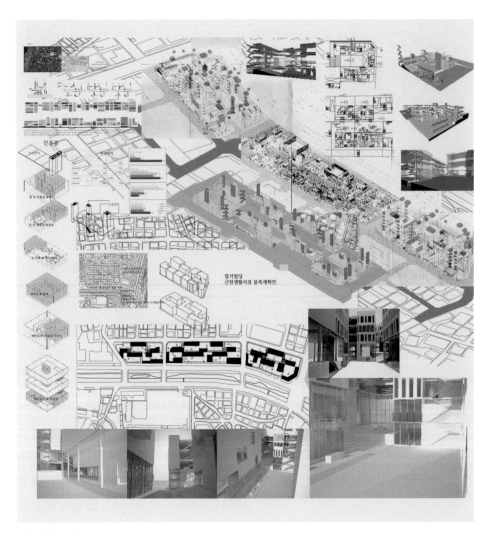

최종 패널. 교수는
'패널이 잡거 그 자체네'라는
평을 남겼다.

THE LAST CRITIC

결국 기말 마감에 임박해 끄적거린 사이트 액소노메트릭5 이미지에서 많이 나아가지 못했다. 하지만 승은은 최악의 컨디션으로도 마지막 힘을 짜내 발표에 최선을 다했고, 그 마음고생을 옆에서 지켜봐준 친구들은 가슴 졸이며 평가자들의 의견을 기다렸다.

B소장 정확히 어떤 것을 목표한 거지요?

승은 이미 공공화된 근린 상업 행위를 물리적 공간이 제한하고 있습니다. 그것을 해결하려 했습니다.

B소장 그런데 근린 시설은 용도가 빈번하게 급변하는 보편적 가용 공간6인데 제시한 팝pop 영역7들이 그렇게 유연하게 형성될까요?

승은 최대한 유니버설하게 하려 했고, 사실 상호간 조율과 협의 등 건축 외적인 시스템 또한 중요하게 작용합니다.

A소장 '잡거 빌딩'이라는 이름이 참 좋네요.

B소장 그런데 공간을 특성화시켜서 사용 여지를 떨어뜨린 게 논리를 약하게 해요.

S교수 음, 그리고 지금까지 발표를 보면 말하려는 것을 명료하게 밝힌 사람이 거의 없는데, 마찬가지로 학생도 의미가 명확히 전

---

5 axonometric. 물체를 경사지게 두고 평행하게 투영해 그리는 도법. 공간을 입체적으로 표현할 수 있다.

6 universal space. 어떤 용도로든 이용 가능한 공간. 근대 건축가 미스 반 데어 로에가 제안한 개념. 다목적으로 사용할 수 있지만 건축적인 특색이 없다.

7 미용실의 미용 공간 등 실제 행위가 벌어지는 공간.

달되진 않아요.

P교수   모델이 참 예쁜데 어떤 사건과 행위가 벌어지는지 알게 해줬으면 하는 아쉬움이 있네.

S교수   좀 더 쉽게 접근하자면 상업 행위가 공공성을 포함한다고 했으니 상업을 좀 더 촉진시킨다거나 하는 방법이 있었을 텐데….어쨌건 고생했어요.

다사다난했던 졸업전 후 승은은 의외로 동기들 가운데 가장 먼저 취직해 시공 회사에서 근무하고 있다. 그야말로 '프로 고민러'인 승은은 누구보다 많은 고민과 걱정을 해본 사람으로서, 어떤 진로를 선택할지 고민하는 후배들을 볼 때마다 건축 관련 어느 분야라도 일단 뛰어들라고 조언한다. 혼자 고민하는 것보다 조금은 넓은 시야로 건축이라는 것을 이해할 수 있고, 그 이해에 기대어 하고 싶은 일을 구체화하면 결정하기가 한결 수월해진다는 경험에 비춘 것이다. 그리고 그럴 때마다 빠뜨리지 않고 하는 말이 있다.

"그렇게 해서 찾아낸 결론이 비록 건축을 벗어나는 것일 수도 있지만."

IV 도시의 주거 문제

도시 조각 연합   지속 가능한 B급 주거
Social Meeting Place   사회 계층의 소셜 믹스
Private City, Public Home   1인 가구의 도시적 공동체

4-1
도시 조각 연합

지속 가능한 B급 주거

"고시원이나 쪽방 같은

B급 주거가 점점 늘고 있다.

서글픈 일이라고 치부하지 말고,

교통 좋은 도심에

저렴한 소형 임시 주거 건물이

'살아남게 하는' 방법을 찾아보면 어떨까."

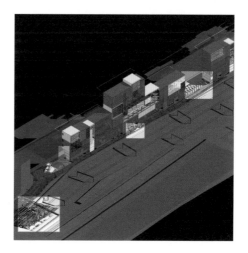

SITE

다시 한 번 강조하건대 K교수는 대단히 노련하다. 지금까지 여러 번 졸업전을 지도하면서 많은 학생을 접했다. 학기가 시작되기 전부터 엄청난 작업을 해 들고 온 학생도 있고, 학기 내내 놀다가 방학 기간에 폭풍처럼 몰아쳐 프로젝트를 완성한 학생도 수두룩했다. 물론 포기하고 중간에 그만둔 학생들도 많았다. 지우는 그런 면에서 이렇다 할 만한 특징은 없는, 평범한 학생이었다. 아니, 그런 줄 알고 있었다.

K교수   허허, 입학했을 때가 엊그제 같은데 자네도 드디어 졸업전을 시작하는구먼. 그래, 다루고 싶은 사이트는 어디지?

지우   서울역 남쪽, 기찻길 옆 대로변입니다. 폭 16미터에 길이 600미터로, 극단적으로 좁고 긴 땅입니다.

K교수   호오, 나도 관심이 많은 곳인데 마침 잘 골랐어. 왜 여기에 관심을 갖게 됐나?

지우   집 근처라서 자주 지나다니는데, 이곳을 지날 때마다 한순간 '도시'의 흐름이 끊기고, 서울역을 지나쳐야 다시 도시가 나옵니다. 도시 한복판에 공백이 생긴 것 같은데요, 기찻길 바로 옆이어서 시끄럽기도 하고, 땅 폭이 좁아 큰 건물을 세울 수 없다 보니 시간이 흐르면서 가로 전체가 낙후된 것 같습니다.

K교수   그런 것보다 땅 폭이 좁은데 뒷면에 도로가 없다는 이유가 더 커. 이 말은 자동차로는 접근할 수 없다는 뜻이거든. 차를 댈 곳이 앞에도 뒤에도 없으니까.

지우   아, 그러네요! 바로 앞에 8차로 한강대로가 있어서 교통이 좋아 보였는데 사실은 전혀 교통이 좋은 게 아니었군요.

사이트 분석.
지금은 맞은편에
대형 주상 복합 건물이
여럿 들어섰다.

미처 생각하지 못한 지적이었는지, 서둘러 수첩에 적는다. 수첩
크기가 어찌나 작은지 교수는 지우가 그런 걸 들고 있었는지조
차 알아채지 못했다.

K교수   대중교통 측면에선 훌륭하지만 결국 상업이나 업무 기능이 들
어서려면 자가용과 화물 차량이 쉽게 접근할 수 있어야 해. 강
남이 그토록 커질 수 있었던 것도 격자형으로 몇 겹이나 깔린
이면도로 덕분이지.

지우   예, 그런 악조건들로 이 길에는 낡은 의수 가게와 노숙자 시설
정도밖에는 들어서질 않았고, 매력도 전혀 없어서 서울역에서
나오는 사람들이 이쪽으로는 걸어가지 않게 됩니다. 지역 전체
에 활력을 줄 수 있는 흐름이 끊어지는 것이지요.

K교수   그렇지, 정말 아쉬운 노릇이야. 서울역은 도시적인 규모에서

서울 전체의 현관이라는 상징성을 갖고 기능해야 하는데 이 가로처럼 보행 네트워크가 뚝 끊어지거든. 그래서 서울역에 내린 사람들은 다시 지하철이나 버스를 타야만 해. 도착했다는 느낌을 줄 수가 없지.

지우   그래서 결론적으로는 이 지역에 새로운 기능을 더해 활기 있는 거리로 재탄생시켜보고 싶습니다.

K교수   그래, 잘해보자고.

자리로 돌아간 지우는 조금 전 수업 내용을 열심히 적는 듯했다. 필기를 좋아하는 학생이군. 교수는 이어서 발표하는 다음 학생과 설계를 이야기하기 시작했다. 여러 학생의 차례가 지난 시점, 교수는 이상한 점을 느꼈다. 지우는 아까 모습 그대로 수첩에 뭔가를 적고 있다. 마치 계속해서 같은 자세로 필기를 이어가는 느낌이다. 뭘 저렇게 오래 적지? 설계 아이디어라도 떠오른 걸까?

필기 내용이 궁금했지만 첫날인 만큼 많은 학생들의 열기가 남달라 교수는 더 신경 쓰지 못했다.

DEVELOPING

K교수   어때, 잘되어가나?

지우   침체된 지역에 활력을 불어넣는 방법을 찾는 게 제일 어려울 줄 알았는데 여기엔 인구를 끌어오거나, 상업 시설을 지어 돈을 끌어오는 방법이 있었습니다. 그래서 이 두 가지 방법을 다 사용해 주상 복합 단지를 짓기로 방향을 정했습니다. 하지만 진짜 어려운 건 그다음인 것 같습니다.

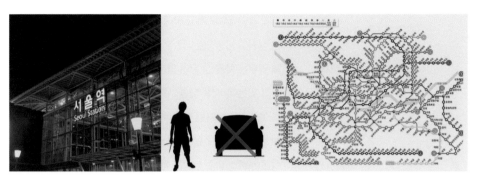

콘셉트 이미지 스터디.

K교수   그렇지. 건축에서 새로운 건물을 짓는 것으로 프로젝트가 끝난
다고 생각하면 문제는 그렇게 복잡하지 않아. 가장 어려운 건
건물을 지속 가능하게 만드는 것이지. 규모가 큰 백화점과 몰
이 서울 곳곳에 건재한데, 너무 좁아 쇼핑도 불편하고 길에 바
짝 붙어 주차장을 만들 수도 없는 땅이 상업적으로 경쟁력을
가질 수 있을까?

지우는 여전히 수첩을 들고 있다. 교수는 첫날과 달리 바로 알
아챌 수 있었다. 하지만 펜은 놓은 상태다. 대화에 우선 집중하
려는 건가?

지우   · 음…, 방법은 있을 것 같습니다. 주차장을 얘기하셨는데, 서울
역이라는 엄청난 교통 인프라를 적극 이용하면 가능성이 있을
것 같습니다. 자동차가 접근할 수 없다는 것이 이곳의 큰 악조
건인데, 그렇기 때문에 아예 보행자와 대중교통만 이용하는 거
리로 만들 수 있지 않을까요?

K교수	그게 과연 될까? 지금 하려는 주상 복합 프로그램은 주차 없이는 성립이 되질 않는데?
지우	제 경우는 차를 살 돈이 없는지라 지하철과 버스만 이용하면서 살고 있는데, 서울 대중교통이 워낙 잘돼 있어서 불편한 줄 모르겠습니다. 저처럼 학생이나 사회 초년생 같은 사람들은 충분히 이런 곳에서도 살 수 있을 것 같은데요? 상업도 물류 유통이 적은 서비스 위주 상업은 가능할 것 같습니다.
K교수	그래도 거주 계층과 상업 종류가 굉장히 제한될 텐데….
지우	오히려 그게 강점이 될 수 있지 않을까요? 홍대나 북촌은 예술인들과 학생들을 위한 공간이었는데 거리가 매력이 생기자 자본이 들어오면서 원래 예술인들과 학생들은 내쫓겼잖습니까? 그런데 이 서울역 남부는 애초에 악조건 때문에 기능이 제한되기 때문에 그런 문제에서는 자유롭지 않을까요?
K교수	흠…, 젠트리피케이션[1]을 방지할 수 있다는 거지? 재미있는 분석이군. 물론 현실은 훨씬 복잡하기 때문에 네가 원하는 대로 되긴 힘들겠지만, 일단 생각을 계속 발전시켜보도록 해.
지우	알겠습니다.

지우는 자리로 돌아가더니 또 필기를 시작한다. 교수는 다음 학생이 준비하는 동안 물어봐야겠다고 생각했다.

K교수	수업 내용을 적는 건가?

---

1 gentrification. 낙후된 지역을 가꿔 재생시켰을 때 발생한다. 공간 가치가 높아지면서 가격이 상승해 기존 주민이 감당하지 못해 내몰리는 현상.

지우	예. 졸업전인 만큼 준비 과정부터 기록으로 남기면 나중에 재미있을 것 같아서요.
K교수	허허, 학문적으로 좋은 자료가 되겠네. 응원하겠어.

마치 일기처럼 수업을 기록하는 학생들이 종종 있었는데, 이 학생도 그런 모양이군. 교수는 여기까지 생각하다가 문득 뭔가 놓쳤다는 것을 깨달았다. 지우는 지난번 수업 시간에 자기 차례가 끝나고도 오랫동안 기록을 멈추지 않았다. 확인하지는 못했지만 수업을 마칠 때까지 계속 기록을 하고 있었을지도 모른다. 그렇다면 설마….

K교수	수업을 기록한다고 했지?
지우	예.
K교수	설마 모든 학생을 다?
지우	예.
K교수	여기, 같은 반 14명이랑 내가 나눈 대화를 전부 기록하겠다고?
지우	모든 반이 함께 모이는 중간 마감 등을 이용해 이왕이면 다른 반 학생까지 전부 기록하려고요.

마지막으로 한 번 더 강조하자면 K교수는 베테랑이다. 지금까지 여러 번 졸업전을 지도하면서 수많은 학생들을 만났다. 하지만 졸업전 전 과정을 통째로 기록하겠다는 학생은 처음이다. 오랜만에 미지의 감정을 느낀다.

K교수	어…. 무슨 의뢰라도 받았나? 책으로 내거나 하는 건가?

그렇지 않다면 이런 고된 노가다를 할 이유가 없지 않은가? 하지만 지우는 다른 대답을 내놓는다.

지우   재밌잖아요.

허허. 교수는 뭐라 할 말이 없어 웃고 만다. 오늘은 오랜만에 겪는 것이 많구먼.

**MID-TERM
CRITIC**

지우   고시원 같은 B급 주거 수요가 늘고 있다는 사실에 주목했습니다. 왜 증가할까요? 자본주의란 항상 이익이 나야 하는 구조이기 때문에, 도시의 안 좋은 부분을 손보려고 해도 필연적으로 '비싸지게' 만드는 결과를 초래합니다.
그리고 자본은 끊임없이 자기 몸집을 키우려 하기 때문에 잠시도 가만있지 않고 뭔가 돈 벌 거리를 찾아다니고, 낡고 오래된 것들은 대표적인 타깃이 됩니다. 갈아엎고 새로 지어야 한다는 것이지요. 따라서 도시 전체적으로 공간 가격은 계속 높아지고, 나이 어린 공간만 남는 불균형을 해결해보고자 합니다.
사이트는 불균형을 잘 보여주는 서울역 남부 가로변을 선정했습니다. 철도로 생겨난 길쭉한 어번 보이드**2**로, 컨디션이 나쁩니다. 이를 역으로 이용해 '도시 중심부의 싼 주거와 상업'을 현실화하려는 프로젝트입니다. 현재는 주거와 상업의 복합체를

---

2   urban void. 도시 내 공백. 앞에 나온 오픈 스페이스처럼 유용한 옥외 공간이 아니라 버려지고 외면받는 빈 공간을 의미한다.

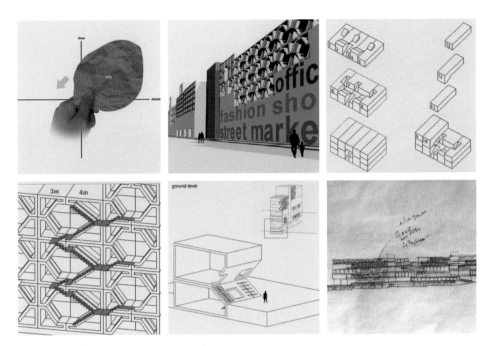

디자인 발전 과정.

디자인하는 중입니다.

특이했다. 지우는 이야기하듯 자연스럽게 많은 이미지를 보여
줬으며, 발표자들이 흔히 보이는 긴장감도 보이지 않았다. 오히
려 즐거워하는 것 같았다. 그에 비해 설계는 평범하기 짝이 없
었다.

S교수   내부 공간이 너무 단조로워 보이는데?

지우   대지 폭이 16미터밖에 되지 않아 건폐율을 제한하면 건물 폭
이 최대 10미터 정도라서 나눌 공간이 없습니다.

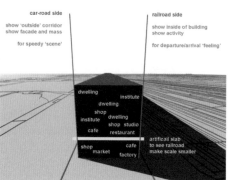

중간 마감 발표 자료.

P교수   글쎄요, 10미터면 다양한 공간을 만들기 충분한 폭이야. 외국의 경우 철도 옆에 폭이 비슷한 사이트를 또 절반으로 나눈 사례도 있는데, 학생이면 더 과감해도 되지 않겠어? 공간을 만드는 방법을 더 다양하게 생각해보셔야겠어.

까인 것이 분명하지만 지우는 별로 신경쓰지 않는 듯하다. 발표 자료들을 서둘러 정리한 다음에는 예의 수첩을 꺼낸다. 다른 교수들이야 모르겠지만 K교수는 분명히 느낀다. 저건, 평소 수업 시간에 보지 못하는 다른 반 학생들의 프로젝트를 기록할 수 있어서 신났다는 얼굴이군.
졸업 설계보다 졸업전 수업 자체에 집중하는 학생은 처음이라 K교수는 지우를 어떻게 지도할지 아직 감이 잡히질 않는다.

FEEDBACK

K교수	중간 마감에서 지금 이 프로젝트의 약점이 드러났지? 지금까지 도시와 자본 등을 고민하느라 정작 건축은 손을 별로 대질 못했어. P교수님 지적대로 공간을 다양하게 설계해보았나?
지우	4학년까지 해온 건 건물 하나를 설계하는 건데, 600미터 가로를 따라 계속 이어진 건물군을 디자인하는 것은 근본적으로 달라서 쉽지 않네요.

지우의 약점은 불행하게도 설계였다. 콘셉트나 분석도 중요하지만 결국 건축가의 가장 큰 역할은 건물의 형태를 만드는 일이다. 치명적인 약점이 아닐 수 없다.

K교수	그렇지. 같은 건물이 두 채만 붙어도 단조로운 느낌을 주는 마당에 전부 똑같은 입면으로 이을 수는 없으니. 하지만 입면을 만드는 건 결국 공간이야. 공간에 주목을 해봐야 할 것 같아.
지우	일단 지난번보다 공간을 다양하게 설계해왔습니다.
K교수	음…, 위아래를 뒤집어 놓는 게 훨씬 보기 좋을 것 같은데?
지우	제가 보기에도 그렇군요. 저는 대체 뭘 한 걸까요?
K교수	허허. 하다 보면 늘 거야. 지금부터 디자인에 집중하자고.
지우	다음 학기면 졸업인데… 하이고.

그러면서도 수첩을 꺼내 방금 오간 대화를 기록한다. '야, 이놈아! 지금은 건물 스케치를 할 때다!'라는 말이 목구멍을 치고 올라온다. 교수는 가까스로 말을 삼킨다. 설계 교수로서 설계를 하라고 지도하는 것도 맞지만, 그에 앞서 자신은 '건축' 교수다. 스케치와 디자인만큼이나 대화와 기록 또한 건축이지 않은가?

설계 중인 모델.
뒤집은 것이 훨씬 보기 좋다.

지우   디자인 문제는 프로토타입 하나를 정하고 조금씩 변형하거나 조합을 달리하는 변주 방법으로 덜 단조로운 가로와 공간을 만들 수 있을 것 같습니다.

K교수 그런데 600미터짜리 프로젝트를 어떻게 전시할 계획이지? 보통은 1:100 정도 스케일로 모델을 만들지 않나?

지우   그게, 1:100으로 축소해도 6미터고, 1:500은 길이가 120센티미터지만 폭은 1.6센티미터, 한 층의 높이는 고작 8밀리미터에 그칩니다. 현미경이라도 동원해야 할 판입니다.

K교수 규모 자체는 크지 않은 건물인데, 너무 길쭉하니까 문제가 생기는군.

지우   다행히 앞서 말씀드린 것처럼 프로토타입 한 가지가 변주되기 때문에 전체 건물의 일부를 잘라 상세하게 만드는 것으로 나머지를 상상할 수 있다고 보고, 1:50 스케일로 큼직하게 부분 모델을 만들려고 합니다.

한 학기 동안 보면서 교수는 지우에 대해 상당 부분 파악할 수

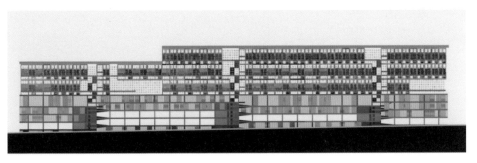
3D 입면 렌더링.

있었다. 성실하지 않은 건 아니지만 정말 열심히 하는 학생들에
비하면 작업하는 시간은 무척 짧다. 하지만 지금 모델을 결정한
것처럼 최소한의 노력으로 상당한 효과를 얻는 경우가 많았다.
이렇게 귀찮은 일 싫어하는 녀석이 그 귀찮은 기록 작업은 빠뜨
리지 않고 계속하는 것이 여전히 신기한 노릇이다.

K교수	도우미와 협업은 잘되어가나?
지우	1월부터 여행도 데려가고 밥도 사주고 티셔츠까지 맞춰줬는데 기초까지만 만들어주고는 스페인으로 여행을 떠나버렸습니다.
K교수	허허, 요즘 말로 먹튀 아냐, 그거?
지우	그래도 워낙 모델 기초를 잘 만들어줘서 밥값은 톡톡히 한 것 같습니다.

최종 마감까지 남은 시간은 한 달가량. 수업이 끝나 더 이상 기
록할 것이 없었으나 지우는 계속 바쁘게 움직였다. 네댓씩 도우
미를 쓰는 학생들과 달리 혼자 작업하기 때문에 할 일도 많았

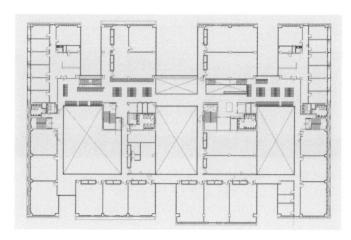

졸업전 중간에 진행한
전시 공간 배치.

다. 세나가 자기 설계보다는 설계실을 돌아다니며 다른 친구들의 프로젝트를 모니터링하고, 전시 공간 배치를 코디네이팅하고, 나서서 전시 홍보 자료를 만들었다. 친구들은 이런 면이 쉽게 이해가 가지 않았지만 가장 알 수 없는 건 매일 즐거워하는 지우의 모습이었다. 졸업전이 아니라 무슨 축제를 준비하는 사람 같았다.

그리고 최종 발표 전날, 학생 대부분이 설계실에서 마지막 불꽃을 태우는 마감 직전 밤이었지만 지우는 홀연히 집으로 가 침대에 누웠다. 지금 타버리면 안 된다. 가지고 있는 모든 에너지는 내일 다 써야 하니까.

FINAL

며칠씩 밤을 새운 학생들은 마지막까지 모델을 만들다 자기 차례에 맞춰 달려와 발표를 끝내고선 설계실 구석에 웅크리고 잠에 빠지게 마련이다. 대부분이 이렇다 보니 졸업전 최종 발표장엔 사람이 별로 없다. 하지만 지우는 발표 첫 순서 학생이 시작하기도 전부터 가장 좋은 자리에 앉아 수첩을 펴들었다. 발표가 시작되고 모든 발표와 질문을 기록하는 한편, 발표 자료 전시와 설치 등을 적극적으로 도왔다.

외부에서 온 소장들은 지우를 수업 조교로 알았을 정도다. 차례가 되어 발표자 자리에 서고 나서야 소장들은 그가 졸업전 참가자라는 것을 알았지만, 여전히 의구심이 남았다. 무슨 졸업전 참가자가 저렇게 여유롭고 신난 표정이야?

지우는 잠깐 동안 정적을 만들어 청중을 집중시킨 후 발표를 시작했다. 계산 끝에 나온 행동이 분명하다.

지우 도시 건물들은 점점 크기가 커지면서 주변 조직과 소통하지 않고, 폐쇄적인 자기만의 세계를 형성해버립니다. 이런 큰 덩어리들이 뭉친 지역 거리는 무미건조하고 매력 없는, 죽은 도시가 되어버리지요.

이런 폐쇄적 건축 유형을 대체하는 개방형 제안으로, 서울역

현재의 도시 건축 유형을 나타낸 다이어그램.

제안하려는
건축 유형 다이어그램.

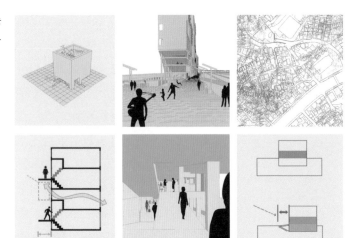

최종 3D 액소노메트릭.
전체 모델은 없이
이미지로 대신했다.

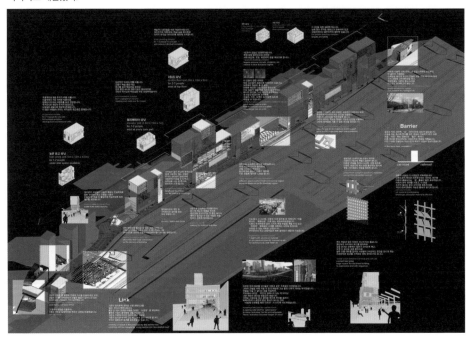

남부 기찻길 옆에 주상 복합 단지를 설계했습니다. 기찻길을 소음과 공해의 원흉이 아니라 교통 요충지로 재해석하고, 좁고 긴 땅 형태는 이용자를 자연스럽게 이끄는 요인으로 삼아 불리한 조건들을 역이용하는 데 집중했습니다.

좁은 땅에서 최대한 많은 사람이 충분한 채광과 통풍을 누리도록 위층과 아래층 집이 복도 하나로 통하게 만들었습니다. 이렇게 하면 한 층 분량의 복도를 빈 공간으로 만들 수 있는데, 이 공간으로 빛과 바람을 더 들일 수 있습니다.

비슷한 원리로 지면에서도 성큰 가든**3**을 만들어 1층과 지하층으로 동시에 통하도록 설계했습니다. 지하층이 1층 같은 접근성을 지니면 공간의 상업적 가치가 향상되는 효과가 있을 것으로 기대합니다.

THE LAST CRITIC

이상한 발표였다. 수많은 시각 자료를 발표 내용과 맞아떨어지게 순서를 맞추는 것을 보면 여러 번 연습을 한 게 분명하지만, 중간에 튀어나오는 실수들을 보면 철저하게 내용을 외운 것도 아니었다. 그냥 신이 나서 이야기를 하는 것에 가까웠다. 하지만 알아듣기는 쉽고 내용은 재미있어 보는 사람도 즐겁고 말하는 사람은 더 즐거웠다. 이전 차례 학생까지 팽팽한 긴장감이 감돌던 발표장은 순식간에 화기애애해졌다.

하지만 건축가들은 직업의식이 투철한 사람이다. 발표는 발표,

---

3   sunken garden. 지하를 개방적으로 뚫어놓은 공간.

크리틱은 크리틱이다. 여전히 입가에 미소는 남아 있었지만 A소장의 눈빛은 매서웠다.

A소장   방해될 요소들을 조합해 이점을 이끌어냈다고 했는데, 조합이 아니라 각각 따로 노는 것 같아요. 확 묶어주는 것이 눈에 띄지 않아요.

P교수   여전히 공간 조합이 단조로워. 오히려 현재 사이트의 자잘한 맛이 더 나을 수도 있어. 지금은 공간을 횡으로만 자른 것 같아서 아쉬운데 혹시 다른 공간 구성이 있으면 다이어그램 등으로 명확히 표현해야 할 것 같아. 지금은 눈에 들어오지 않아.

완곡하게 표현하긴 했지만, 설계가 확실하지도 않고 재미도 없다는 말이다. 이미지를 많이 사용했지만 필요한 그림은 없다는 말이다. 그러나 지우는 여전히 표정이 밝다. 상관없다는 것인가? 아니지. K교수는 짐작한다. 저건 쿨하게 인정하는 표정에 가까워 보여.

A소장   주거에서 복도를 비워내는 게 재미있는데, 배리어프리 문제가 있지는 않나요? 장애가 있는 분들이나 좀 나이 드신 분들은 살지 못할 것 같네요.

지우   거주 타깃을 경제적 기반이 부족한 사회 초년생으로 잡았습니다. 장애인용 엘리베이터와 경사로도 설치했고요. 다만 모든 주거 유닛에 계단이 있어서…. 그 부분을 놓쳤습니다.

S교수   외부에서 보았을 때 보행자들에게 충분히 좋은 공간을 형성하지는 못한 것 같아요. 그런 공간이 내부에 있다는 암시도 부족

하고. 그래서 끊어진 도시적 보행 네트워크를 과연 이을 수 있을지 모르겠네요.

지우 　사실 보행자를 이끄는 건 공간 자체보다는 상업 등 다른 활동이라고 봤습니다. 그래서 상업성을 높이는 데 더 중점을 뒀습니다. 그리고 모델에 표현되진 않았지만 철도 쪽에 진입 공간을 구성했습니다.

집중해서 만들어낸 부분들은 이쪽이라는 것이다. 시간상 모든 부분을 완벽하게 만들 수 없다는 것을 전제하고 주거와 상업을 파고 들어가는 전략을 택한 것. 효율적인 전략이었지만 B소장 생각은 조금 달랐다. 학생 때부터 그렇게 편하게 살려는 요령에 익숙해지면 곤란하지.

B소장 　저도 학생처럼 공공 공간을 제공해야만 공공성이 형성된다고 생각하지 않아요. 상업성을 높이는 것도 충분히 공공성을 끌어올릴 수 있어요. 쌈지길이 좋은 예지요. 그런데 스플릿 레벨[4]로 내부에서 시각적인 소통을 한다는 부분에서, 상업 공간은 층고 대비 설비 층고가 많이 필요해서 사실 불가능해요. 그런 면에서 현실적이지 못했고, 학생 말대로 성큰 가든으로 지하층에 접근하는 건 누구나 하고 싶어 하지만 못 해요. 왜냐면 법규상 지상층은 면적의 60퍼센트만 건축할 수 있지만, 지하층은 100퍼센트 쓸 수 있어서 면적상 이익이 크기 때문이지요. 그

4　split level. 1층과 2층 사이에 1.5층을 둬 두 층이 서로 보이게 하는 디자인.

만화로 구성한
콘셉트 설명 패널.

런 현실 조건들을 자세히 보셨으면 더 좋았을 거예요.

편하게 살려면 그만큼 실력을 갖춰라. B소장은 강렬한 메시지
를 던졌고 충분히 맡은 역할을 수행했다. 자, 이걸로 평가를 마

무리할 것인가? 건축가들은 누구보다 협업에 능한 사람이다. 채찍에 뒤이은 당근이 절묘하게 들어온다.

A소장 하지만 현실의 여러 문제를 직시하고, 자기가 아는 한도 내에서 최대한 즐기는 모습이 보기 좋네요.

P교수 그리고 만화로 구성한 패널이 알기 쉽고 재미있어. 졸업 설계 자체를 재미있게 즐긴 것 같아.

P교수의 말에 졸업전 발표장에 있는 소장, 교수, 참가 학생, 그 도우미 들까지 모두가 동의한다. 이해할 순 없지만 저 학생이 즐긴 건 확실한 것 같아. 자리로 돌아간 지우는 수첩을 펴고 그날 마지막 차례인 참가자의 발표까지 기록을 마쳤다.

건축은 종합 예술이고 공학이며 사업이다. 따라서 배우는 것도 다양한데, 여기엔 사람에 따라 순기능이 되기도 하는 역기능이 존재한다. 바로 건축 외 다른 분야에 더 관심을 갖게 될 수도 있다는 것이다. 그런 면에서 K교수가 졸업전을 즐기는 '도승지' 지우를 보면서 건축 설계가 아니라 다른 길을 걸을지도 모른다고 짐작한 것은 놀라운 일이 아니다. 물론 교수도 지우가 웹툰 작가가 될 거라고는 생각하지 못했다.

허허. 교수는 또 한 번 할 말이 떠오르지 않아 웃고 말았다. 끝까지 예상을 벗어나는 녀석이란 말이야.

4-2
Social Meeting Place

사회 계층의 소셜 믹스

"주거지에 따른 사회 계층 분화와
사회적 배제에 대한 해결 방안.
물리적인 주거지 혼합이 아니라
자연스럽게 접촉하는
일상 속 소셜 미팅으로
사회 계층 혼합을 제안한다."

SITE

재현	교수님, 저는 졸업전에서 현대 사회의 계층 문제를 해소하는 건축적 방안을 제시하고 싶습니다.
S교수	처음부터 굉장히 큰 주제를 잡았네요. 어떻게 그런 생각을 갖게 되었지요?
재현	최근 사회, 아니 제 주변만 살펴보더라도 사회경제적 지위, 민족, 인종, 연령 등에 따라 계층이 나뉘고, 하위 계층은 사회적으로 배제되는 추세가 점점 심해지고 있습니다. 이런 상황은 건축 분야, 특히 주택 분야에서 두드러집니다.

이를 해소할 만한 대안으로 소셜 믹스social mix, 다시 말해 사회 계층 혼합 개념이 등장했고, 저도 관심을 갖고 지켜봤습니다. 하지만 뚜껑을 열어보니 주거지의 물리적 혼합에 지나지 않아 오히려 위화감과 갈등을 조장하는 부작용을 낳는 것으로 드러났습니다. 이를 개선하고 싶습니다.

건축으로 사회 문제를 해결하려는 시도는 오랜 시간 동안 수없이 있어왔고 많은 경우 실패했다. 건축은 삶의 여러 측면에 영향을 미치지만 만능은 아니다. 환경을 변화시키고 사건이 발생하는 장소를 만들 수는 있지만 결국 일을 하는 것은 사람이고, 돈과 문화를 포함한 수많은 요소가 관련되기 때문이다.

방임에 가까울 만큼 자유롭게 지도하는 S교수도 학생이 터무니없는 사회 문제를 들고 올 경우에는 제지할 때가 있다. 건축 영역 안에서는 얼마든지 자유로울 수 있지만 이건 영역을 벗어나는 문제이기에. 하지만 가끔 재현처럼 예외가 생긴다.

S교수	사회 문제를 갖고도 건축이 관여할 수 있는 범위를 잘 잡았네

가리봉동 실제 모습.

요. 주제는 좋지만 이를 잘 드러낼 사이트가 있어야 될 텐데, 찾은 곳이 있나요?

재현 서울시 구로구의 가리봉동을 골랐습니다. 이곳은 주변 디지털 단지의 산업 구조가 변모하면서 거주민 교체를 거듭하다가 현재는 중국 동포 노동자들이 집단 거주하고 있습니다. 이들은 주로 일용직 단순 노동일을 하면서 열악한 주거 환경에서 생활하며, 일부는 '벌집'이라는 극도로 비인간적인 주거지에 살고 있습니다. 사회경제적으로 하급 계층에 속하는 이들은 여러 편견 때문에 극단적인 사회적 배제에서 벗어나지 못하고 벌집으로 고립되는 실정입니다.

S교수 이야! 여기에 새로운 소셜 믹스라…. 두 가지는 확실히 말해줄 수 있을 것 같네요. 하나는 다룰 만한 가치가 있고 주제와도 잘 맞는 사이트를 골랐다는 것, 남은 하나는 굉장히 어려운 사이트라는 것. 건축적으로도 그렇고 사회 구조, 자본, 정서 등 모든

것이 꼬여 있는 곳이에요. 괜찮겠어요?

재현   괜찮습니다!

DEVELOPING

누구나 대학에 처음 들어오면 모든 것을 열심히 한다. 전공 과목, 교양 과목, 동아리…. 그러다 인간이 가진 자원의 한계 때문에 하나둘씩 포기하는 게 생긴다. 특히 건축학과 학생은 과제가 워낙 많기 때문에 전공 과목이 아닌 것은 상당수를 포기하게 된다. 재현은 5학년이 되기 전까지 여전히 모든 것에 열심인 몇 안 되는 학생이었다.

그러나 졸업전에 임하면서 그야말로 이번 학기에는 졸업전에 '올인'한다는 각오를 세웠다.

S교수   잘되어가나요?

재현   가리봉동을 이해하는 것 자체가 어려워서 진도가 나가질 못하고 있습니다. 처음에는 주거지에 따른 사회적 배제가 가장 극심하게 일어나는 대표적인 지역이라 생각해 사이트로 선정했지만 직접 답사를 다니면서 언어 장벽에 부딪쳤습니다.

S교수   거긴 거의 중국말만 쓰지요?

재현   그렇습니다. 몇 번을 다녀왔지만 언어가 통하지 않는 지역에서 무언가를 알아내고 이해하는 데에는 한계가 있었습니다.

한눈에도 재현은 피로해보였다. 분명 가리봉동의 구석구석을 전부 돌아다닐 각오로 뛰어다녔겠지. 교수는 좀 더 돕고 싶었다. 편애라기보다 노력의 양에 대한 나름의 보답이라는 의미였다.

S교수	저도 해외 프로젝트를 할 때 언어와 문화 차이로 고생을 많이 하지요. 이럴 때는 오히려 직접 찾아가는 것보다 기사, 논문, 잡지 같이 다양한 매체를 적극적으로 활용해서 간접적으로 조사를 하는 것이 나을 수 있어요.
재현	아, 가리봉동을 소재로 한 다큐멘터리와 인터뷰 자료가 있다고 얼핏 들었는데 그걸 구해서 보겠습니다.
S교수	그렇게 진행하면 될 거예요.
재현	문제가 하나 더 있습니다. 좀 큰 문제입니다.

성실한 학생들이 늘 그렇듯이 재현도 평소 수업이나 발표 직전 '난 망했어'라는 표현을 자주 하곤 했다. 물론 그 말을 믿는 사람은 거의 없다. 시험 전날 밤새워 공부하고선 공부 하나도 안 했다고 하는 고등학생처럼 엄살이자 연막이기에. 그런데 지금 재현은 태도가 다르다. '진짜 망했다'는 느낌이다. 대체 무슨 일일까?

S교수	어떤 거지요?
재현	문제의식의 해결 범위를 설정하는 것입니다. 처음에는 주거라는 건축적인 틀로 드러나는 계층 소외 문제에 주목했지만 자료를 찾아볼수록 근본 원인은 사회와 정책 차원에 있다는 것을 깨달았습니다. 그래서 '과연 건축적인 제안으로 이 문제를 해결할 수 있을까'라는 의구심이 들고, 저도 모르게 점점 추상적인 담론으로 빠져드는 느낌입니다.

재현은 주제를 잡을 때부터 이 부분을 충분히 고려했다. 교수가

콘셉트 다이어그램.

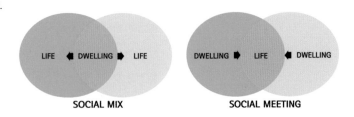

보기에 이 문제가 다시 불거진 이유는 하나였다. 욕심. 더 많은
문제를 해결하고 싶다는 욕심, 더 근본적으로 원인을 파고들고
싶다는 욕심이 생겨나 자꾸만 처음 설정한 범위를 넘어서려는
것이다.

S교수   큰 문제긴 하지만 사회적인 문제를 건축으로 해결하려고 하다
보면 누구나 마주하는 문제예요. 결국 어디에선가 선을 그어
야 하지요. 하지만 지금 답을 내릴 필요는 없다고 생각해요. 프
로젝트를 충실하게 진행하다 보면 재현 씨가 손댈 만한 범위도
정리될 것이고, 건축적인 아이디어도 생길 테니까요.

건축가가 할 수 있는 일은 어디까지인가? 오랜 시간 많은 사람
이 고민해왔지만 아무도 모두를 만족시킬 만한 답을 제시하지
못했다. 하지만 자기가 설계하는 프로젝트에 한해서라면 분명
답을 찾아낼 수 있다. 교수가 보건대 재현이 지금 할 일은 자기
프로젝트가 무엇인지 정하는 것이었다.
다음 수업 시간에 재현의 표정은 눈에 띄게 밝아져 있었다.

재현	교수님 말씀대로 다큐멘터리를 보면서 간접적으로 공부를 하다 해결책의 범위와 방향에 대한 감을 잡았습니다!
S교수	이야, 보람 있네요. 어떤 다큐멘터리였지요?
재현	가리봉동 벌집을 다룬 다큐멘터리였는데요, 벌집의 건축적 구조와 그 안에서 일어나는 삶의 형태, 작지만 활발한 커뮤니티 등을 간접적으로 체험해볼 수 있었습니다. 그리고 새롭게 깨닫게 된 것은 벌집은 물론 열악하지만 그들에게 싼 비용으로 생활할 수 있는 '꼭 필요한 나의 집'이었고, 우리와 뿌리가 같은 한민족이라는 자의식 아래 언제든 '소통하려는 의지'가 있었으며, 편견에 가려져 알 수 없었던 '다양한 문화 콘텐츠'를 갖고 있었다는 겁니다.
S교수	그럼 그 내용을 바탕으로 해서 해결책의 범위는 어떻게 잡을 건가요?
재현	그들에게 '꼭 필요한 나의 집'을 제공하는 주거와, 그들이 가진 '다양한 문화 콘텐츠'를 활용한 커뮤니티 프로그램을 복합해 그들의 '소통하려는 의지'가 실현될 수 있는 공간을 형성하면 어떨까 합니다.
S교수	여전히 어렵긴 하지만 적어도 건축 영역에서 할 수 있는 일들로 정리를 잘했네요.

S교수는 생각했다. 뭐, 이 정도면 교수가 할 일은 다 끝난 게 아닐까?

MID−TERM
CRITIC

3D로 렌더링한 설계안.

재현   주거지에 따른 계층 분화와 하위 계층에 대한 사회적 배제를 해결하는 방안을 제시하고자 합니다. 단순한 주거지 혼합과 그로 인해 실제 삶이 괴리되는 사회 계층 혼합 개념을 대신해, 계층별로 독자적인 주거 영역을 보존하고 주거 외 공유 요소에서 자연스럽게 만날 수 있도록 유도하며 이로써 점차 배타심을 완화시키는 '소셜 미팅' 개념을 제안합니다.

가리봉동의 중국 동포 노동자들에게 고밀, 소규모 독립 주거를 저가로 제공하고 그들이 가지고 있는 문화 콘텐츠를 활용한 '소셜 미팅 스페이스'를 곳곳에 배치함으로써 거주민과 외부인이 자연스럽게 접하는 '소셜 미팅 플레이스'를 구현하고자 했습니다.

중간 마감이라는 게 믿기지 않는 완성도였다. 교수들은 발표가 시작되기 전부터 신이 나서 재현이 가져온 모델과 스케치에서 눈을 떼지 못했고, 발표가 끝나자 앞다퉈 평가를 시작했다.

P교수   왜 벌집 구조를 사용했지? 단순히 기억하기 위해서라면 충분한 이유가 되지 않아. 그렇다고 벌집 구조가 건축적으로 가치 있는 구조일까? 혹시 저가형으로 만들려고 벌집 구조를 도입한 거라면 실현되지 않을 거야. 어떻게 하든 비싸지겠지. 그래서 말하려는 건 '건축적 콘셉트'가 아니라 '도시적 콘셉트'로 벌집 구조를 사용하면 어떨까? 그러면 훨씬 설득력이 생길 것 같아.

재현   벌집이라는 비인간적인 주거를 단순히 기억하고 보존하기 위해서, 또는 건축적인 형태나 구조를 차용하려 한 것은 아닙니다. 벌집은 불편하고 열악하지만 그들에게 현실적으로 없어서는 안 되는 주거입니다.

차가운 시선을 받는 경계를 넘어서면 벌집 안에서는 거주자들이 작지만 따뜻한 커뮤니티를 형성합니다. 제 설계에서 벌집은 이처럼 겉으로 드러나지는 않지만 그러한 주거 형태를 선택할 수밖에 없었던 이유, 바꾸어 말하면 벌집만이 해결해주는 어떤 열망과 욕구를 알게 해준 단서이자, 동시에 설계의 지향점을 설정하는 데 결정적인 모티브가 됐습니다.

이와 더불어, 프로젝트 초기 단계에서 제가 통제할 수 있는 범위를 벗어나 추상적인 담론으로 빠져들어 완성도 있는 해결책을 제시하지 못하고 중간 단계에서 프로젝트가 끝나버리지 않도록, 최대한 건축적인 범위 안에서 프로젝트의 방향성을 유지하려고 하기 때문에 섣불리 스케일을 도시 레벨로 키우는 것은

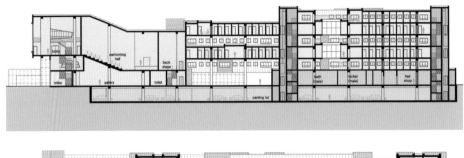

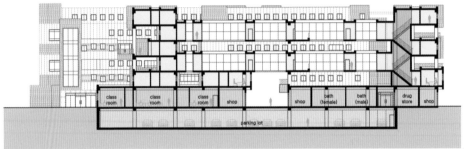

건물 단면. 프로그램을
색으로 구분했다.

조심스러운 입장입니다.

발표를 지켜보던 동기들은 기가 차다는 듯 중얼거렸다. 완전 교
수급인데? 이를 듣기라도 했는지, 이번에는 베테랑 K교수가 나
섰다.

K교수 　가리봉동의 가장 큰 문제는 무법 지대라는 거야. 많은 문제 때
　　　　문에 주민들이 가리봉동이라는 지명도 바꿔달라고 요구하고
　　　　있어. 한마디로 현실을 잊고 싶다는 거지. 벌집은 기억할 것이
　　　　아니고 사라져야만 하는 대상인 거야. 지금 여기서는 너무 낭
　　　　만적으로 보고 있어. 그렇게 지으면 목표를 이루기 힘들 것 같

아서 걱정이야.

재현   벌집은 열악하고 비인간적인 주거 형태임에는 틀림없습니다. 하지만 앞서 이야기한 것처럼 그들에게는 이런 주거 형태를 선택할 수밖에 없었던 이유가, 이런 주거 형태만이 그들을 만족시켜주는 요소가 분명히 존재합니다. 벌집이라는 이름이나 열악한 형태를 유지하자는 것이 아니라 그러한 이유와 요소를 기억하고 새로이 제공할 주거 공간에 차용하자는 것입니다.

낭만적인 태도는 경계해야겠지만 지나치게 염세적인 관점으로 대상을 바라보는 태도 역시 건축 설계를 하는 사람으로서 항상 경계해야 한다고 생각하기에 균형을 맞춰보려 합니다.

FEEDBACK

중간 마감에서 K교수와 재현의 시각은 확실히 달랐다. 주거 환경의 질을 높이는 관점도 중요하지만, 조금 불편하더라도 저렴하고 효율적인 구조를 도입해 더 많은 사람에게 집을 주는 것도 중요하다. 물론 누가 옳다거나 틀렸다고 할 수 없다. 재현이 마지막에 언급한 것처럼 균형을 맞춰야 할 뿐이다.

S교수   중간 마감 때 들은 평가에 대해서는 어떻게 생각하나요?

재현   교수님들께서 벌집에 대해 부정적인 의견을 많이 주셨는데, 이는 벌집의 문제라기보다는 제가 제시한 건축적 해결 방식이 다소 소극적이라 '소셜 미팅'이 눈에 띄지 않아서 그랬다는 생각이 들었습니다.

S교수   저도 그렇게 생각해요. 약간 아쉬웠지요.

프로그램 스터디.

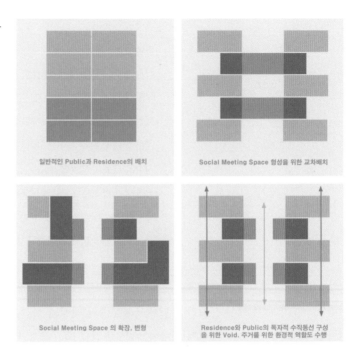

일반적인 Public과 Residence의 배치

Social Meeting Space 형성을 위한 교차배치

Social Meeting Space 의 확장, 변형

Residence와 Public의 독자적 수직동선 구성
을 위한 Void. 주거를 위한 환경적 역할도 수행

재현은 직접 발로 뛰고 자료 조사를 많이 한 덕분에 충분히 실현
가능한 건물을 설계할 수 있었다. 하지만 그만큼 독창성이나 주
제가 지닌 예리함은 잃어버렸다. 다시금 줄타기를 시작할 때다.

재현   주거 시설은 다른 영역과는 최대한 독립적으로 유지되어야 한
다는 생각에서 출발했습니다. 하지만 그러다 보니 프로그램별
조닝zoning이 지나치게 경직되어 결과적으로 신선하지도 않
고, 무엇보다 이곳에서 실제로 소셜 미팅이 발생할 수 있을까
의구심이 들었습니다. 그래서 최종 마감까지는 좀 더 적극적으
로, 하지만 서로 침범하지는 않도록 주거와 소셜 미팅 스페이

	스들을 배치해보려고 합니다.
S교수	그러려면 주거의 프라이버시, 채광 등 기본적인 거주성을 확보하면서 동시에 곳곳에 커뮤니티들이 적극적으로 관입되도록 고민해야 할 거에요. 그러면서도 각 영역이 구분되어야 하고.
재현	구분을 위해 주거와 커뮤니티의 동선을 분리할까 합니다.
S교수	좋아요. 그런 방향으로 설계를 진행하면 될 것 같아요.

PREPARE FOR THE LAST CRITIC

학기가 끝나고 방학 작업에 들어가면서 재현은 입버릇처럼 시간이 없다고, 졸업전은 망할 것 같다고 하소연했고, 그런 재현에게 친구들은 한 번만 더 엄살 부리면 엎어버리겠다고 경고했다. 그렇게 걱정하던 재현은 정작 작업에 들어가자 동료들 속이 뒤집어질 만큼 즐겁게 프로젝트를 진행했다. 일주일에 두 번씩 스튜디오 수업을 준비하던 학기 중과 달리 스스로 일정을 계획해 진행하는 방학은 재현에겐 마음껏 뛰어노는 놀이터와 같았다. 최종 발표 전 찾아온 교수는 재현의 이런 솔직한 소감을 들으니 자기도 모르게 웃음이 나왔다.

S교수	하하, 교수가 없는 게 더 낫네요.
재현	물론 학기 중에 교수님이랑 대부분을 완성시켜둔 덕에 가능했던 거지요. 더운 날씨에 설계실에 찌들어 있다가 지치면 함께 졸업전 준비를 하는 동기, 후배 들과 술 한잔 하면서 일상을 탈출하기도 하고, 또 서로의 설계안을 놓고 뜨겁게 토론을 벌이기도 했는데, 이런 건 같은 학생들끼리만 할 수 있는 것 같습니다.
S교수	맞아요. 지나고 나서 돌이켜보면 교수 없이 스스로 졸업전을

준비할 때가 학생 시절 중에서 가장 의미 있고 뜨거운 여름이 아니었나 싶을 거예요. 보니까 설계도 나랑 할 때보다 더 많이 진행된 것 같은데?

재현 예. 계속 고민한 끝에, 주거와 소셜 미팅 스페이스를 조직하는 시스템 방향이 어느 정도 정리되어서 그 시스템을 평면과 단면에 적용하고 도면화하는 데 집중할 수 있었습니다.

S교수 도우미들은 어땠나요?

재현 건축학과에 와서 이렇게 남들의 도움을 크게 받은 건 처음인 것 같습니다. 직접 해보니 프로젝트를 끌고 나가는 마스터 입장에서 도우미들에게 일을 분배하고, 일정을 관리하는 것이 얼마나 어려운 일인지 알 수 있었습니다.

S교수 도우미 몇 명 관리하는 것도 그런데 큰 사무소를 운영하는 건축가는 어떻겠어요.

재현 그분들은 정말 대단한 것 같습니다. 제가 조금이라도 진도가 안 나가고 헤매고 있을 때 도우미들이 일 달라고 토끼 같은 눈으로 바라보면 정말 어디에든 숨고 싶었습니다. 또 마감이 다가오고 밤샘 작업이 시작되면서는 지쳐가는 도우미들을 보면서 이들이 무슨 죄가 있어서 지금 나만 바라보고 이 고생을 하나 싶어 하루에도 몇 번씩 미안해졌습니다.

S교수 그렇게 미안해할 것 없어요. 후배들도 많은 걸 배워가니 윈윈win-win이지.

재현 한번은 여자 후배 한 명이 밤샘 작업 중에 너무 피곤하다며 소파에서 한 시간 정도 쪽잠을 잔 적이 있습니다. 한창 작업을 하다 무심코 고개를 돌려 잠든 후배를 봤는데, 이불도 없이 겨우 우드락 한 장을 덮고 그 아래로 온갖 접착제와 먼지에 새카매

진 발바닥을 보고 정말 눈물이 날 뻔했습니다. 한창 꽃단장하고 다닐 나이에 내가 뭐라고 지금 저 고생을 할까 하는 생각에 마음이 많이 아팠습니다.

S교수 들으니까 가슴 아프네요. 밤샘은 적당히 시켰어야지…. 어쨌건 내일 발표 때는 내 학생이라고 봐주지 않을 테니 원망하지 말아요.

FINAL

재현 주거지에 따른 사회 계층 분화와 하위 계층에 대한 사회적 배제를 해결하는 방안을 제시하고자 합니다. 소셜 믹스 개념에는 단순한 주거지 혼합은 실제 삶의 괴리로 이어진다는 맹점이 있는데, 이를 대신해 계층별로 독자적인 주거 영역을 보존하고 주거 외 삶에서 공유 요소를 통해 자연스럽게 만나도록 유도함으로써 점진적으로 배타심을 완화시키는 '소셜 미팅' 개념을 제안합니다.

가리봉동의 중국 동포 노동자들에게 고밀, 소규모 저가 주거를 제공하고 그들이 지닌 문화 콘텐츠를 활용해 '소셜 미팅 스페이스'를 곳곳에 배치함으로써 거주민과 외부인이 자연스럽게 만나는 '소셜 미팅 플레이스'를 구현하고자 했습니다.

저층부에 공적인 프로그램이 놓이고 그 위에 주거가 올라타는 일반적인 구성에서 벗어나 단면상에서 공공 프로그램과 주거 프로그램을 교차 배치하고, 그 교차부에 소셜 미팅 스페이스를 삽입했습니다. 각 소셜 미팅 스페이스는 프로그램별 요구 면적에 따라 평면상 혹은 단면상으로 확장되고 변형되면서 기능을 충족하는 동시에 다채로운 단면과 입면을 형성합니다.

콘셉트 모형.
아크릴 레이저 커팅.

주 모델.
폼보드에 여러 재료를 이용해
생생하게 표현했다.

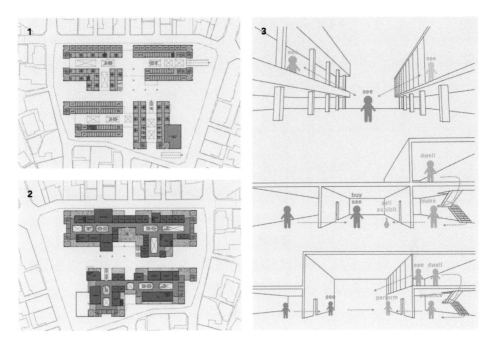

1·2 1·2층 평면.
3 미팅 패턴 다이어그램.

또 주거를 두 켜로 구성하고 양쪽으로 벌리면서 생겨난 틈새 공간은 주거를 위한 동선과 완벽히 분리된 공공 동선으로 활용하고, 동시에 주거의 거주성을 높이는 환경적인 역할을 수행하도록 구성했습니다.

중간 마감의 데자뷔 같았다. 재현의 프로젝트는 다른 학생들에 비해 완성도가 높았고, 발표를 지켜보던 소장과 교수 들은 발표 전에 이미 자리에서 일어나 모델과 도면을 면밀하게 살펴보았다. 그리고 그때와 마찬가지로 발표가 끝나자마자 크리틱을 쏟아내기 시작했다.

A소장	두 종류의 사람이 같이 사는 게 아니라 거주자는 중국인이고 외부 사람들이 여기 들어온다는 거지요?
재현	예. 주거지로 계층이 유리되는 문제 해결책으로 기존의 소셜 믹스는 서로 다른 계층을 물리적으로 혼합할 뿐 여기서 생기는 갈등과 괴리감 등 부작용을 피할 수 없다는 문제의식을 갖고 있습니다.
B소장	사소한 것 두 가지만 지적하자면, 평면을 그릴 때 1층 외에는 주변 지도를 지워야 가독성이 좋아요. 그리고 '루프 플로어 플랜 roof floor plan'이라는 건 없지요. '루프 플랜'[1]이에요.
A소장	제 의견은 약간 다른데, 주변과의 관계를 강조해야 할 때는 주변 지도를 지우지 않는 것도 나쁘지 않을 것 같아요. 이 학생은 그런 면에서 목적의식이 뚜렷해서 좋아요.

소장들이 졸업전 크리틱 중에 상반된 의견으로 충돌하는 건 좀처럼 보기 드문 광경이다. 그만큼 소장들이 이번 평가에 임하는 마음도 여느 때와 달랐다.

B소장	공공 용도를 2층에 올리는 이유는 뭐지요?
재현	소셜 미팅 스페이스를 형성하는 주거와 공공의 접합부를 극대화하기 위해서입니다.
A소장	다이어그램이 명확하고 좋아요. 그런데 최종 작품은 다이어그램만큼 나오지 않았네요. 거창하지 않은 주제를 완성도 있게

---

1   roof plan. 지붕 평면도. 위에서 보았을 때 지붕 모습을 평면적으로 나타낸 그림.

풀어나간 것도 무척 좋고. 그런데 공간이 단순하고, 다이어그램 같은 것보다 공간 디자인에 깊게 들어갔으면 입면도 억지스럽지 않고 더 좋았을 텐데. 어쨌든 재미있었어요.

B소장 기존보다는 나은 논리라고 주장을 하는데, 나은 점이 명확하게 드러나지 않아요. 무엇보다 주거에서 프라이버시가 약한 게 치명적이고…. 입면은 일단 좋아요. 완성도 있게 나온 것 같아요. 그렇지만 아무래도 주거라는 것을 저런 시스템으로 다 만든 것이 무리가 따르는 것 같아요.

외부에서 온 소장들에게 평가를 양보하던 교수들도 더 참을 수가 없었다. P교수와 S교수는 사이좋게 영어와 한국어로 코멘트를 이어나갔다.

P교수 흥미로운 방법이지만 소셜 미팅 면적이 너무 많아. 그리고 프로그램에서도 외부자의 개입과 활동도 고려되어야 할 것 같고…. 앞서 말씀하신 대로 주거에서 프라이버시는 기본적으로 갖춰야 하는 건데 그게 열악하니 가장 먼저 개선해야 할 것 같아.

S교수 집중이라는 것도 중요해요. 미팅 면적이 좁다면 미팅은 많이 발생할 테지만, 넓다면 오히려 만날 수가 없지요.

재현 프로젝트를 진행하면서 주안점으로 생각한 것 중 하나가 주거 프라이버시를 최대한 유지하는 것이었는데, 아무래도 중간 마감 때보다 공공 프로그램을 적극적으로 구성하려다 보니 충분히 강화하지 못해 개선할 점으로 생각하고 있습니다. 다른 계층이 어울리도록 유도하는 건축적 장치로서 프로토타입을 제안하고 싶었고, 상황별로 현실적인 조건에 맞춰 부분적으로 선택 적용하는 것이 맞지 않을까 하는 생각입니다.

P교수 공간 자체를, 그리고 다이어그램을 다양화하면 좋겠고, 다이어 그램 자체의 스케일을 키워보기도 하면 좋겠어.

S교수 실질적으로 작동이 안 되고 우범 지대가 될 수 있으니 그런 면 에서 좀 더 사회적으로 치열하게 접근하는 게 좋겠어요.

재현 초기에 건축적인 범위 안에서 솔루션을 제시하겠다고 스스로 사고의 틀을 설정해놓고 진행하면서 발생한 한계라고 생각합 니다. 조금 더 성장하고 기회가 된다면 건축적, 도시적, 사회적 으로 복합된 깊이 있는 해결 방안을 고민해보겠습니다.

과연 얼마나 성장했을까? 재현은 졸업 후 바로 설계 사무소에 취직했다. 우연인지 필연인지 모르지만 지금 소속된 부서도 주 택, 그중에서도 공동 주택을 주로 다루는 곳이다. 아마 포트폴 리오에 실린 졸업전의 영향이 컸으리라 짐작한다. 나름 적성에 잘 맞아 딱딱한 실무 작업이라도 싫지 않다.

돌이켜보면 졸업전 당시에는 그것이 전부인 줄, 졸업전을 잘해 내지 못하면 큰일이라도 나는 줄 알았지만, 사회에서 수년을 지 내고 난 지금은 세상에 다양한 길이 있고, 그토록 괴로웠던 고 민과 걱정이 누구나 겪는 자연스러운 과정이었다고 느낀다.

재현은 후배들에게 조언한다. 학생이 매사에 최선을 다하고 미 래를 고민하는 것은 당연하고 꼭 필요한 일이지만, 너무 거기 사로잡혀 괴로워하거나, 결정을 내리고 선택하는 데 주저하면 서 움츠러들지 않기를.

4-3
Private City,
Public Home

1인 가구의 도시적 공동체

"당신은 어디에서 삽니까?

1인 가구 400만 시대.

더 이상, 우리는 집에 살지 않는다.

나는 방에 산다.

방이 곧 집이 되었다."

서울대학교 건축학과 정원은 한 학년이 기껏해야 30명 정도에 불과하고, 같은 설계실에 모여 작업하기 때문에 선후배 가릴 것 없이 친해질 수밖에 없다. 그런데 교수는 다르다. 한 학기 내내 얼굴을 마주하는 '설계 스튜디오' 수업에서 비로소 학생들을 지속적으로 접하게 된다. 하지만 학기마다 새로운 학생을 만나고, 건축 특성상 수업 외적인 일로도 정신없이 바쁘기 때문에 한 번 가르친 적이 있는 학생을 기억하는 것도 만만치 않다. 물론 예외는 있다. 함께 수업하는 건 처음이지만 S교수는 진경의 이름을 이미 알고 있었다.

S교수   진경 씨는 1학년 때부터 학부생으로 보기 힘든 훌륭한 작품들을 많이 보여줘서 교수들 사이에서 유명했지요. 드디어 졸업전을 하네요? 어떤 걸 하려고 하나요?

유명하기는 개뿔. 진경은 이런 소리를 들을 때마다 부끄럽다. 설계를 대단히 잘하거나 무진장 열심히 하는 것이 아니라, 스스로 만족할 만한 기준에 간신히 맞춘다고 생각하기 때문이다. 친구들도 진경의 의견에 동의한다. 다만 한마디 덧붙인다. '그 기준이 엄청나게 높다'고.

진경   저는 1인 가구 시대에 주목합니다. 오래 자취를 하면서 관심을 가진 분야인데, 특히 최근 몇 년간 주거 구성원 수는 급격히 줄어들고 보편적 가족 단위로 여겨지던 '4인 가구'라는 건 이제 집합 주거의 고려 대상에서 의미를 잃어가고 있다고 봅니다.

S교수   잘 봤어요. 가구 규모는 급격하게 줄어드는데 여전히 주택 시

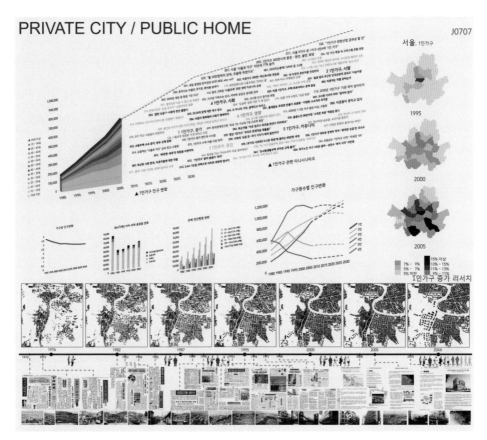

PRIVATE CITY / PUBLIC HOME

J0707

치밀하게 분석한 1인 가구와
도시 현황.

장에서 표준화된 기준은 4인 가구지요. 가족 공동체의 위상이
무의미해질 1인 가구 시대의 주거는 지금까지와는 형식이 전
혀 달라져야 할 거예요. 그러면 진경 씨는 1인 가구를 위해 새
로운 주거 형태를 만들려는 건가요?

진경   주거 형태도 바꿔야 하지만, 1인 가구 증가는 단순히 양적인
변화를 나타내는 지표가 아닙니다. 늘어난 1인 가구 수와 줄어

든 주거 면적의 문제를 넘어, 400만에 달하는 1인 가구의 주거 공간과 거주 방식에는 질적인 변화가 있습니다.

S교수   어떤 변화인가요?

진경   먼저 1인 가구 대다수의 주거 공간은 일상을 유지할 만큼 충분한 질을 갖추지 못하고 최소화되고 있습니다. 단순히 개별 주거의 품질 문제를 넘어 집합 주거에서 고려되던 여러 요소가 모두 사라지고 축소되어서 더 이상 '집'이라 부를 수 없고 압축된 '방'들의 집합만 남은 겁니다.

몇 년간의 자취로 진경은 이미 1인 가구 전문가였다. 생활 그 자체가 연구와 다름없었으니…. 물론 교수는 잘 알고 있다. 혼자 사는 학생이 모두 이런 분석을 할 수 있는 건 아니라는 걸.

S교수   좋은 표현이네요. 소위 '원룸'이라 불리는 주거 단위의 문제점이지요. 시퀀스 같은 건축의 시간적 특성과 공간 조합으로 생성되는 복잡성이 사라져버리고 단순한 공간 하나와 가구만 남지요. 그리고 이런 공간 변화가 사회적으로도 철저히 개인만 남겨버린 거지요.

진경   예. 3~4인 가구가 사라진다는 건 마지막 남은 최소한의 정주 공동체가 사라진다는 말도 되지요. 게다가 모두가 동의하는 목적 하나를 공유하는 공동체는 이미 사라졌다고 생각합니다.

S교수   영화 《메트로폴리스》[1]적인 시각으로 도시를 읽고 있군요? 약

---

1   1920년대 독일 영화. 인간이 창조한 도시가 결국에는 비인간적인 곳으로 변하고 억압과 착취의 장이 될 것이라는 경고를 담은 걸작이다.

간 극단적인 것 같긴 하지만 초기 단계에는 이 정도로 콘셉트를 명확하게 잡는 걸 우선으로 하지요. 그렇다면 공동체가 없어진 시대에는 어떻게 접근할 건가요? 새로운 공동체를 공급할 수도 있고, 아니면 아예 공동체가 없는 새로운 구조를 제시할 수도 있겠는데….

진경   둘 다 결합한 콘셉트를 생각 중입니다. 집합 주거에서 공동체가 형성된다는 건 일종의 환상이지만, 인간은 타인과 최소한의 관계를 맺을 필요가 있습니다. 따라서 개인 간의 새로운 관계를 찾아보려고 하는데 어떨까요?

S교수   지금까지 한 분석에 비하면 의외로 중도적인 시도인데요?

진경   아예 극단적으로도 생각해봤지만 '주거'라는 게 삶에서 너무나 근본적인 기능이기 때문에 한쪽으로만 치우치면 안 된다고 생각했습니다.

S교수   좋아요. 현실성을 기반으로 한 아이디어들이 진짜 파급력을 갖게 마련이지요. 다음 수업이 기다려지네요.

교수는 확신했다. 하루 이틀 준비한 게 아니군. 그렇다. 진경은 이미 몇 개월 전부터 직접 겪으면서 알게 된 것을 당사자 입장에서 느끼고, 타자 입장에서 평가하고, 이론가 입장에서 분석하려 노력했다. 이제 건축가 입장에서 일을 시작할 때다.

진경   개인의 주거 영역이 '방'으로 극단적으로 축소되면서 '집'에서 담아내던 일상 행위들이 '방' 밖으로 나가게 되었습니다. 일상 행위는 도시로 외부화되었고 사람들 또한 원하든 원치 않든 도시를 사적으로 점유하는 행위를 확장해나가고 있습니다.

S교수	우후죽순처럼 생기는 카페들이 그 증거라고 볼 수 있겠네요. 노래방 같은 걸 가리켜 한국의 '방 문화'라고도 하고….
진경	예. 방만 남으니 역설적으로 도시 전체가 방으로 채워진 겁니다. 공적인 행위 영역이던 도시를 점차 개인이 폐쇄적으로 사유화하고 있고요. 그런데 이런 '방 도시'가 과연 집을 대체할 수 있을까요? 제가 보기엔 아닙니다. 방 도시는 공허하며 무책임합니다. '서울이 모두 내 집'이라는 말은 서울 어디에도 내 집은 없다는 말입니다.
S교수	그렇다면 방의 성격이 명확해지네요. 서울에서 방은 도시적 방으로서 공공, 공유 공간의 가능성을 지닌 공간이 아니라 폐쇄적이고 사유화될 때만 쓰이는 장소라는 거지요?
진경	예. 그리고 사유화되는 사적 공간들이 잠식한 도시는 소통하지 못한 채 자폐적인 공간이 되어가고 있습니다.
S교수	그럼 이 문제를 어떻게 해결하려고 하나요?
진경	전통적인 주거와 도시의 역할이 무너지는 지금, 개인에게 필요한 건 하우징housing, 즉 주거 유형이 아니라 진정한 의미의 '홈home', 다시 말해 '가정'으로 기능하는 새로운 거주 방식이라고 생각합니다. 현 상황을 더 정확히 말하자면 개인은 집을 잃었고 도시는 공공 공간을 잃었습니다. 1인 가구가 급격히 증가하고 있지만 이들 중 주택을 소유한 비율은 30퍼센트도 안 됩니다. 이는 일상 행위의 차원을 넘어서 물리적 실체인 주거의 가치 또한 변하고 있다는 의미입니다.

교수는 살짝 진경의 말을 끊었다. 진경이 틀린 이야기를 해서? 아니다. 지금 진경은 철저하게 자료 조사를 기반으로 한 분석만

콘셉트 다이어그램.

집이 방이 되었다

이야기하고 있다. 문제될 내용은 없다. 다만 너무 '안전하다'.

S교수　　주거 소유의 의미가 변한다는 건 이미 오래전부터 많은 곳에서
　　　　　　다룬 내용이에요. 소유보다는 다른 부분에 주목하는 게 좋을
　　　　　　것 같네요.

진경　　　예. 주거는 더 이상 소유하는 것이 아니라는 게 주제가 아니라,
　　　　　　영구적인 정주가 보장되지 않는다는 것이 기본 전제입니다. 여
　　　　　　기에 주거 생활이 필연적으로 외부화될 수밖에 없는 상황에서
　　　　　　개인의 거주 문제는 사적인 문제가 아니며, 도시 또한 공적 행
　　　　　　위의 장으로서가 아니라 사적이고 일상적인 행위를 수용할 수
　　　　　　있는 공공 공간으로 고려되어야 한다는 주장입니다.

교수는 섣불리 판단했음을 인정한다. 진경의 주장은 자극적으

로 표현하지 않았을 뿐 내용은 급진적이다. 거주가 사적인 영역이 아닐 수도 있다, 공공 공간이 사적 행위를 수용한다. 사전에 실린 단어의 의미를 반대로 이용하겠다는 것.

S교수   그렇다면… 이 프로젝트는 주거 대상자인 개인의 시야와 함께 도시적인 시야까지 합쳐서 두 가지로 접근해야겠어요. 최소 정주 공동체마저 사라진 1인 가구들에게 다시 도시와 주거의 영역을 가르며 공동체의 허구를 심어주는 것이 아니라, 개인의 최소한의 관계만으로 도시 전체를 각자의 집으로 편집해 사용할 수 있게 하는 거지요. 사적이며 폐쇄적인 방으로만 도시를 소비하지 않고, 개별화되는 일상을 개방적 공공 공간인 도시에 담을 수 있을까요?

진경   그래서 방으로 축소된 개인 영역을 회복하고 도시 차원의 거주성을 만들어내는 '퍼블릭 도메인[2]'으로서 집을 제안하려 합니다. 제 프로젝트의 전제는, 개인 소유의 거주 공간이 방으로 축소된 현실을 긍정도, 부정도 하지 않습니다. 소유할 수 있는 공간이 방으로 한정될 수밖에 없는 상황을 인정하면서 단순히 소유 면적을 늘리는 방식이 아니라, 공공 공간을 새롭게 조직해 새로운 거주 공간 방식을 규정해보는 겁니다.

S교수   말은 쉽지만 건축으로 삶의 행태에 영향을 미치는 건 대단히 어려워요. 과거 소련의 건축 실험[3]들은 실패로 끝났고, 미국에

---

2 public domain. 공공 영역. 공유할 수 있는 범위
3 건축으로 일상생활을 개조해 사회주의적 인간을 만들어낼 수 있을 것이라 믿고 여러 건물을 지었지만 잘 작동되지 않았고, 소련 사회의 몰락과 더불어 실패로 끝났다.

서도 프루잇 아이고[4]가 폭파되었지요. 물론 건축은 사람들에게 엄청나게 영향을 미치지만 '의도적으로' 영향을 주는 건 전혀 다른 문제지요. 구체적인 방식을 만들어서 보여주세요.

진경   예, 알겠습니다.

빨리 다음 수업을 보면 좋겠군. 교수는 수업을 끝냈다.
아니다. 아직 끝낼 때가 아니다.

S교수   어이쿠, 콘셉트 얘기에 빠져서 빠뜨렸는데, 사이트는 정했나요? 하하. 수업하면서 이렇게 푹 빠진 적도 처음이네요.

진경   사이트는 1인 가구의 대표적인 주거지인 관악구 대학동입니다. 저도 여기 살고 있고요. 제가 제안하는 '프라이빗 시티 private city - 퍼블릭 홈public home'이 1인 가구 시대에 대응하는 일반해—般解가 되면서 구체적으로 상상할 수 있는 사이트의 특성을 가졌으면 하는 마음으로 선정했습니다.

S교수   대학동은 1인 가구의 비율이 높긴 한데 뭔가를 시도하기엔 제한이 많은 곳이에요. 뉴타운 같은 현실적인 문제를 최대한 배제하더라도 경사지인 데다 다세대 주거로 가득 차 있고 학교, 지천, 산을 모두 면한 지역이에요.

진경   이곳은 처음부터 1~2인 가구 중심 주거 지역으로 형성되었고,

---

4   Pruitt-Igoe. 20세기 중반 지어진 공공 주택 단지. 이론적으로 완벽한 생활 모델을 구현했으나 실제로 거주하는 미국 빈곤층의 생활양식과는 전혀 맞지 않았고, 슬럼화 같은 부작용을 막아낼 장치가 없어 결국 범죄의 온상이 되어 폭파되었다. 건축 이론가 찰스 젱크스는 폭파 시각인 1972년 7월 15일 오후 3시 22분을 '모더니즘이 끝난 순간'이라고 정의했다.

변화하는 1인 가구의 특성에 반응하면서 전통적인 주거 지역과는 다른 방식으로 발전했다는 점에 주목했습니다. 과도기적인 1인 가구가 주를 이루던 신림동 고시촌에서 대학동으로 지명이 바뀌었을 만큼 1인 가구의 구성은 다양해졌으나 주거의 밀도에 비해 공공 공간은 거의 없는 기형적인 주거 지역이며, 일상 행위의 외부화가 가장 활발하게 이뤄지는 '방의 도시'이기도 합니다.

S교수   음…, 그렇긴 하지만 진경 씨의 프로젝트는 아직 잘 몰라도 1인 주거들의 규모 있는 집합체가 될 것 같은데, 이런 규모를 받아줄 수 있을지에 대해서는 의문이 들어요.

진경은 서울에서 가장 잘게 나뉜 땅을 고심 끝에 골랐다. 그리고 교수는 서울에서 가장 잘게 나뉜 땅이기에 걱정스럽다. 대담한 주제와 작은 스케일의 이 괴리를 어떻게 해결해야 할까?

DEVELOPING

진경   공공 공간을 새롭게 조직해 새로운 거주 방식을 규정하는 구체적인 방법은 이렇습니다. 현재 개인이 도시에서 일상 행위를 연장하는 방식은 흩뿌려진 방들을 일시적이고 폐쇄적으로 점유하는 겁니다. 대부분 상업 공간에 포섭된 이런 공간은 도시와 단절돼 있습니다. 그러나 일상 행위를 담는 공간의 본질은 폐쇄가 아니라 독립적인 점유에 있습니다. 나만의 공간인 거지요. 공공 공간으로서 개방성과 접근성을 유지하면서 개인의 독립적, 사적인 점유가 가능한 공간을 만들어준다면, 공공 공간 자체가 거주성을 획득할 수 있을 겁니다.

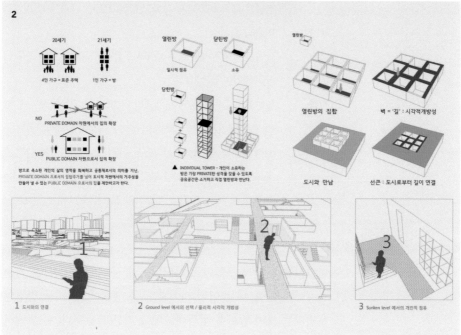

1 디자인 발전 과정.
2 공간 다이어그램.

S교수	공공 공간이 거주성을 가질 수 있다? 과격한 발상이네요. 재미있어요.
진경	방법으로는 개인적으로 점유할 수 있는 크기의 방들을 기존 방식처럼 도시 조직 위에 건물로 올리는 것이 아니라, 성큰 레벨로 내려서 열린 방들로 대지를 채우는 겁니다. 내려간 방과 방 사이의 벽은 길이 되어 도시와 지속적으로 만나며, 길과 방이 같은 위계로 개별적으로 접근할 수 있고 기존의 그라운드 레벨은 계속 비우면서 사적인 장면으로 찬 공공 공간이 만들어집니다.
S교수	그렇다면 성큰 레벨로 지하까지 포함된 지상부는 모두 공공 공간이 된다는 것인가요?
진경	일반적인 공공 공간과는 개념이 다릅니다. 사적, 공적 구분 없이 모든 행위가 개별적으로 이뤄지나 이것이 전체적으로는 도시적 공간과 경관을 형성하면서, 내가 소유하는 방을 넘어 공공 공간으로 일상 행위를 확장해 도시 전체가 나의 집이 되는 '퍼블릭 홈'이자, 동시에 개별적인 점유로 이뤄지는 전체로서 '프라이빗 시티'로 작동하는 겁니다.

이야기를 듣던 친구들이 소곤댄다. "난 사이트 가서 사진 찍는 단계인데." "야, 나는 아직 사이트도 못 정했다고." 다들 진경의 추진력을 보며 얼마나 허둥대고 있는지를 토로한다. 맨 뒤에서 조용히 듣던 학생이 말한다. "야, 다 시끄러. 나 진경이 다음 차례야…." 순간 모두 말을 잃는다.

S교수	그렇다면 주거는 상부에 형성되나요?

진경	예. 도시 조직 하부의 '거주성을 띤 공공 공간'과 함께 주변 도시의 상황에 맞춰 기존 도시 조직들에 존재하는 주거 영역을 상부에 결합시켰습니다.
S교수	지상에 공공 공간을 두고 상층부에 주거를 두는 건 어쩔 수 없는 배치로 볼 수도 있고, 자칫하면 두 요소가 유기적으로 상호 작용하지 못하고 따로 존재하게 될 수 있어요.
진경	그런 면에서 이 프로젝트는 두 가지 접근 방식을 유도하고 있습니다. 하나는 내부에서 시작되는 것으로 실제 자기 방에서부터 직접 연결되는 '열린 방'을 이용해 단계적으로 '퍼블릭 홈'의 범위를 확장하는 방식입니다. 그리고 다른 하나는 외부에서 접근하는 것으로, 블록 전체가 주변과 긴밀하게 연결되어 모든 방에 같은 위계로 접근하면서 개인적인 점유가 가능합니다.
S교수	내부적인 방식은 이해가 가는데 외부에서의 접근은 그렇다면 주변 도시 조직의 1인 가구까지 해당 건물이 받아들인다는 건가요?
진경	예. 퍼블릭 홈으로 기능하도록 프로그램된 방들을 개인이 선택해 공공 공간을 개별적으로 점유하면서 외부 공간을 '홈'으로 확장시킵니다. '열린 방' 시스템 상부에 결합되는 주거 유형은 사이트의 상황과 주거 밀도, 크기에 맞게 대응하도록 다양한 형태로 제시하려 합니다.
S교수	어쩐지 프로젝트의 스케일이 너무 커지는 것 같기도 해요. 확실히 다루려는 것의 범위를 정해야 할 것 같아요.

완전히 수긍하지는 않는 듯 진경은 가져온 자료들을 정리한다. 동시에 한 학생의 표정이 급격히 어두워진다.

중간 마감에 발표한 모델.

S교수   다음 분?

비교당할 다음 주자의 불쌍한 뒷모습을 보며 친구들은 생각했다. 다음 주에 있을 중간 마감에서도 누군가는 진경의 다음 차례가 되겠지. 모두 그게 자기가 아니기만을 바랄 뿐이다.

**MID–TERM
CRITIC**

진경   저는 1인 가구를 위한 도시형 소형 주택 단지를 공공시설과 결합해 제안합니다. 현재 1인 가구는 급격히 증가하고, 이로 인해 주거는 단순히 면적 축소와 이에 따른 양적 변화가 아니라 방이 곧 집이 되었다는 질적 변화에서 문제가 생깁니다. 집에서 해결하던 것들을 더 이상 방이 담아내지 못하기 때문에, 기존 1인 가구의 원룸에 해당하는 '닫힌 방'과 반공공semi public 성격의 '열린 방'을 동시에 제안합니다.
관악구 대학동은 1인 가구 밀집 지역을 대표하는 사이트입니다. 여기에서 가장 대규모 퍼블릭 스페이스인 도림천을 포함해

다양한 공간 구성을
나타낸 다이어그램.

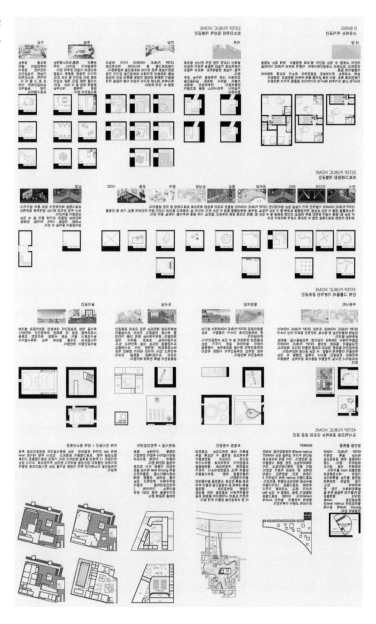

거대한 공허부 공간을 제안합니다. '열린 방'과 '닫힌 방'이 함께 도림천을 감싸고, 그 안에 담기는 퍼블릭 스페이스를 배치했습니다.

새롭고 흥미로운 주제는 필연적으로 논쟁을 불러일으킨다. 물론 진경은 논쟁을 피할 마음이 없었다. 오히려 그 반대였다. 많은 사람의 입에 오르내려 사회적인 이슈가 되기를 바라고, 그러기 위해 의도적으로 과장된 건축적 제스처를 보여주었다. 하지만 중간 마감 평가는 예상과 다르게 흘러갔다.

K교수	하천 위에 저렇게 집을 막 놓아도 되는 거야?
진경	앞으로의 공공 공간은 그저 열려 있다고 되는 것이 아니라….
K교수	어쨌든 저게 가능하냐고, 허허. 그리고 차는 어디 있지? 관점도 좋고 열심히 했는데 사이트가 노력을 다 빛내주지 못하는 것 같아. 사이트에 대한 접근과 주거 공공성 등에 관한 접근이 잘 안 맞는 것 같아.

주장이 힘을 얻기 위해서는 근거가 탄탄해야 한다. 진경은 충분한 이론 분석 자료를 준비했으나 K교수가 보기에 건축적인 주장에 힘을 실어주는 근거는 결국 사이트와 설계의 현실성이다. 특히 진경의 제안처럼 과격한 주장은 현실성을 잃으면 공상과학으로 치부될 수 있다는 걱정이 교수의 머릿속을 떠나지 않는다.

P교수	르코르뷔지에[5]가 유니테 다비타시옹[6]을 만든 것처럼 대단한 게 나올 수도 있겠는데, 밀도가 너무 비현실적이라서 튼튼한 제안이 못될 것 같아. 대지도 약점이 되고…. 대지는 바꾸는 게 어때?
K교수	맞아. 바꾸자고. 그게 학생을 위해서 훨씬 나아.

FEEDBACK

S교수	개념에 집중하다 보니 현실성을 잃은 걸로 보였군요. 이건 어쨌거나 '집합 주거' 프로젝트에요. 1인 주거에 문제의식을 가졌지만 주거라는 프로그램 안에서 해결해야 하고, 공용 공간이 많긴 하지만 결국은 집합 주택이어야 하는데 지금 제안은 너무 과격하고 부수적인 공공 공간에 초점이 쏠려 있어요.

교수는 조심스레 말했다. 진경은 누구보다 많이 노력해 실력을 쌓아온 사람답게 자존심도 강하다. 과연 내가 하는 말이 진경에게 충분히 설득력을 발휘할까.

진경	그런 면에서 방향을 수정해야 할 것 같습니다.
S교수	어떻게 수정하려고 하나요?
진경	공공 공간에 더 집중하려고 합니다.

---

5   Le Corbusier. 프랑스 건축가. 근대 건축가 중 가장 강력한 영향력을 미쳤다고 평가받는다. 지금 우리 눈에 보이는 도시와 건물의 전형을 만들어낸 인물.

6   Unité d'Habitation. 1952년에 지어진 집합 주택. 건축 당시 엄청난 반향을 불러일으켰다. 현대적인 고밀도 집합 주택의 원형으로 여겨진다.

최종 선정된 사이트 분석.

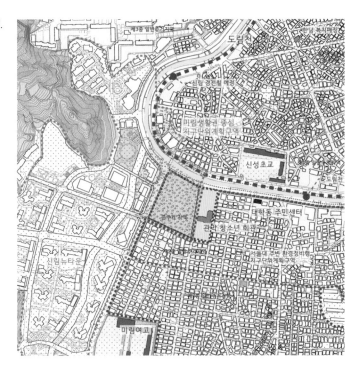

S교수   잘 생각했… 예? 주거가 아니라 공공 공간에요?

진경   그렇습니다. 1인 주거에 주목해서 시작하긴 했지만 제 의도는
1인 주거에 사는 사람들을 위한 도시의 공공 공간, 거주성을
가진 공공 공간입니다. 1인 주거는 이미 존재하는 형태지만 이
런 공간은 존재하지 않습니다.

짐작을 할 수가 없다. 정신 차리지 않으면 잡아먹히겠군. 교수
는 이런 상황이 즐거웠다. 다만 진경이 확정한 프로젝트 방향에

는 신경이 쓰였다. 논쟁적인 주제가 더욱 논쟁적으로 발전된 것이다.

S교수 음…, 그렇다면 더더욱 문제될 것이 사이트에요. 대학동은 철저하게 개인으로 구성되고, 공간적으로나 경제적으로나 사회적으로나 여유가 없는 지역이에요. 이런 공공 공간이 성립될 수가 없어요.

진경 그렇기 때문에 1인 가구 이슈에 맞춰 제안하기에 적합한 곳으로 관악구보다 더 설득력 있는 땅은 없을 것 같습니다.

누가 옳고 그르냐를 논할 상황은 아니다. 여전히 시각 문제다. 현실성과 주제 의식, 여전히 두 마리 토끼는 한곳에 모이질 않는다.

PREPARE FOR THE LAST CRITIC

방학이 되어 모두 졸업전 모델을 제작하는 시점이 되자 진경은 확실히 알 수 있었다. 자기 프로젝트는 올해 졸업전 중에서 가장 과격하다. 그래서 교수들이 계속 반신반의했구나. 진경이 설계한 '퍼블릭 홈'은 50퍼센트 이상 정말 작은 성큰 가든 형식이라고 볼 수 있는데, 학기말에도 교수들은 대부분 이것이 지붕 없는 지하 광장인지, 어디까지가 개념적인 표현이고 어디까지가 실제로 제안하는 범위인지 명확히 알지 못하는 것처럼 보였다. 또 진경이 기존 진행 방향과는 개념적으로 완전히 다른 방향으로 프로그램을 정리했음에도, 중간 마감의 이미지가 너무나 강력했기 때문에 사람들은 진경의 프로젝트가 주거 프로젝트라고 각인된 상황이었다. 진경은 고민했다. 짧은 시간 안에 사람들을 이해시키려면 어떻게 표현해야 할까?

답은 하나였다. 말로는 불가능하다. 도면과 모델로 보여줄 수밖에. 진경의 설계실 자리는 점차 공장이 되어갔다. 찾아오는 교수도 혀를 내둘렀다.

S교수 어휴, 작업량이 엄청나네요. 중간 마감 이후 완전히 계획 방향을 수정한 데다 사이트 범위가 늘어나서 시간이 부족했을 텐데….

진경 모듈 기반으로 디자인을 하다 보니 사실상 7월부터 다시 시작하는 셈이긴 했지만 기세호 선배와 공동 작업으로 설계를 진행한 터라 간신히 여기까지 온 것 같습니다. 졸업전 기간 동안 고시원에 살았는데, 학교 제도실 사물함 4칸 정도를 제가 옷장으로 쓰면서 학교에서 살다시피 하긴 합니다. 끝나질 않아요.

S교수 도우미들은 잘 따라오고 있나요? 도우미와 함께 작업하는 걸 힘들어하는 학생들도 꽤 있던데.

진경 도우미들에게 기운을 많이 받았습니다. 제가 전생에 나라를 구했는지 정말 좋은 후배들을 만났어요.

S교수 이 사진에 나온 사람들이 도우미들인가요?

진경 예. 볼 때마다 힘이 나서 아예 자리에 붙여놨습니다.

진경은 1학년 때부터 늘 선배들의 졸업전을 도왔고, 다섯 차례나 졸업전 도우미 경험을 하면서 좋은 마스터의 조건을 정리해 왔다. 도우미들을 단순 노동력으로 쓰지 말고 협업 파트너로 대할 것, 많은 것을 배우고 가도록 다양한 작업을 경험하게 할 것,

육체적으로 고생시키지 말 것 등이었다.

마감 기간 동안 진경은 좋은 마스터의 조건을 대부분 충족시킬 수 있었지만 결국 지키지 못한 것도 있었다. 도우미들의 수면 시간을 전혀 보장하지 못했다. 재료에도 욕심을 과하게 부렸고, 모델로 만들기 너무 복잡하게 설계를 해 도우미들의 수명이 깎여나가는 것이 눈에 보일 정도였다. 진경은 맹세했다. 졸업전이 끝나더라도 도우미들의 노고를 잊지 않겠다고. 진경은 이후 도우미 수에 맞춰 귀에 다섯 구멍을 뚫는 것으로 이때의 맹세를 지킨다.

FINAL

졸업전 최종 발표까지 오면 모두들 어떻게든 알게 된다. 누구의 프로젝트가 그해의 하이라이트인지. 따로 정하는 과정이 있는 건 아니다. 하지만 발표 장소에 함께하던 사람들은 자세를 고쳐 앉고, 며칠 밤을 새우느라 다른 졸업전 발표는 듣지 못하고 자리에서 쪽잠을 자던 사람들도 어느새 발표장 뒷자리에 모여든다. 그리고 올해의 주인공이 모습을 드러낸다. 하지만 아직 결과는 아무도 모른다. 드라마의 주인공이 될지, 비극의 주인공이 될지 말이다.

진경　우리나라의 가구 구성에는 큰 변화가 일어나고 있습니다. 가장 주목할 만한 변화가 1~2인 가구 증가입니다. 현재 1인 가구는 400만 명을 넘어섰고, 20년 내로 1~2인 가구는 전체 가구의 절반 이상이 될 것이라 합니다. 40평 집에 사는 평범한 4인 가족은 더 이상 평범하지 않습니다. 가족을 기준으로 표준화된 최종 평면.
콘셉트 다이어그램보다
도면이 개념을 더욱
분명하게 보여준다.

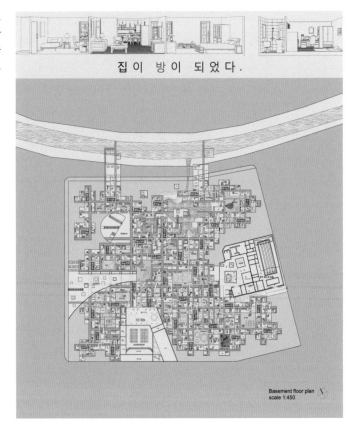

집 이 방 이 되 었 다 .

Basement floor plan
scale 1:450

현재 집들은 더 이상 표준이 되지 못합니다.

집합 주거가 가족에 맞춰 표준화되면서 늘어나는 1인 집들은
정규 주거의 외곽에서 극단적으로 축소되었고, 집이라기보다
압축된 방들의 집합체만 생겨났습니다. 우리는 더 이상 집에
살지 않습니다. 우리는 방에 살고 있습니다. 방 한 칸이 집이 되
었습니다.

주 모델 부분.
재료를 가장 폭넓게 활용했다.

개인의 주거 영역이 극단적으로 축소되면서 집에서 일어나던 일상 행위들은 도시로 흩어지고, 사람들도 자발적이든 비자발적이든 도시 공간을 사적으로 점유하는 데 익숙해지고 있습니다. 주거 공간은 더 이상 주거를 담당하지 않고, 공적 영역이던 도시는 폐쇄적인 방 형태로 사유화되고 있습니다. 전통적인 주거와 도시의 역할이 무너지는 지금, 단순한 '하우징'으로서 주거 형태가 아니라 '홈'의 기능을 충족시키는 새로운 방식이 필요합니다.

1인 가구는 더 이상 과도기적인 양태가 아니며, 소유할 수 있는 주거 영역이 최소화되는 현실에서 주거 또한 정주가 보장되는 공간이 아닙니다. 주거 생활이 필연적으로 외부화될 수밖에 없는 상황에서 1인 거주는 사적 영역에서 해결할 수 있는 문제가 아닙니다. 도시 역시 공적 행위의 장 역할뿐만 아니라 개인의 일상적이고 사적인 행위를 수용할 수 있어야 한다고 생각했습니다.

이런 의미에서 방으로 축소된 개인의 영역을 회복하고 도시 차원에서 거주성을 지니는 '퍼블릭 도메인'으로서 공공의 집, '퍼블릭 홈'을 제안합니다. 저는 개인이 소유하는 공간이 방으로 한정될 수밖에 없는 상황을 인정하면서 단순히 점유 면적을 늘리는 방식이 아니라 공공 공간을 새롭게 조직해 새로운 거주 방식을 규정해보고자 했습니다.

개인은 도시에 흩뿌려진 방들을 일시적이고 폐쇄적으로 점유하면서 일상 행위를 도시로 연장합니다. 이렇게 상업 공간에 포섭된 공간들은 폐쇄적으로 작동합니다. 그러나 일상을 담는 공간의 본질은 폐쇄적 점유가 아니라 독립적 점유에 있습니다. 공공 공간이 일상 행위를 수용하도록 개별적이고 독립적인 점유가 가능하면서도 폐쇄적이지 않은 공간을 만든다면 공공 공간 자체가 거주성을 획득할 것이라고 생각했고, 이로써 개인이 방에 갇히지 않고 공공 공간을 집으로 확장할 수 있을 것이라 보았습니다. 이를 위해 공공 레벨인 길에서 언제나 시각적, 물리적으로 접근할 수 있으면서도 사용하는 동안에는 독립적으로 느끼도록 개인적 점유가 가능한 크기의 방들을 만드는데, 기존 도시 조직처럼 도시 레벨에 올리는 것이 아니라 성큰 레벨로 내려 열린 방을 만들었습니다. 내려간 방과 방 사이의 벽은 길이 되어 도시와 이어지며 개별적으로도 접근할 수 있습니다. 기존 그라운드 레벨은 계속해서 비워지고 사적인 장면이 공공 공간을 채우게 됩니다.

최종 패널. 효과적으로
모형과 도면을 결합했다.

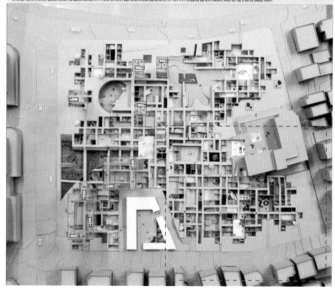

PRIVATE CITY / PUBLIC HOME　　　　J0707

지금까지 여러 학생의 발표를 봐온 독자들도 알아챘을 것이다. 프로젝트의 시작과 콘셉트를 설명할 때는 현실적인 요건을 알지 못한 채 이상적인 이야기를 풀어놓거나, 건축이 담을 수 없는 범위를 논하는 등 '학생'으로서 필연적으로 보이는 한계가 있다. 하지만 진경은 달랐다. 같이 듣는 동기나 후배 들보다도

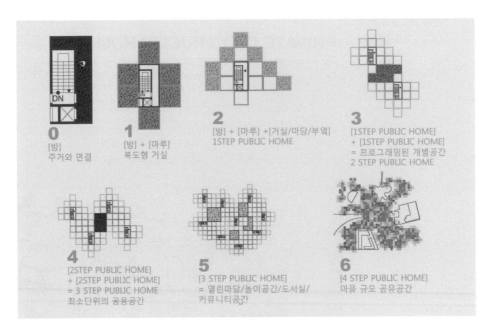

공간 발전 다이어그램.

교수와 소장 들이 더 몰입할 만큼 수준 높은, 그러면서도 현실에 매몰되지 않은 신선한 내용을 조리 있게 이야기하고 있었다.

진경   대상지는 관악구 대학동입니다. 관악구는 서울에서 1인 가구 비율이 가장 높은데, 그중에서도 대학동은 밀도가 가장 높으나 공공 공간이 턱없이 부족합니다. 축소된 방들의 집합과 외부화된 일상 행위의 방들이 밀집한 지역입니다. 1인 가구가 주를 이루는 특수한 주거 지역이면서 일반적인 서울 주거지가 공통적으로 면한 경사지, 다세대 주거, 뉴타운, 학교, 지천, 산까지 모두 면하고 있습니다. 제안하는 '프라이빗 시티-퍼블릭 홈'이 1인 가구 시대에 대응하는 일반해가 되면서 구체적인 상상도

거주자의 눈높이에서
본 이미지.

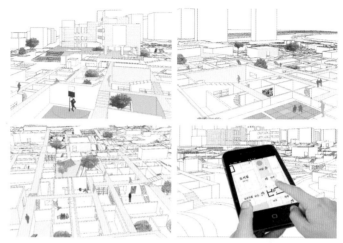

프로그램 매스 다이어그램.
거주자의 규모와 요구에 따라
변화 가능성이 매우 크다.

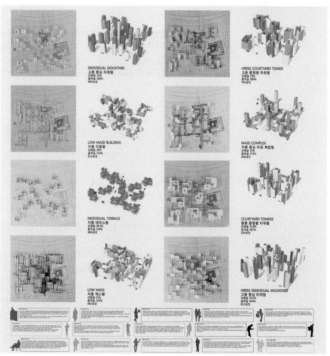

액소노메트릭 드로잉.

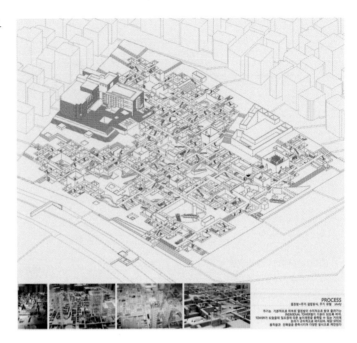

가능하게 하는 사이트가 되도록 의도했습니다.

도시 조직 하부에 새롭게 제안하는 '열린 방'을 통해 거주성을 띤 공공 공간으로 홈의 기능을 하는 시스템을 제안합니다. 단순히 블록을 공공 공간으로만 두는 것이 아니라 도시 조직 하부의 새로운 공공 공간과 기존 도시 조직 상부에 존재하는 주거를 결합했습니다.

'프라이빗 시티-퍼블릭 홈'은 두 가지 방향에서 접근합니다. 하나는 내부에서 시작되는데, 각자 자기 방에서 직접 연결되는 열린 방을 통해 퍼블릭 홈으로 집의 범위를 확장해 사용하는 방식입니다. 다른 하나는 외부 도시의 흐름에서 접근합니다.

블록 전체가 주변과 긴밀하게 연결되어 모든 방으로 접근할 수 있는 개별적 공간 점유가 가능합니다. 퍼블릭 홈으로 기능하도록 프로그래밍된 방들로 개인은 공공 공간을 선택해 점유하며 외부 공간을 집으로 확장합니다. 마지막으로 공공 공간 조직 위에 결합되는 주거 형태로 기존 주거지에서 상황별로 대응할 수 있는 주거 공간을 제안하고자 밀도와 공간 크기 등에 맞춰 다양한 형태를 제시했습니다.

THE LAST CRITIC

소장과 교수 들은 이 자리가 졸업전 발표 자리란 것을 잊은 듯했다. 발표가 끝난 뒤에도 도면과 모델을 꼼꼼히 살피느라 아무도 말을 하지 않았다. 한참 후에야 한 사람씩 입을 열었지만, 내용은 평가자가 아니라 '건축가'로 돌아가 던지는 질문들이었다.

A소장 주변 지역에서 이 건물을 뭐라 그럴까요?

진경 그라운드 레벨 공간은 전체가 공공 공간이기 때문에 상부 주거와는 별개로 이 일대 사람들이 모두 사용할 수 있습니다. 폐쇄적인 방에 있던 사람들이 나와서 이용하는 독립적인 광장이라고 봐주시면 됩니다.

B소장 매스의 절반이 코어7네요. 그래서 이런 건물이 현실에 없는 것이겠지요.

---

7 계단과 엘리베이터, 전기 배선 등이 모인 부분. 건물에서 가장 중요하고 필수적인 부분이지만 동시에 '가치 있게' 이용되지 못하는 공간이다. 실질적인 거주 공간도 아니고, 임대료를 책정할 수도 없기 때문이다.

P교수	형태 얘긴데, 콘셉트는 좋지만 저 타워의 가운데 부분에 사는 사람은 동서남북이 콘크리트 덩어리만 보일 거 같아.
B소장	면적과 밀도는 구체적으로 어떻지요?
진경	기본적인 제안은 그라운드 레벨과 성큰에 있는 퍼블릭 홈이지만, 사이트 성격에 따라 일정 규모의 주거가 될 수도 있습니다. 따라서 상층부에 제시한 주거가 아예 필요 없을 수도 있고, 수천 세대까지 결합되도록 여러 주거 유형을 제시했습니다. 구체적인 부분은 도면과 다이어그램을 봐주십시오.

교수들도 궁금한 점이 많았다. 하지만 학생마다 주어진 시간은 한정되어 있고, 이미 시간을 넘긴 상태였기에 외부에서 초빙한 소장들에게 기회를 양보했다. 교수들은 나중에도 학생과 이야기를 나눌 수 있으니까.

A소장	'퍼블릭 홈'이라는 것의 최소 단위가 궁금하네요. 모듈은 어디서 나온 것이지요?
진경	기본적인 모듈은 최소 활동이 가능한 규모의 방과, 상층부의 주거 타워와 결합되는 코어를 중심으로 설정했습니다. 그리드 grid 모듈로 이뤄진 방들은 프로그램 성격에 따라 몇 가지 단계별 모듈로 구성됩니다.
B소장	저렇게 열려 있는 공간에서 주거 생활이라니, 상상이 안 가는데요?
진경	상층부의 주거 타워는 부수적인 문제라고 생각했습니다. 모형에 표현한 주거 타워들은 저층부의 퍼블릭 홈이 잘 드러나도록 여러 밀도의 대안 중에 최소 밀도 기준으로 만들었습니다. 방

에서 생활하는 시간이 적은 1인 가구의 라이프 스타일을 고려할 때, 방 안에서의 주거의 질보다는 저층부 퍼블릭 홈의 질을 높이는 게 중요합니다.

A소장 굉장히 재미있게 봤고, 독특한 주장이면서 시의적절한 내용이에요. 좋아요. 그런데 셀cell들이 중요한 프로젝트인데 셀을 설정하는 세밀한 논리가 있으면 더 탄탄했을 것 같네요.

졸업전을 끝낸 학생들은 해방감과 성취감을 한껏 누린다. 물론 아쉬움, 미래에 대한 불안감도 함께 말이다. 하지만 진경의 졸업전은 이날로 끝나지 않았다. 마침 그해의 건축대전 주제가 '집'이었고, 같은 해 11월 건축대전에서 진경은 우수상을 받고 전시를 했다. 하지만 여전히 끝과는 거리가 멀었다. 이듬해 2월에는 일본 도쿄 대학교에서 열린 2011년 5대학 졸업 설계 합동 강평회五大學卒業設計合同講評會에서 그랑프리를 받았다. 졸업전으로 평가자 스물한 명에게 모두 다섯 차례나 크리틱을 받은 셈이고, 거의 26개월이 걸렸다. 그럼에도 진경의 졸업전은 아직 끝이 아니었다. 2년간 모든 것을 쏟아 부은 후유증으로 1년간 휴학했고, 복학 후 다시 7년 만에 학교를 떠났다. 지금은 대학로에 있는 설계 사무소에서 일한다.

졸업 설계를 하는 동안 진경은 고시원에서 살았고, 밤샘 설계를 하느라 건축학과 건물에서도 지냈다. 대학에 입학하고 자취를 시작하면서 열두 번 이사했다. 열한 번째 이사까지 진경은 '방'에서 살았고, 10년이 지난 지금 드디어 '집'에 살고 있다. 비로소 진경은 말한다. "이제야 졸업전이 끝난 것 같아."

나는 이 책에 나오는 K교수다

2011년, 내가 진행한 '건축 설계 스튜디오 5-1' 수업에서 매 시간 같은 광경이 반복됐다. 매번 가장 많은 것을 해오던 키 큰 학생이 언제나 제일 먼저 발표를 해치우고는 바로 내 옆에 자리를 잡고 앉았다. 학생은 손에 쏙 들어가는 노트를 무릎에 놓고 수업 시간에 나와 학생들이 주고받는 이야기를 적어 내려갔다. 몇 차렌가 빼앗듯 받아서 살펴보니 이건 숫제 글로 적은 녹음기나 다름없었다. '뭐 이런 녀석이 다 있나?' 하고 생각했다. 게다가 이 키 큰 학생은 수업하는 내 옆에 늘 '추억의 건빵'을 놓아주었다. 가르치다가 출출하면 먹으라는 거였다.

수업 시간에 오가는 이야기를 줄기차게 적던 김지우 군은 그야말로 고대 이집트 조각 '앉아 있는 서기관'과 똑같았다. 바로 옆에 앉아 조용히 적다가도 김 군은 신통한 말이 오간다 싶으면 고개를 들어 거들기도 했다. 이렇게 한 학기에 걸쳐 졸업 설계 수업이 낱낱이 기록됐다. 김 군의 기록은 수업 시간에만 한정된 것이 아니었다. 짐작건대 기록 자체가 목적은 아니었을 것이다. 학생의 작품을 두고 오가는 수많은 생각을 또 다른 자료로 여기는 그 나름의 공부 방법이었을 것이다. 그렇게도 길게 진행되던 중간 평가회와 최종 평가회에서도 그는 평가장을 채우는 이야기를 모두 받아적었다. 그리고 마침내 어느 날, 이 모든 것을 합친 파일이 내게 날아왔다. 2011년 12월 21일, 나는 블로그에 이렇게 적었다.

김지우 군이 찾아와 『어느 건축학과의 졸업전 이야기』라는 책을 주었다. 자기 부담으로 권당 25,000원이라는 제작비를 들여 만들었다고 한다. 내가 다섯 권을 받았으니 125,000원어치 선물을 받은 셈이다. 참 이상한 취미다.

김지우 군은 그다음 해 후배들이 졸업 설계 평가를 받던 마지막 날에도 고대 서기관처럼 앉아 모든 것을 기록하고 있었다. 그리고 며칠 뒤 연구실을 찾아와 만화로 그린 작품집 『건축만화』를 주었다. 이때 일을 나는 이렇게 블로그에 적었다.

김지우 군의 『건축만화』_ 2012. 6. 26.
크리틱을 모두 마치고 강의실을 떠나려는데, 키 큰 김지우 군이 나에게 책 한 권을 건넸다. 자기 작품을 프린트하고 스프링으로 묶어 만든 수제품이다. 제목은 『건축만화』 아무것도 모르는 꼬마가 건축학과에 입학해 졸업전에 이르기까지를 그린 12부작 드라마다. "야, 이거 뭐냐. 또 대단한 것 만들었는데!" 했더니, 글쎄 조금 있다가 군대에 간단다. 이것 참, 뭐가 됐든 해낼 녀석이다.

이러한 과정을 거쳐 김지우 군은 이 책 『서울대 건축학 교실의 열린 수업 크리틱』을 펴내기에 이르렀다. 이 책은 건축학과 학생들이 설계 수업에서 논리와 이미지를 앞에 두고 얼마나 많이 쓰러지고 일어나기를 반복했는지를 고스란히 적은 것이다. 그런 동시에 이것은 가르친다는 미명하에 한 학기 내내 학생들을 쓰러뜨리고 못살게 군 어떤 교수의 세상에 하나뿐인 강의 기록이기도 하다.

건축학과에서 '졸업 설계'는 단순히 '졸업할 때 하는 설계'가 아니다. 건축학사Bachelor of Architecture를 취득하기 위한 최종 시험이다. 건축학과가 공과대학에 있다고 해서 '공학사' 학위를 받는 것이 아니다. 나는 건축학과 교수를 시작하고 지금까지 한 해도 빠지지 않고 졸업 설계 수업 전체를 관장하고 지도했다. 앞서 말했듯 서울대학교 건축학과에서는 '건축 설계 스튜디오 5-1'이라는 이름으로 졸업 설계 수업이 진행된다. 5학년의 설계 코디네이터인 내가 학생 절반을 담당하고, 강사 두 사람이 대략 대여섯 명, 전임 교수 두 사람이 최대 두 명의 학생을 맡는다. 내가 지도하는 학생 수는 언제나 다른 교수의 두 배가 된다. 이와 별도로 나는 '건축 이론 세미나' 과목에서 졸업 설계에 임하는 모든 학생에게 각자의 설계 주제를 이론으로 만들게 하고 이를 졸업 논문으로 쓰게 했다.

학생 입장에서 졸업 설계는 정말 고독한 과정이다. 스스로 주제를 구상하고 결정하는 것을 시작으로 계획에 적합한 땅도 직접 골라야 하고, 왜 그런 용도여야 하는지를 설득해야 하며, 개념을 만들 프로그램도 알아서 짜야 한다. 이를 구체적인 형태와 공간으로 완성할 때까지 모두 혼자 힘으로 운영해야 한다.

보통 건축학과 수업은 '설계 스튜디오'라는 형태로 진행된다. 이 수업에서는 매번 학생 하나하나의 과제를 평가하고 지도한다. 가르치는 사람으로선 말이 좋아 평가고 지도지만, 학생에게는 매 시간이 무거운 짐이고 불안한 구속이며 괴로운 과정이다. 아무리 잘한 학생일지라도 "이제 됐다"는 말을 듣는 법이 없다. 언제 어디에나 허점이 숨어 있기 때문이다.

이런 설계 스튜디오 수업은 담당 교수가 정해준 과제를 학생들이 각자 해석해 계획안을 만든다. 그러나 졸업 설계 과목은 사정이 전혀 다르다. 학생들은 죄다 다른 주제, 해법, 가치관을 내보이고, 매주 진전된 것을 만들어 보여줘야 하므로 지도하는 사람도 일일이 대응하기가 결코 쉽지 않다. 다른 설계 스튜디오 수업을 소화기내과나 순환기내과 등 특정 부분을 다루는 의사에 비유한다면, 졸업 설계를 담당하는 교수는 학생에 따라 내과의사가 되기도 하고 또 다른 학생에게는 안과의사가 되어야 한다. 그래서 졸업 설계 지도교수는 종합병원 응급실 의사다.

건축은 참 이상한 학문이다. 그중에서도 '건축 설계'는 더더욱 이상한 과목이다. 건축물에 사람들의 서로 다른 요구를 반영하고, 땅의 조건, 예산, 고유한 물성, 쓰임새, 미래에 대한 희망, 이제까지 없던 새로운 공간과 형태를 추구하겠다는 욕망, 살아가는 방식과 가치관, 사회 관습 등 어마어마한 조건이 얽힌다. 건축 설계는 이런 숱한 조건을 풀고 합하고 조정하는 일이다.
대학의 '건축 설계 스튜디오' 수업은 사회에 나가 건축물을 잘 설계하기 위해 연습하는 과정이다. 이렇게나 다른 조건들을 결합해 정답을 찾아간다는 것은 흥미로운 동시에 고단한 일이다. 학생들은 매주 교수의 크리틱 앞에서 이리 치이고 저리 걷어차이게 되어 있다. 이렇게 지난한 모색 과정에서 이질적인 것을 합하고 조절하며 설득하는 능력이 자라난다.
이 책에 등장하는 학생들이 지금 어디에서 무엇을 하는지 나는 잘 안다. 시간을 되돌려 바로 그 설계실에서 '건축 설계 스튜디오 5-1 김광현 교수 반'을 다시 한다고 생각해보자(이들이 과연 이전처럼 나를 지도교수로 신청할지는 두고 볼 일이지만). 그리고 이 책에 나온 이야기를 매 시간 다시 들춰본다고 하자. 얼마나 우습고 서툰지, 모두 얼굴을 붉히며 후회할까? 아니다. 그렇지 않다. 이들은 분명 '졸업 설계' 과정을 거치면서 그만큼 성숙했다. 사실을 고백하자면, 가르치는 나도 오랫동안 학생들과 함께하면서 이들로부터 배우고 시야가 넓어졌다.

김지우 군은 내 취미가 학생을 골려먹는 것이라고 소개했지만, 내가 취미 활동으로 강의를 한 것이 아니라는 걸 이들 모두가 잘 알 것이다. 좋은 생각은 좋은 질문에서 나오고, 좋은 질문은 늘 그러하리라고 믿는 것으로부터 부단히 벗어나려는 데서 나온다. 평범하고 진부하다면 이는 다른 생각을 향해 뛰쳐나가지 않기 때문이다. 색다른 생각을 덜 하는 사람이 나이 든 사람이라면, 젊은 학생일수록 다른 생각을 훨씬 많이 해야지 않겠는가? 서툴기 때문에 그만큼 다른 부분을 잘 발견할 수 있다.
고대 이집트 서기관과도 같던 김지우 군의 『서울대 건축학 교실의 열린 수업 크리틱』 기록에는 설계 수업이 진행된 기간 동안 함께한 제자들의 표정, 목소리와 숨소리를 비롯해 방 안 공기와 온도까지 고스란히 담겨 있다. 가르치고 배우는 즐거움과 보람이 이렇게 남다른 기록으로 남을 수 있게 된 건 훌륭한 제자 김지우 군을 만난 덕이다. 건축학과 교수로 지낸 지 41년이다. 즐겁고 보람 많던 긴 시간이었다.

2018년 1월
서울대학교 건축학과 교수 김광현

닫는 말

졸업, 졸업전 그리고 삶

살면서 겪게 마련인 크고 중요한 일들은 의외로 문제와 답이 명쾌하지 않습니다. 사업 방향을 정할 때, 결혼 상대를 선택하거나 평생 모은 돈으로 집을 살 때, 하다못해 재테크 상품을 고를 때나 상사에게 제출할 보고서를 쓸 때도 우리는 수많은 선택지 속에서, 때로는 없는 선택지를 만들어가며 고민하고 결정하고 실수하며 정답에 다가갈 수밖에 없습니다. 이제 와 생각해보면 건축학과의 수업은 결국 인생의 축소 체험판이었습니다.

그중에서도 졸업전에는 한층 특별한 의미가 있습니다. 하고 싶은 것을 직접 찾는 것, 이것이 졸업전의 묘미이자 가장 큰 난관입니다. 학생들은 5년간의 대학 교육 과정에서 처음이자 마지막으로 원하는 것을 온전히 스스로 할 수 있다는 데 열광하지만, 모든 것을 책임지고 주도하는 것이 얼마나 어려운 일인지를 겪으며 예상치 못한 고통스런 길로 빠져듭니다.

하지만 졸업전을 진행할 때도, 그리고 졸업 후 시간이 흐른 지금도, 아쉬워하는 사람은 있지만 그 시간을 고통스럽게만 기억하는 사람은 없습니다. 학교에서 여러 날 밤을 새고, 진도가 늦어 피가 마르고, 과연 맞게 하고 있는지 알지 못해 암담한 시간을 보내면서도 '내 프로젝트'를 하고 있다는 것만으로 충분히

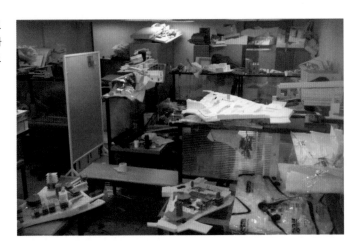

졸업전을 마친 설계실 풍경.
구석구석 땀방울과
애환의 흔적이 배어 있다.

즐거웠다고 이구동성으로 말합니다.

이 책을 준비하면서 다시 만난 친구들은 당시에 자기 발표에 만족하지 못하고 또 제대로 마무리 짓지 못해 자괴감에 빠졌다 하더라도 졸업전 이야기를 책으로 엮어내는 것에 그다지 개의치 않고 응해줬습니다. 잘됐건 잘되지 않았건 충분히 가치 있는 과정이었다는 것에 의미를 두기 때문이지요.

지난한 졸업전 과정의 대부분을 차지할 뿐만 아니라 대단원의 마무리를 차지하는 것이 바로 '크리틱'입니다. 객관적인 평가와 신랄한 비평, 이 절차는 상당히 재미있는 구조를 보입니다. 보통 우리는 흔히 이야기의 구조를 논할 때 '기승전결'을 말합니다. '과정'과 '결말'은 형태가 달라야 한다는 것이지요. 열심히 힘을 길러 보란 듯이 싸움에서 이기거나, 열심히 구애해 결혼에 성공한다는 결말처럼 말이지요. 하지만 '졸업전 수업'과 '최종 발표'

일주일 간의 전시가 끝나고
모형과 패널은
모두 철거되었다.

라는 대서사는 규모가 살짝 다르지만 결과적으로 똑같이 크리
틱 형태로 끝납니다. 아니, 실상 끝이 난다고 할 수도 없지요.

왜 끝이 아니냐고요? 크리틱의 본질은 대화입니다. 수업에서도
교수가 일방적으로 가르치지 않고, 최종 발표에서도 학생이 일
방적으로 발표하고 끝내지 않습니다. 한쪽이 말하고 나면 상대
방이 말할 차례가 옵니다. 사실 앞서 말한 것처럼 기승전결로
끝나는 일은 의외로 많지 않습니다. 열심히 힘을 길러 싸움에
서 이기더라도 다른 도전자를 맞닥뜨릴 수도 있고, 열심히 구애
를 해 결혼에 성공하더라도 그것이 곧이곧대로 결말이 되지는
않는다는 것을 모두 잘 알고 있습니다. 건축도 마찬가지입니다.
건물을 완공하면 그게 결말일까요? 건물은 완공한 시점부터 이
용자와 함께 살기 시작하며, 사람들이 떠나간 이후에도 남습니
다. 과거 건물이 지닌 불멸성과 영속성을 현대에 그대로 요구할

수는 없겠지만, 그럼에도 여전히 건축은 가장 오래된 것이며, 가장 오래 지속되는 것입니다. 이런 건축을 배우기 위해서 크리틱이라는 과정은 필수불가결한 것일지도 모르겠습니다.

"건축은 국어, 수학 같은 도구 교과다."
건축학과 1학년 첫 수업에서 전봉희 교수가 한 말입니다. 국어와 수학을 모르면 과학, 역사, 예술 등 다른 과목을 배울 수 없듯이, 건축을 배우는 것 또한 삶에 필수적인 '도구'를 습득하는 것이라는 뜻이었습니다. 굉장히 인상 깊어 마음에 담아두긴 했지만 사실 학교를 졸업할 때까지도 그 '도구'가 정확히 무엇을 의미하는지는 알지 못했습니다.

졸업전 이후 수년이 지나 이 책을 정리하면서 비로소 제가 배운 '도구'에 대해 어느 정도 감이 잡히는 것 같습니다. 물론 여전히 명확하지는 않습니다. 분명한 건 크리틱 시간 속에 그 도구가 들어 있더라는 것이지요. 특히 졸업전에서 겪는 크리틱은 학생이 원하는 것을 찾고 이를 이뤄내기 위해 움직이는 방법을 익히는 시간입니다. 좇아야 할 지향과 지켜야 할 가치를 잃고 표류하는 수많은 청춘에게, 그리고 분야는 다를지라도 비슷한 고민을 하는 정신적 동료들에게 이 책이 작으나마 '도구'가 되면 참 좋겠습니다.

2018년 1월
김지우